权威·前沿·原创

皮书系列为
"十二五"国家重点图书出版规划项目

水利风景区蓝皮书
BLUE BOOK OF WATER PARK

中国水利风景区发展报告（2016）

DEVELOPMENT REPORT OF WATER PARK IN CHINA (2016)

主　编／谢祥财　兰思仁
副主编／汪升华　李房英　李灵军

社会科学文献出版社
SOCIAL SCIENCES ACADEMIC PRESS (CHINA)

图书在版编目(CIP)数据

中国水利风景区发展报告.2016 / 谢祥财,兰思仁主编. --北京:社会科学文献出版社,2016.5
（水利风景区蓝皮书）
ISBN 978 - 7 - 5097 - 9342 - 8

Ⅰ.①中… Ⅱ.①谢…②兰… Ⅲ.①水利建设 - 风景区 - 研究报告 - 中国 - 2016　Ⅳ.①K928.7

中国版本图书馆 CIP 数据核字（2016）第 127193 号

水利风景区蓝皮书
中国水利风景区发展报告（2016）

主　　编 / 谢祥财　兰思仁
副 主 编 / 汪升华　李房英　李灵军

出 版 人 / 谢寿光
项目统筹 / 王　绯
责任编辑 / 赵慧英

出　　版 / 社会科学文献出版社·社会政法分社（010）59367156
　　　　　 地址：北京市北三环中路甲29号院华龙大厦　邮编：100029
　　　　　 网址：www.ssap.com.cn

发　　行 / 市场营销中心（010）59367081　59367018
印　　装 / 北京季蜂印刷有限公司

规　　格 / 开　本：787mm × 1092mm　1/16
　　　　　 印　张：20.75　字　数：315 千字

版　　次 / 2016 年 5 月第 1 版　2016 年 5 月第 1 次印刷

书　　号 / ISBN 978 - 7 - 5097 - 9342 - 8
定　　价 / 89.00 元

皮书序列号 / B - 2015 - 451

本书如有印装质量问题，请与读者服务中心（010 - 59367028）联系

▲ 版权所有 翻印必究

《中国水利风景区发展报告 (2016)》
编委会

主　　　编　谢祥财　兰思仁

副 主 编　汪升华　李房英　李灵军

主要参编人员　钟林生　赵　敏　陈庚寅　祁正卫　孙义福
　　　　　　　　王　凯　张　蕾　徐增让　李柏文　孙艺惠
　　　　　　　　孙业红　王学峰　李　鹏　温乐平　张跃西

主要编撰者简介

谢详财 福建农林大学园林学院风景园林系主任、副教授。北京林业大学城市规划与设计（风景园林方向）博士，清华大学博士后。国家水利风景区评审专家，全国风景园林专家库专家，福建省风景园林学会常务理事。

兰思仁 福建农林大学党委副书记、校长、教授、博士生导师。国务院学科评议组成员，享受国务院政府特殊津贴专家，福建省科技创新领军人才，福建农林大学风景园林学科带头人。

汪升华 中国科学院地理科学与资源研究所地理学博士后，管理学博士，研究员。中国自然资源学会资源生态专业委员会委员，中国生态学会旅游生态专业委员会委员。

李房英 福建农林大学园林学院副教授、硕士生导师，园林学院风景园林系副主任。中国风景园林学会会员，福建省园艺学会理事，福建省花卉协会专家委员会委员。

李灵军 水利部综合事业局高级工程师，中国未来研究会旅游分会理事。

钟林生 中国科学院地理科学与资源研究所研究员，博士。

赵　敏 河海大学水利经济研究所研究员、博士生导师。

陈庚寅 中国水利企业协会副会长。

祁正卫 中国水利经济研究会副理事长。

孙义福 山东省政协常委，山东省政协人口资源环境委员会副主任，山东省水生态文明促进会会长。

王　凯 南京市水利局巡视员。

张　蕾 水利部综合事业局经济师。

徐增让 中国科学院地理科学与资源研究所副研究员，博士，中国自然资源学会资源生态专业委员会委员。

李柏文 北京联合大学旅游学院教授，博士。

孙艺惠 北京社会主义学院教师，博士。

孙业红 北京联合大学旅游学院副教授，博士，《旅游学刊》副主编兼编辑部副主任。

王学峰 北京交通大学经济管理学院旅游管理系副主任、副教授，博士。

李　鹏 云南大学工商管理与旅游管理学院副教授，博士。

温乐平 南昌工程学院教授，博士。

张跃西 浙江外国语学院教授，博士。

前　言

《水利风景区蓝皮书》是以科研院校专家学者为主体，客观分析我国水利风景区发展动态，综合反映水利风景区改革发展成果，系统阐述水利风景区发展中一系列重要问题的综合研究报告。水利风景区经过十多年持续快速发展，有很多经验、很多成效，多角度、多层面总结与评估水利风景区建设与管理的实际状况是水利风景区健康持续发展的需要。《水利风景区蓝皮书》的出版对水利风景区可持续发展具有重要的现实与实践意义。

《中国水利风景区发展报告（2016）》系统总结了2015年全国水利风景区建设进展情况，分析了水利风景区发展形势，总结了水利风景区发展成效与基本经验，对存在问题提出了建议对策，对发展前景做了展望。围绕水利风景区在水利事业及社会发展、区域经济社会发展、新型城镇化建设中的地位与作用等专题进行了研究，对江苏、福建、湖北、贵州等省域水利风景区发展做了系统研究，对黄河小浪底、安徽合肥滨湖、黑龙江哈尔滨金河湾、湖南常德柳叶湖、浙江景宁畲族自治县畲乡绿廊、甘肃迭部白龙江腊子口等景区进行了实证分析。

《中国水利风景区发展报告（2015）》出版后在社会公众中产生了积极影响。相较于《中国水利风景区发展报告（2015）》，《中国水利风景区发展报告（2016）》从编写思路与框架结构上适度做了一些调整：一是整体上增加了一个部分的内容，由总报告、专题报告、省域报告、景区报告和附录五个部分共二十五章构成；二是压缩了总报告的分量，总报告缩减为五个部分；三是加强了专题报告的分量，专题报告增加为四个专题；四是重视省域发展报告研究。《中国水利风景区发展报告（2016）》的编写工作始于2015年初，于2015年初成立了编写组、技术咨询组和编审组，书稿历经"三研三编三改三审",即经过写作大纲、报告初稿、专题报告三次研讨,经历书稿第一稿、第二稿、第三稿三轮编撰,通过技术咨询组会审、主编统审、出版社编审三次审稿。这其中的每一个过程都是交流碰撞、递进升华的过程,也是诸位专家倾注心血、真诚奉献的过程。

《中国水利风景区发展报告(2016)》编写历时约一年。其成稿出版,是众多专家辛勤劳动和智慧的结晶,是水利行业老领导、专家们持续关心、支持与指导的结果,是基层水行政主管部门及水利风景区管理部门同志们共同努力的成果,是集体智慧与辛勤劳作的体现。水利部副部长、水利部水利风景区建设与管理领导小组组长田学斌及各领导小组成员为本书编辑提出了一系列指导意见。水利部综合事业局局长郑通汉及有关领导提出了基本思路和要求。水利部有关专家何文垣、顾浩、张学俭、乔世珊、孟志敏等对本书编写与出版给予了诸多关心、支持与指导。水利部水利风景区建设与管理领导小组办公室对本书的编写与出版提出了许多珍贵意见和建议。谢祥财、兰思仁、汪升华、李房英、李灵军共同制定了书稿写作思路与框架结构,陈庚寅、孙义福、祁正卫、曾宜富、李玮对书稿做了审阅,谢祥财、汪升华对本书稿做了统稿修改,钟林生、王凯、赵敏、张蕾、冯冲、孙志梅、李柏文、孙艺惠、孙业红、徐增让、王学峰、李鹏、温乐平、张跃西、孙琨、张闻笛、王帅等参加了本书的编写工作。

《水利风景区蓝皮书》的编辑出版得到了水利部门领导、专家及基层党委、政府部门和水利风景区管理单位的关注、关心和帮助。编写过程中还得到了江苏、福建、湖北、贵州等省水利风景区管理部门和黄河小浪底等景区管理单位的鼎力支持与协助。社会科学文献出版社政法分社王绯社长、赵慧英编辑为本书的出版给予了许多指导,付出了许多辛勤劳动。对此,一并表示诚挚感谢。由于时间和调研等方面的局限,本书难免存在不足和问题,诚恳希望社会各界同人们多提宝贵意见与建议,我们将在以后的相关工作中认真吸收和改正。

《水利风景区蓝皮书》编写委员会

2016年1月

摘　要

《中国水利风景区发展报告（2016）》由总报告、专题报告、省域报告、景区报告和附录五个部分共二十五章组成。

总报告对水利风景区发展形势进行了分析，对 2015 年全国水利风景区发展情况进行了概述，对水利风景区发展成效与基本经验进行了总结，对存在问题做了分析并提出了对策，对发展态势做了预判，对新时期水利工作方针引领水利风景区发展的美好前景做了展望。2015 年全国新增 61 家国家水利风景区，实现了东部、中部、西部和东北地区全覆盖，体现出"注重生态要素组合、注重与相关项目结合、注重贴近民生需求、注重多元投入、注重生态文化建设、注重类型结构优化"等特征。省级及以下水利风景区实现了多样化发展和创新发展，出现了滨海型水利风景区、水文化型水利风景区等新的类型。截至 2015 年底，全国国家水利风景区达到 719 家，省级水利风景区 2000 多家。水利风景区在我国经济社会发展中的综合效益日趋显现。

专题报告对水利风景区在水利事业发展中的地位与作用、水利风景区促进区域经济社会发展、水利风景区与新型城镇化建设、水利风景区多元化投融资机制等问题进行了专题研究。报告认为，水利风景区是资源水利与现代水利融合发展的产物，是水利事业的有机组成部分，在水利事业发展中发挥着重要作用。报告论述了水利风景区与区域经济社会发展的关系，以及水利风景区在区域经济社会发展中的文化、社会与经济价值。报告阐述了水利风景区与新型城镇化建设的关系，分析了水利风景区在新型城镇化建设中的作用，提出了做好政策统筹、规划统筹与资金统筹等思路。报告对水利风景区现有投融资模式做了归纳总结，对自然保护区、旅游景区等景区投融资模式做了分析，总结了相关经验，提出了水利风景区多元化投融资机制创新发展方向。

省域报告对江苏、福建、湖北、贵州四个省域水利风景区发展做了系统研究。报告分别对各省水利风景区发展形势做了分析，对2015年各省水利风景区发展情况做了概述，对发展特征和亮点做了描述，对建设成效与发展经验做了总结，针对存在的问题提出了对策建议。

景区报告对黄河小浪底、安徽合肥滨湖、黑龙江哈尔滨金河湾、湖南常德柳叶湖、浙江景宁畲族自治县畲乡绿廊、甘肃迭部白龙江腊子口等景区进行了实证分析。

附录包括水利部关于进一步做好水利风景区工作的若干意见、水利风景区评价标准、南京市《市政府办公厅关于建立水利风景区生态补偿机制的实施意见》、国家水利风景区名录（2015年新增）、国家水利风景区区域分布统计表（截至2015年年底）。

Abstract

The Blue Book of Water Park, Development Report of Water Park in China (2016) is made up of general reports, special reports, provincial development reports, case studies and appendices, a total of twenty-five chapters. The general reports analyze the developing situation of Water Park, describe the general situation of Water Park, summarize the development effectiveness and experience of Water Park, and make analysis for the existing problems as well as put forward countermeasures. Moreover, the outcome gives a view about the development of Water Park, looking far ahead into the development of Water Park in the new period of water conservancy work. In 2015, 61 national Water Parks have been added all over the country, with the achievement of full coverage of eastern, central, western as well as northeastern regions and the characteristics of paying attention to the combination of ecological factors, combination of related projects, meeting close to the needs of the people's livelihood, multi input, eco-culture construction and optimization of type structure. The development of Water Parks of province and below the provincial level show the forms of diversified and innovative characteristics. New types of Water Park, such as the type of water source, the type of water culture, gradually appear. As of the end of 2015, the number of national Water Parks has reached 719 and provincial Water Parks more than 2000. The comprehensive benefit of Water Park in China's economic and social development is becoming increasingly revealed.

The special reports carry out thematic studies on the status and function of the construction of Water Park in the development of water conservancy, Water Park promote regional economic and social development, Water Park and new urbanization construction and study on diversified investment and financing mechanism of Water Park. The report concludes that Water Park is the product of the development of the resource-based water conservancy with modern water

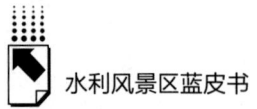

conservancy, and it's organic part of water conservancy. Water Park is playing an important role in the development of water conservancy. The report discusses the relationship between Water Park and regional socio-economic development, and the cultural, social and economic value of Water Park in the development of regional economy and society. The report elaborates the relationship between Water Park and new urbanization construction, analyzes the function of Water Park in the construction of new urbanization, and put forward ideas for policy co-ordination, planning and co-ordination of funds. Meanwhile, in the report, the existing investment and financing mode of Water Park are summarized, the investment and financing mode of scenic spots, such as Nature Reserve and tourist attractions, have been analyzed and used for reference, the diversified investment and financing mechanism innovation and development direction of Water Park are also put forward.

The part of provincial development reports makes a systematic study to four provincial Water Park, that is the Water Park of Jiangsu, Fujian, Hubei and Guizhou Province. Each report analyzes the developing situation of provincial Water Park, summarizes the general situation of provincial Water Park in 2015 as well as describes the development features and highlights. In addition, every report summarizes its construction effect and development experience. In view of the existing problems, some countermeasures and suggestions are put forward.

The case studies make empirical analysis on six Water Parks, including Xiaolangdi Multipurpose Dam Project in the Yellow River, Binhu in Hefei, Gold Bay in Harbin, Shexiang green corridor in Jingning She Nationality Autonomous County and White Longjiang Lazikou in Diebu. The reports of the cases are conducted from several aspects, such as the general situation, the characteristics of the scenic spot, their development history, the main methods, the construction effect, the experience and enlightenment.

The appendices part includes Some Suggestions on Further Doing the Work of Water Park by the Ministry of Water Resources, Comments on the Establishment of the Ecological Compensation Mechanism of the Water Park in the municipal government office released by Nanjing City and the List of National Water Park.

目 录

Ⅰ 总报告

B.1 2015年水利风景区发展形势 …………………………… 001
B.2 2015年水利风景区发展概况 …………………………… 008
B.3 2015年水利风景区发展成效 …………………………… 020
B.4 水利风景区存在问题与对策建议 ………………………… 033
B.5 水利风景区发展态势与展望 …………………………… 040

Ⅱ 专题报告

B.6 水利风景区建设在水利事业发展中的地位和作用 …………… 047
B.7 水利风景区促进区域经济社会发展 ……………………… 064
B.8 水利风景区与新型城镇化建设 …………………………… 079
B.9 国家公园体制建设战略契机下的水利风景区发展 …………… 094
B.10 水利风景区多元化投融资机制研究 ……………………… 112

Ⅲ 省域发展报告

B.11 江苏省水利风景区发展报告 …………………………… 127

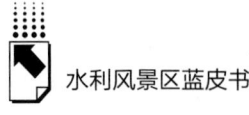

B.12 福建省水利风景区发展报告 …………………………… 147

B.13 湖北省水利风景区发展报告 …………………………… 164

B.14 贵州省水利风景区发展报告 …………………………… 183

Ⅳ 案例分析

B.15 黄河小浪底水利枢纽水利风景区发展报告 …………… 202

B.16 安徽合肥滨湖水利风景区发展报告 …………………… 213

B.17 黑龙江哈尔滨金河湾水利风景区发展报告 …………… 226

B.18 湖南常德柳叶湖水利风景区发展报告 ………………… 244

B.19 浙江景宁畲族自治县畲乡绿廊水利风景区发展报告 … 258

B.20 甘肃迭部白龙江腊子口水利风景区发展报告 ………… 271

Ⅴ 附录

B.21 水利部关于进一步做好水利风景区工作的若干意见 … 287

B.22 水利风景区评价标准 …………………………………… 294

B.23 南京市《市政府办公厅关于建立水利风景区生态补偿
机制的实施意见》 ……………………………………… 304

B.24 国家水利风景区名录（2015年新增）………………… 310

B.25 国家水利风景区区域分布统计表（截至2015年底）… 312

CONTENTS

I General Reports

B.1 The Developing Situation of Water Park in 2015 / 001

B.2 The General Situation of Water Park in 2015 / 008

B.3 The Development Effectiveness of Water Park in 2015 / 020

B.4 The Existing Problems and Countermeasures of Water Park / 033

B.5 The Developing Trend and Prospect of Water Park / 040

II Special Reports

B.6 The Status and Function of the Water Park Construction in the Development of Water Conservancy / 047

B.7 Water Park Promote Regional Economic and Social Development / 064

B.8 Water Park and New Urbanization Construction / 079

B.9 The Development of Water Park under the National Park System / 094

B.10 Study on Diversifed Investment and Financing Mechanism of Water Park / 112

水利风景区蓝皮书

Ⅲ Provincial Development Reports

B.11 Development Report of Water Park of Jiangsu Province / 127
B.12 Development Report of Water Park of Fujian Province / 147
B.13 Development Report of Water Park of Hubei Province / 164
B.14 Development Report of Water Park of Guizhou Province / 183

Ⅳ Case Studies

B.15 Development Report of the Water Park of Xiaolangdi Multipurpose Dam Project in the Yellow River / 202
B.16 Development Report of the Water Park of Binhu in Hefei, Anhui / 213
B.17 Development Report of the Water Park of Gold Bay in Harbin, Heilongjiang / 226
B.18 Development Report of the Water Park of Willow lake in Changde, Hunan / 244
B.19 Development Report of the Water Park of Shexiang green corridor in Jingning She Nationality Autonomous County, Zhe jiang / 258
B.20 Development Report of the Water Park of White Longjiang Lazikou in Diebu, Gansu / 271

Ⅴ Appendix

B.21 Some Suggestions on Further Doing the Work of Water Park by the Ministry of Water Resources / 287
B.22 The Evaluation Standard of Water Park / 294

CONTENTS

B.23 Comments on the Establishment of the Ecological Compensation Mechanism of Water Park from the Municipal Government Offce Released by Nanjing City / 304

B.24 List of National Water Park (Newly Added in 2015) / 310

B.25 Statistical Table of Reginal Distribution of National Water Park (till 2015) / 312

总报告

General Reports

B.1
2015年水利风景区发展形势

祁正卫 张闻笛 王 帅*

摘　要： 2015年，我国水利风景区面临着较为有利的发展形势，国家宏观政策、水利及相关行业的发展动向，为水利风景区提供了良好的发展环境和发展空间。在国家宏观层面，政府全面贯彻经济"新常态"要求，推动产业结构调整和经济增长方式转变，推进新型城镇化战略和生态文明建设，践行新时期治水思路，为水利风景区的发展指明方向；在相关行业层面，水污染防治加强，海绵城市建设启动，生态文化旅游大力开展，美丽乡村建设稳步推进，为水利风景区提供了拓展与融合发展的机会；在水利行业层面，水利改革进一步深化，民生水利深入发展，水利风景区对水利事业内涵和外延的拓展

---

* 张闻笛，水利部发展研究中心工程师；王帅，北京理工大学博士。

以及民生功能进一步凸显。

关键词： 水利风景区　新常态　水生态文明　新型城镇化

2015年，国家生态文明建设等重大战略的大力推进，相关行业的创新发展以及水利行业的改革深化与民生服务领域的不断拓展，这一切都为水利风景区发展提供了良好战略环境、政策环境和发展机遇。

一　国家宏观层面的背景形势

（一）经济发展的"新常态"

2014年中国经济进入新常态，主要表现为经济结构优化升级，经济增长从要素驱动、投资驱动转向创新驱动，增长动力更为多元，发展前景更趋平稳。2015年3月，习近平总书记在博鳌亚洲论坛上指出，认识新常态，适应新常态，引领新常态，是当前和今后一个时期我国经济发展的大逻辑。2015年，党的十八届五中全会要求坚持"四个全面"战略布局，即"全面建成小康社会、全面深化改革、全面依法治国、全面从严治党"，积极引领经济发展进入新常态。

"新常态"是对我国经济转型升级的规律性认识，是制定当前及未来一个时期我国经济发展战略和政策的重要依据。各级政府在全面深化改革、创新社会治理、推进生态文明建设等方面，全面贯彻"新常态"发展要求，更为注重发展的内涵与质量。水利事业积极适应"新常态"的发展要求，注重水利治理的系统性和水利发展的均衡性，加大了水环境整治和水生态工程建设力度，提升了水利保障经济社会发展的能力，提高了水利行业的社会服务水平。推进水利风景区建设与发展，适应了经济"新常态"总趋势对水利的要求，已成为地方经济发展的重要组成部分。

（二）生态文明建设的新部署

党的十八大明确将生态文明建设作为党的行动纲领之一，并提出"五位一体"的总体战略布局，建设美丽中国。党的十八届三中全会提出了要加快建立生态文明制度，习近平总书记针对生态文明建设提出了"既要绿水青山，又要金山银山"的重要论断。2015年国家连续出台了《关于加快推进生态文明建设的意见》《党政领导干部生态环境损害责任追究办法（试行）》《生态文明体制改革总体方案》三个文件，做出了生态文明领域改革的顶层设计，实行生态环境损害责任终身追究制，健全生态文明制度体系。

党的十八大以来中央关于生态文明建设的战略新部署，为推进水利风景区和水生态文明建设指明了方向，提供了动力。水利事业不断加快从粗放用水向节约用水转变，从局部治理向系统治理转变，从注重行政推动向坚持两手发力、实施创新驱动转变，以统筹解决水安全问题。水利风景区因其涵养水源、生态修复等多种功能，成为促进人水和谐、推动水生态文明建设的主要载体之一。

（三）新型城镇化的新推进

2014年国家编制《国家新型城镇化规划（2014~2020年）》，把生态文明理念全面融入城镇化进程，走"以人为本、四化同步、优化布局、生态文明、文化传承"的中国特色新型城镇化道路。要求城市生活和谐宜人，有效保护自然景观和文化特色，扩大城市生态空间，合理建设绿色生态廊道。随后国家发改委等11个部委联合开展了国家新型城镇化综合试点，大力推进绿色城镇化，保护自然景观，提倡城镇形态多样性。

水利风景区在新型城镇化建设中具有独特的自然禀赋优势，是创造良好的水生态环境、弘扬悠久深厚的水文化、打造山水河湖林等自然要素浑然一体的立体化生态体系格局的关键环节，为城市建设提供了重要的生态屏障。各种靓丽的水利风景区镶嵌于城镇，不仅为城镇提供"绿色走廊"和多彩的风景，而且可以保障城市的一泓"碧水"，增加城市灵气。水利风景区建设促进了现代城市文明的进步与发展，带动了当地的人流、信息流和物流，促进了周边村镇的发展，是形成新型城镇化新格局的示范和先锋。

（四）新时期治水思路的新要求

党的十八大以来，国家对水安全问题的认识达到了新高度，习近平总书记明确提出"节水优先、空间均衡、系统治理、两手发力"的水治理新思路。这是新时期我国治水兴水的科学指南，要求充分认识水资源、水生态、水环境承载能力，从山水林田湖生命共同体出发，运用系统思维，统筹治水和治山、治水和治林、治水和治田等各项事务，实现人与自然、人与水的和谐相处。

新时期治水思路为水利风景区建设指明了前进方向，拓展了新的发展空间。水利风景区在涵养水源、突出水元素、修复水生态、弘扬水文化等方面的重要功能价值，体现了保护水环境、节约水资源的原则和综合治理的效应。大力建设水利风景区，加强水源涵养和生态修复，推进城乡水环境治理，打造山清水秀、河畅湖美的美好家园，符合新时期治水思路的内在要求，凸显了水利风景区在空间均衡和系统治理中的独特功能和重要作用。

二　相关行业层面的背景形势

（一）生态文化旅游的开展

2014年，国家发布了《关于促进旅游业改革发展的若干意见》，提出推动旅游产品向观光、休闲、度假并重转变，注重资源能源节约和生态环境保护，集中力量开发建设一批新的自然生态环境良好、文化科普教育功能完善的精品景区和特色旅游目的地。2015年5月，习近平总书记在浙江舟山调研时，对舟山立足乡村特色、发展生态旅游的模式给予了充分肯定。

生态文化旅游的持续兴旺，为发挥水利景观资源优势、推动水利旅游和水利风景区发展提供了有利条件。当前，水利风景区已经成为生态文化旅游的核心载体。丰富的水文化内涵，良好的水教育功能，已成为优良水生态旅游的主要资产之一，许多地方依托重大水利工程和水生态、水文化优势，积极发展生态文化旅游，为旅游者提供高质量的旅游体验服务，有力促进了当地旅游产业的发展，进而促进和带动了地方经济和社会的发展。

（二）美丽乡村建设的推进

美丽乡村建设重在朴素的自然之美和人文之美的融合，以及乡愁意境的营造。继党的十八大建设"美丽中国"的提出，"美丽乡村"建设成为美丽中国的重要组成部分，习近平总书记就美丽乡村建设提出了一系列新理念、新论断、新举措。2015年以来，中央和国务院各部委十分重视美丽乡村建设工作，农业、林业、住建、水利等多个部门从行业职能出发积极参与和推动美丽乡村建设。

水利风景区除城市河湖型之外，大多数位于乡村，其靓丽的景观不仅使其成为美丽乡村的核心景区，而且浓厚的水文化更成为承载乡村文明的重要平台。以此为基础，水利部提出的"美丽河湖"建设工程，又为美丽乡村增光添彩，并进而成为参与推动美丽乡村建设的重要载体。因此，可以说水利风景区建设以及美丽河湖行动的实施是美丽乡村建设的直接抓手。

（三）海绵城市建设的启动

海绵城市建设是指通过加强城市规划建设管理，充分发挥建筑、道路和绿地、水系等生态系统对雨水的吸纳、蓄渗和缓释作用，有效控制雨水径流，实现自然积存、自然渗透、自然净化的城市发展方式。2014年以来，国务院及财政部、水利部相继发布了《关于推进海绵城市建设的指导意见》《关于开展中央财政支持海绵城市建设试点工作的通知》《关于推进海绵城市建设水利工作的指导意见》，要求全国各城市新区、各类园区、成片开发区全面落实海绵城市建设要求。2015年，财政部、住房城乡建设部、水利部在全国16个城市开展海绵城市试点，水利部提出了推进海绵城市建设水利工作的总体思路、主要任务等。

海绵城市建设的关键在于打造城市的"海绵体"，这既包括河、湖、池塘等水系，也包括绿地、花园等城市配套设施。它要求在城市水利工作中构建"格局合理、功能完备、蓄泄兼筹、水流通畅、环境优美"的河湖连通体系。海绵城市的新启动又促进了城市河湖型水利风景区的新提升。城市河湖型水利风景区是促进河湖水系连通的重要载体，其建设有利于完善城市防洪排涝体系，保护恢复河流绿色生态廊道，提高水体流动性，在推动海绵城市建设中扮演着不可或缺的重要角色。

三　水利行业层面的背景形势

（一）水利改革的进一步深化

2014年，水利部依据国家改革发展的总体要求，全面深化水利改革，推进水利治理体系和治理能力现代化，推进水生态文明建设，改善水生态环境，使市场在资源配置中起决定性作用，积极采用"PPP"模式引导社会资本参与重大水利工程等水利设施建设。同时，还要求全面提升水利的安全、资源、环境、经济社会功能和综合效益，形成以水促发展、以水惠民生、以水保生态的"大水利"格局，走出一条健康、优质、可持续的中国特色水利现代化道路。

水利风景区建设是全面深化水利改革的重要内容。2015年以来，水利行业逐步实现重大水利工程建设与水利风景区建设的有机结合，这一改革举措，既有力推动了水利事业又好又快发展，又切实化解了水利风景区无公益性投入的难题。如将水利风景区纳入水利规划，在水库除险加固、河湖水系连通、河道工程治理、灌区改造和水土保持建设中适当安排水利风景区项目，使之同步进行，同步建设，不仅克服了水利风景区未能列入工程建设总概算和缺少生态补偿资金的问题，而且调动了地方的积极性，增加了配套建设资金。水利风景区在建设管理过程中自身功能也不断提升，包括水资源保护、提供水利公共服务、健全水利投融资体制等方面。

（二）水污染防治的进一步加强

国家把贯彻落实最严格水资源管理制度作为水生态文明建设的核心，划定生态保护红线，通过水生态修复、水环境整治等手段促进经济转型。2015年为保障国家水安全，发布了《水污染防治行动计划》（简称"水十条"），提出要以改善水环境质量为核心，系统推进水污染防治、水生态保护和水资源管理。强调积极保护生态空间，城市规划区范围内保留一定比例的水域面积，保护水和湿地生态系统，加强滨河（湖）带生态建设。

（三）民生水利的深入发展

水利是国民经济的基础设施和基础产业，水资源是国家极为重要的经济资源和战略资源，与人民群众的切身利益息息相关。从某种意义上讲，人饮工程、水库除险加固工程、乡村河道治理工程、灌区改造工程、水保工程等本身就是民生工程。多年来，水利部围绕民生开展了诸多建设，使人民群众切实得到了实惠。2015年，根据国家持续推进民生改善和社会建设的要求，水利部又进一步拓展民生水利领域，加快推进实施水污染防治行动计划、推进重点生态工程建设、拓展重点生态功能区等，进一步惠及广大人民群众。

（四）水生态文明建设取得积极进展

2012年以来，水利部党组高度重视水生态文明建设，先后批准设立两批共105家水生态文明城市建设试点。水利部陆续组织制定了《水生态文明城市建设评价导则》《全国水生态文明建设工作指南》《水生态保护与修复关键技术及应用》《河湖生态修复与保护规划编制导则》等制度规范，印发了《关于做好全国水生态文明城市建设试点有关河湖水系连通项目工作的通知》，编制了《全国水生态文明试点城市河湖水系连通项目管理办法》，协调财政部落实中央资金对20个试点城市22个河湖水系连通项目给予资金补助。全国各地积极行动，试点单位陆续制定了试点实施方案，并按照实施方案落实相关工程措施，稳步推进试点建设，取得了一系列重要阶段性成果和显著成效。各级各地将水利风景区作为水生态文明城市建设的重要指标和水生态文明建设的重要抓手，一同规划建设，推动水利风景区建设取得了新的进展。

B.2
2015年水利风景区发展概况

孙艺惠 祁正卫 张蕾 冯冲*

摘　要： 至2015年，我国已批准设立国家水利风景区719处，省级水利风景区2000多处。水利风景区蓬勃发展之势呈现出6个方面的特征。一些省份因地制宜，创新发展，出现了江河源头型、滨海型和水文化型水利风景区等新的类型。

关键词： 水利风景区　规模　特征　类型　分布

2015年，各级水行政主管部门以党的十八大和十八届三中、四中、五中全会精神为指导，深入贯彻落实中共中央关于建设生态文明和美丽中国的战略部署，以及水利部关于建设水生态文明、美丽河湖的重要思路和进一步做好水利风景区工作的意见，联系实际，抢抓机遇，推动水利风景区事业持续健康发展。

一　水利风景区发展规模

从20世纪80年代初期开始，我国水利风景区的发展经历了自发萌芽、探索起步、规范管理、品牌建设的发展阶段。截至2015年底，我国共有国家水利风景区719处，省级水利风景区2000多处。

---

* 冯冲，福建农林大学硕士研究生。

（一）国家水利风景区有了新增长

2015年，各级水行政主管部门抢抓水利建设、创造发展机遇，争取上级党委和政府的支持，加强与相关部门的协调与合作，多渠道增加投入，充分利用水利工程设施和水源条件，兴建和打造了一批新的水利风景区。当年新增国家水利风景区61个，省级水利风景区200多个。到2015年底为止，全国已有719个国家水利风景区，2000多个省级水利风景区，实现了中国东部、中部、西部和东北地区的全覆盖，涵盖全国主要江河湖库、重点灌区、水土流失治理区（见表1）。

表1　2001~2015年国家水利风景区批准设立情况

单位：个

批次	年份	数量	批次	年份	数量	批次	年份	数量
1	2001	18	6	2006	42	11	2011	52
2	2002	37	7	2007	38	12	2012	43
3	2003	30	8	2008	42	13	2013	70
4	2004	54	9	2009	56	14	2014	70
5	2005	53	10	2010	53	15	2015	61
总计					719			

（二）地方水利风景区蓬勃发展

推进地方水利风景区建设是发展国家水利风景区的基础和依托，国家水利风景区的发展又必然带动地方水利风景区的进步和提升。2015年，随着国家建设生态文明和美丽中国战略的推进，适应广大人民群众对物质文化生活不断提升的迫切需求，各地建设水利风景区的热情空前高涨，逐步形成"建一处水利工程，规划一个景区，开发一个涉水项目，部署一个景区"的理念。更多的城市在充分利用山水自然资源和文化资源，结合城市改造和建设美丽乡村工作，打造水利风景区。各地水利风景区发展势头方兴未艾，景区群落星罗棋布，有的依托城市河湖连通工程建成了河流风光带，形成了规模化的城市河湖型水利风景区；有的依托已有湿地或新建湿地，围"湿"而建，形成湿地型水利风景区；有的结合大中型灌区改造和县乡河道治理兴建灌区型水利风景区；有的依托古村落开发、新农村建设打造出一批美丽乡村型的水利风景区。2015年全国新增省级水利风景区200多个。

二　水利风景区发展类型

（一）国家水利风景区主体类型全覆盖

按照水利工程性质，我国水利风景区在开发和建设过程中形成了水库型、自然河湖型、城市河湖型、湿地型、水土保持型和灌区型六大主体类型。2015年新增的61个国家水利风景区中，水库型水利风景区21家、自然河湖型水利风景区9家、城市河湖型水利风景区23家、灌区型水利风景区1家、湿地型水利风景区5家、水土保持型水利风景区2家，覆盖了水利风景区全部类型（见图1）。

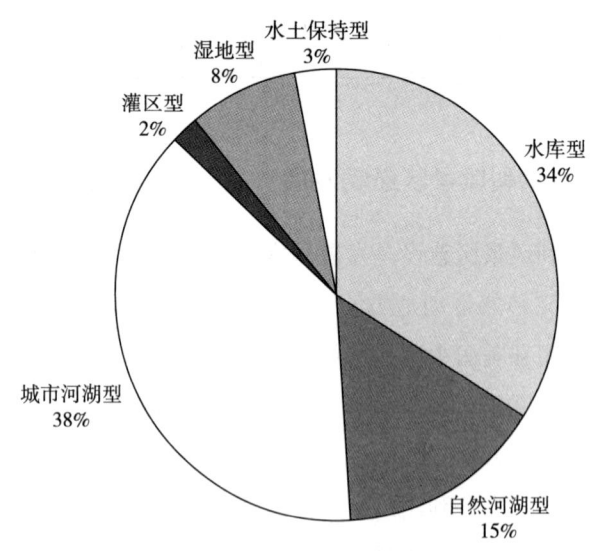

图1　2015年新增水利风景区类型分布

截至目前，全国 719 个国家水利风景区中，水库型水利风景区达到 344 个，数量最多，占总量的 47.84%；城市河湖型水利风景区共有 143 个，占总量的 19.89%；自然河湖型水利风景区共有 141 个，占总量的 19.61%；湿地型水利风景区共有 40 个，占总量的 5.56%；水土保持型水利风景区共有 26 个，占总量的 3.62%；灌区型水利风景区数量相对较少，共有 25 个，占总量的 3.48%（见图 2）。

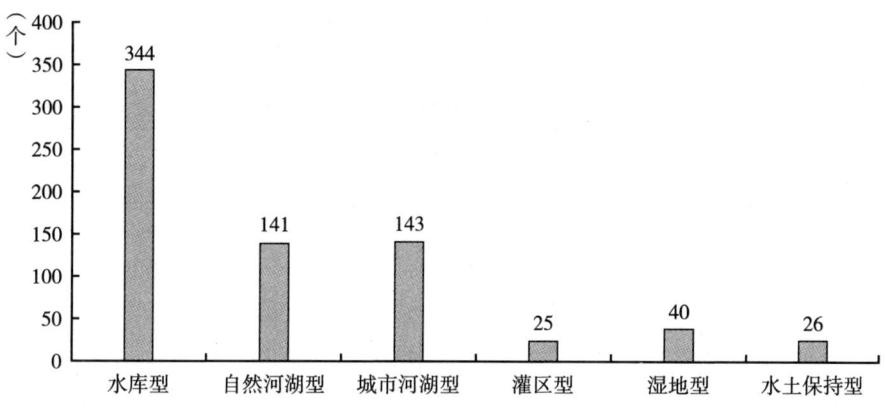

图 2　水利风景区总量类型示意图

（二）水利风景区呈现多样化发展

为适应水工程建设、水资源保护、水环境改善、水生态修复以及弘扬水文化、发展水经济等多层次多方面的需要，地方水利工程在建设中融入了水利风景元素，形成了一批新类型的水利风景区，如江河源头型、滨海型和水文化型等。

三　水利风景区发展空间分布

（一）新增水利风景区区域空间分布

2015 年，新增国家水利风景区分布于全国 20 个省区市，地跨东部、中部、西部和东北四大区域。经济发达的东部地区依然是国家水利风景区增量最大的区域,包括福建、江苏、山东在内的东部地区6个省(区、市)新增国家水利风景区24个,占年度增量的39.34%;中部地区的山西、河南、湖南等6省(区、市)新增国家水利风景区17个,占年度增量的27.87%;西部地区的四川、贵州、陕西等6个省(区、市)新增国家水利风景区17个,占年度增量的27.87%;东北地区吉林和黑龙江两省新增国家水利风景区3个,占年度增量的4.92%(见表2)。

表2　新增国家水利风景区经济区域分布情况

经济区域	包含省、区、市	省区市数量(个)	新增国家水利风景区 数量(个)	新增国家水利风景区 比重(%)
东部	河北、江苏、浙江、福建、山东、广东	6	24	39.34
中部	山西、安徽、江西、河南、湖北、湖南	6	17	27.87
西部	四川、重庆、贵州、云南、陕西、内蒙古	6	17	27.87
东北	吉林、黑龙江	2	3	4.92
总　计		20	61	100%

截至2015年12月,东部地区国家水利风景区数量达到203个,占总量的28.23%,中部地区有236个,占总量的32.82%,西部地区有228个,占总量的31.71%,东北地区52个,占总量的7.23%。近些年中、西部地区水利风景区发展速度持续加快,东、中、西部水利风景区在数量规模上呈现较为均衡的趋势。

(二)新增景区数量分布

按省域划分,增长最多的是山东省,2015年山东省有9处风景区跻身第十五批国家水利风景区之列;其次是福建省和四川省,各增长6个;再次是江苏省和安徽省,各增长5个。截至目前,山东省国家水利风景区总量达86个,居各省区市之首,其次是江苏省和江西省,分别以50个和36个位居第二位和第三位(见表3)。

表3 国家水利风景区行政区域分布情况（截至2015年底）

主管机构	2015年新增数量（个）	总量（个）	主管机构	2015年新增数量（个）	总量（个）
水利部	—	2	江西省水利厅	4	36
长江水利委员会	—	2	山东省水利厅	9	86
黄河水利委员会	—	21	河南省水利厅	1	35
淮河水利委员会	—	2	湖北省水利厅	2	16
海河水利委员会	—	2	湖南省水利厅	4	33
松辽水利委员会	—	2	广东省水利厅	1	11
太湖流域管理局	—	1	广西壮族自治区水利厅	—	10
北京市水务局	—	3	海南省水利厅	—	3
天津市水务局	—	2	重庆市水利局	1	13
河北省水利厅	2	18	四川省水利厅	6	31
山西省水利厅	1	17	贵州省水利厅	4	26
内蒙古自治区水利厅	1	24	云南省水利厅	2	18
辽宁省水利厅	—	8	西藏自治区水利厅	—	2
吉林省水利厅	1	23	陕西省水利厅	3	32
黑龙江省水利厅	2	29	甘肃省水利厅	—	25
上海市水务局	—	4	青海省水利厅	—	12
江苏省水利厅	5	50	宁夏回族自治区水利厅	—	10
浙江省水利厅	1	27	新疆维吾尔自治区水利厅	—	12
安徽省水利厅	5	34	新疆生产建设兵团水利局	—	10
福建省水利厅	6	27	合计	61	719

（三）新增景区类型分布

新增国家水利风景区中，城市河湖型水利风景区23个，分布于12个省（区、市），其中东部地区增量居多，有13个，占56.52%，中部地区6个，占26.09%，西部地区3个，占13.04%，东北地区1个，占4.35%；水库型水利风景区新增21个，分布于9个省（区、市），西部地区增量居多，有11个，占52.38%，东部地区有3个，占14.29%，中部地区7个，占33.33%；自然河湖型水利风景区新增9个，分布于9个省（区、市），其中东部地区3个，中部地区3个，西部地区2个，东北地区1个；湿地型水利风景区新增5个，分布于4个省（区、市），其中东部地区3个，西部地区1个，东北地区1个；水土保持型水利风景区新增2个，分布于2个省（区、市），其中东部地区1个，中部地区1个；灌区型水利风景区新增1个，位于东部福建省。由此，东部地区是新增类型最为丰富的地区，6种类型均有分布，中部和西部地区各有4种类型分布，东北地区有3种类型分布（见表4）。

表4 新增国家水利风景区类型分布情况

经济区域	行政区域	数量	类型					
			水库型	自然河湖型	城市河湖型	湿地型	水土保持型	灌区型
东部地区	河北省	2			2			
	山东省	9			6	2	1	
	江苏省	5		1	3	1		
	浙江省	1		1				
	广东省	1			1			
	福建省	6	3	1	1			1
	小计	24	3	3	13	3	1	1
中部地区	山西省	1			1			
	安徽省	5	1	1	3			
	江西省	4	2		1		1	
	河南省	1			1			
	湖北省	2		1	1			
	湖南省	4	4					
	小计	17	7	3	6		1	
西部地区	重庆市	1	1					
	四川省	6	6					
	贵州省	4	1	1	2			
	云南省	2	2					
	陕西省	3		1	1	1		
	内蒙古自治区	1	1					
	小计	17	11	2	3	1		
东北地区	吉林省	1			1			
	黑龙江省	2		1		1		
	小计	3		1	1	1		
合 计		61	21	9	23	5	2	1

四 发展特征

经过十几年的发展，水利风景区逐步融入工程开发建设，呈现出质量并举、类型结构日益完善的特点。2015年水利风景区在规模化和类型发展方面呈现出以下新的特征。

（一）注重各种生态要素的组合

水利风景区本身就是生态系统的重要单元，构成这一生态单元的有各种生态要素，如绿色覆盖的植被景观元素，保护生物多样性的湿地景观元素，水通水畅的水流景观元素，以及历史遗存的自然山水景观元素等。由水域（水体）或水利工程以及与其相关联的岸地、岛屿、林草、湿地等形成的自然景观及生态环境是水利风景区的基础性资源和核心吸引物。2015年，水利风景区的开发和建设更加注重各种生态要素的组合，包括独特优质水体、清新空气、茂密植被和多样性物种等要素，以打造水清岸绿、景观秀美、环境宜人的综合型休闲度假空间，满足人民内心深处回归自然、亲水近水的本能需求。

多种生态要素的组合开发有力提升了水利风景区的品质，丰富了水利风景区的内涵，也使其在生态、经济、社会、文化等方面的综合作用更突出。如重庆璧山璧南河水利风景区，以建设生态文明城市为主题，以山、水、林、石、亭、廊等园林为元素，融合璧山历史文化，突出生态治河的理念，聚合多种生态要素，形成了独具地域特色的"绿城""水城"景观生态环境，构成了"青山为屏、河水为带、湖水为睛、湿地为脉、山水相融、景在城中、城在景中"的立体构建。再如贵州龙里莲花水利风景区，位于龙里县城，依托龙里县贯城河治理工程、三元河河道治理工程、窄冲水库工程及县城人工湿地等，将"水库、峡谷、草原、森林、田园、湿地"等核心生态要素高度契合，弘扬民族文化，突出人文景观特色，协调人文自然，集观光旅游、科普教育、休闲度假、民族风情为一体，现已成为龙里县旅游业发展的带动项目和龙头项目。

（二）注重与相关项目的结合

水利风景区是依托水域、水体和水利工程而产生和形成的。在建设美丽中国的大格局下，水利风景区不仅注重与水利工程项目的结合，而且注重与新型城镇化、新农村建设和旅游产业的结合，创出了可喜的发展新路。

一是注重与水利工程项目建设紧密结合，充分发挥水利工程的依托作用。例如河北省结合城市河湖建设打造水利风景区，以城市水系连通、病险水库除险加固、中小河流治理、水土保持、河湖生态修复、大中型灌区改造等一批重点水利工程建设为契机，抓住引调水工程建设的机遇，通过控制和减少地下水开采，为水利风景区发展建设提供了有力的基础条件。江苏将景区建设纳入水利现代化考核指标体系，在省级工程维护经费中列入资金，对景区建设专项奖补，引导各地加大对景区建设的投入。

二是注重与新型城镇化、新农村建设紧密结合，为区域社会协调发展服务。如江苏省将改善城镇水质和水环境、修复水生态系统、挖掘水文化有机结合起来，建设了南京市外秦淮河、徐州废黄河、宿迁中运河等一批人水和谐的城市河湖型水利风景区，营造了碧水绿树、风景秀丽的城市水环境；大力整治县乡级河道、村庄河塘，使农村河道与沟渠相连，与水库湖泊相通，形成"水清、岸绿、河畅、景美"的田园风貌。迄今江苏已有60个水美乡镇、548个水美乡村，并在此基础上，成功创建了一批高品质的水利风景区，给当地民众兴建了一个个"美丽家园"，提高了人民群众的生活质量和幸福指数，也为建设和谐社会做出了贡献。

三是注重与旅游产业发展大格局紧密融合，推动当地经济发展。如重庆市坚持把水利风景区建设与当地旅游发展相结合，搭乘旅游产业快车，科学谋划水利旅游，借助旅游投入、宣传营销、管理人才的优势，提升水利风景区经营管理水平，并将水利风景区纳入成熟旅游线路加以宣传推广，打造集旅游、度假、观光、休闲为一体的水利风景区，凸显了水利风景区的社会效益和经济效益。

（三）注重贴近民生需求

贴近民生需求是 2015 年水利风景区发展特征的新表现。2015 年，各地在水利风景区的建设和管理中，在扩大增量的同时，注重提高质量。一是抓住规划设计的龙头，统筹考虑项目论证、工程设计、资金安排、运行管理等环节，强化"生态保护、资源管理、水文化要素、美学因素和社会服务"功能，以丰富提升水利风景区的内涵；二是强调因地制宜，结合实际，突出地方特色，以避免千篇一律、千园一面；三是增加水文化，普及水科技，本着"寓教于乐"的原则，把绿色、环保、文化和科普融为一体，使百姓在旅游观光休闲娱乐中潜移默化地接受水文化和水科普的熏陶，在玩中长知识；四是提高服务质量，主要是全面加强水利风景区的管理，完善各种规章制度，不断推进人性化服务，创造安定祥和的旅游环境。水利风景区游人如织，让百姓流连忘返，正是水利风景区内涵和服务质量提升的体现，也是水利风景区最贴近民生需求的真实反映。水利风景区贴近民生需求的重大作用已越来越被各地党委政府高度认可，建设和发展水利风景区已成为地方发展民生、服务民生的一个重要抓手。如广东省近几年认真落实党中央、国务院关于加快建设生态文明和美丽中国的战略，省委颁布《关于加快水利改革发展的若干意见》，将水利风景区建设与民生水利建设一同部署，制定了《广东省民生水利示范工程建设实施行动方案》，围绕"水安全、水环境、水景观、水生态、水文化、水经济"六位一体方略，精心打造了一批具有地方特色的民生水利示范工程和水利风景区。

（四）注重多元投入机制探索

2015 年，是国家建设生态文明和美丽中国大深入、大发展的一年，特别是党的十八届五中全会确定的"创新发展、协调发展、绿色发展、开放发展和共享发展"的理念深入人心，大力推进了全国水利风景区建设的全面发展，多元投入机制的探索更加深入，除了继续运用已经成熟的模式外，又出现了较多典型案例，丰富了水利风景区工作的实践。

用法规建设保障公益性投入机制。部分地区制定了水利风景区生态补偿机制。如南京市于2015年10月出台了《市政府办公厅关于建立水利风景区生态补偿机制的实施意见》，明确了建立水利风景区的生态补偿机制和补偿办法。补偿范围为享受本市饮用水源地、湿地公园等生态补助以外的国家、省级水利风景区；受偿主体为水利风景区管理单位；补偿标准为国家水利风景区每年不超过200万元，省级水利风景区不超过100万元。主要用途是水利风景区的生态修复、生态保护和建设。补偿资金来源：区属水利风景区补偿资金由市、区财政分别按50%承担，市属水利风景区资金由市财政全额承担。补偿资金每年8月底前一次划拨到市、区水利部门专项水利资金序列。2015年11月前，市级、区级分别已将850万元和750万元纳入2016年市、区水利投资计划。福建省政府做出规定，每年下达水利风景区专项资金1000万元，用于补助国家、省级水利风景区的水工程提升和改造、生态修复、水环境治理、水科技文化展示以及景区管理设施建设等。

倡导灵活的社会投融资机制。PPP模式开始在部分地区项目运作中实践。私企股份合作兴建水利风景区的方式开始出现，社会资本开始越来越多地参与到水利风景区建设中。如安徽省岳西县彩虹瀑布水利风景区就是由37位私企老板通过股份合作兴建的，运行良好。不仅为大别山区建立了一处景观资源丰富的景区，发展了地方旅游，也带动了周边老百姓致富。

（五）注重生态文化的建设

传播和普及水文化与生态文化始终是水利风景区发展的重点。2015年，多地景区对水文化建设尤其是生态文化建设更为关注。江苏省出台《江苏省水文化发展规划》，专门设立水利风景区篇章，全省已建成水文化展示馆（水博馆）10余家。

有不少水利风景区建立了科普馆，将环保、水保、水资源、湿地、森林等生态系统要素对人类和对经济社会的作用，通过多种媒介和展示形式向游客宣传，使人们在休闲观光中增加了环保意识、生态意识，促进了人与自然的和谐和人水和谐。如江西宜春市铜鼓县九龙湖水利风景区在林区中设置的解说牌上醒目标示：一公顷面积森林每天可以吸收二氧化碳500公斤，产生氧气350公斤。让游人既增长了科学知识，又享受了自然生态的恩赐。

挖掘地方文化遗产，充实水利风景区，丰富水文化和生态文化的内涵。多地在水利风景区建设中，结合实际，挖掘地方文化遗产，一是把埋藏在地下的文化挖掘出来，把风景区附近考古挖掘出来的历史遗迹向游人展示；二是将地方典籍中的特色文化挖掘出来，增加了水利风景区的文化内涵；三是把具有区域特色的传说、故事采集起来，向游客讲解，不仅增加了区域文化的厚重感，也增强了地方的影响力和辐射力。如湖北郧西县天河水利风景区，挖掘了当地的"七夕"文化，丰富了景区文化，增强了景区的软实力。再如江苏金坛愚池湾水利风景区，通过挖掘"愚池"的来历，将其变成故事介绍给游人，使游人在聆听后受到做人的启迪。

（六）注重配合水生态文明城市建设

为落实建设生态文明和美丽中国的战略，水利部于2013年做出了建设水生态文明的部署，并启动建设水生态文明城市试点，制定和实施了建设水生态文明城市试点方案。水利风景区作为建设生态文明试点城市的重要内容之一，已被列入水生态文明试点城市规划和项目建设之中，其"维护水工程、保护水资源、改善水环境、修复水生态、传承水文化"的功能和要求在试点城市得到广泛的体现，取得了应有的成效。也正因此，配合和适应水生态文明试点城市建设，成为2015年水利风景区工作的重要内容和亮点。在水利部确定的两批共105个水生态文明试点城市编制的实施方案中，大部分都确定了"建设国家水利风景区"的具体目标。在第一批水生态文明试点城市建设中，有的试点城市水利风景区已建成，向社会开放，有的正在加快实施步伐；第二批有的已完善了规划，正在启动景区建设工作。从实践的情况看，水利风景区已成为水生态文明城市建设亮点。鉴于水生态文明试点城市对水利风景区建设的巨大推动力，水利风景区的类型结构也发生了新的变化，2015年，批准设立的城市河湖型水利风景区数量已超过水库型。这说明水利风景区在人口密集的城市更受到关注和青睐，成为城市改造、城市建设和城市发展的主体要素，为城市居民回归自然、享受自然提供了良好的宜居场所。

B.3
2015年水利风景区发展成效

汪升华　王学峰　孙志梅*

摘　要： 2015年，在党中央、国务院建设生态文明和美丽中国战略方针的指导下，在水利部的正确领导下，水利风景区工作围绕新时期的水利工作方针，坚持创新发展、优化管理、完善制度、强化管理、加强宣传，努力开创新的局面，取得了新的效益，在区域经济社会发展中发挥了更为重要的作用。基本经验是：争取地方党政重视支持，使之成为工作重点；倡导多元投入机制，破解发展难题；坚持以评促管，推动健康发展；加强队伍建设，提高行业管理水平和指导能力。

关键词： 水利风景区　主要做法　综合效益　基本经验

2015年，水利风景区工作在水利部部署下认真贯彻落实党中央、国务院建设生态文明和美丽中国的发展战略以及新时期的水利工作方针，认真推进"评审创建、动态监管、品牌提升"三项任务，努力开创新的局面，取得了新的成效。

一　主要做法

（一）创新发展

思路创新。根据党中央、国务院加快生态文明建设的战略部署，联系水

---

* 孙志梅，水利部综合事业局工程师。

利风景区工作的实际，2015年水利风景区建设与管理工作及时调整原有的工作思路，提出了"评审创建、动态监管、品牌提升"三项重点任务。这一新的工作思路的特点是"从量的增长转变为质的提高，更要有品牌的创建"。从过去仅注重对水利风景区多种要素（水工程要素、景观要素、水文化要素）的评价，转变为与水资源保护、水生态修复、水工程安全、水量平衡、水系连通等水生态文明的要求高度结合；从过去仅注重景区的服务管理，转变为注重整体区域的环境保护、生态提升。这一思路的创新，不仅对水利风景区的建设管理提出了新的目标，而且将水利风景区的发展全方位地纳入了建设生态文明和美丽中国的主轨道。

评审方式创新。一是严格评审标准，提升申报门槛。进一步明确对国家水利风景区安全和质量水平的要求，将水利工程和旅游设施安全、水质达标、管理机构职责作为申报的先决条件，明确要在省级水利风景区的基础上或已成为国家有关部门认定的某种类型景区（如国家风景名胜区、4A级以上旅游区、国家森林公园、国家地质公园等）之后方可申报。二是严格现场考察评价规程，实行"专家小组、评审委员、领导小组"三级把关机制。初审以后，组织评审委员会专家讨论确定，最后由领导小组把关。符合标准要求的，则选定为国家水利风景区，不符合条件的，坚决淘汰。特别是水质不达标、水环境恶化和安全存在隐患的，一票否决。三是提出了新的评审规则，对申报条件、业务流程做出了新的规定。同时，对水利风景区也增加了加强信息化管理和动态监管的新要求。

经营管理机制创新。水利风景区基础建设一般涉及水利、林业、农业、交通、环境等部门的专项资金，水利风景区建成后的旅游项目开发通常采取独资、合资、租赁、股份合作制等形式，可正确处理好不同投资、利益主体之间的关系，采用灵活多样的经营管理机制，明确参建各方的权益，建立完善经营管理机制。

（二）优化管理

加强规划管理，科学引领。一是福建、青海等省已将全省水利风景区规划纳入水利发展"十三五"规划，山东、江苏等9个省区市也提出了将水利风景区纳入"十三五"发展规划的建议；还有部分省区市的一些水利风景区积极编制总体规划，并纳入地方经济社会发展规划，严格执行。二是完善国家水利风景区规划审批管理工作机制，水利风景区规划编制与审批工作有序推进。

强化动态监管，全过程跟进。一是健全水利风景区动态监管体系；二是加快推进国家水利风景区远程监控信息平台建设，夯实动态监管技术基础；三是注意进一步发挥水行政主管部门复查监管主体的作用；四是认真研究建立国家水利风景区激励机制，尝试"达标升级"，推动示范景区建设，以点带面，不断提升景区发展整体质量。

（三）完善制度

对于各级水行政主管部门来说，水利风景区建设和管理是个新事物，建立健全各项规章制度始终是重要的基础和抓手。在各级的努力下，近几年许多省市水利部门已经陆续出台了一些行之有效的政策和规章制度。南京市颁布了《市政府办公厅关于建立水利风景区生态补偿机制的实施意见》，将水利风景区纳入生态补偿范围统一考虑，《意见》的提出，标志着水利风景区已成为生态文明建设的重要载体。山东省也编制出台了《山东省水利风景区复查管理办法》，将水利风景区建设对水工程、水质水量、水生态环境以及社会的影响和景区服务质量、旅游项目及游客投诉列入复查范围。省级水利风景区破除"终身制"，意味着水利风景区的创建与管理将得到进一步规范。

（四）强化指导

培育典型，实行分类指导。2015年，各级水利风景区主管部门深入开展调查研究，现场指导工作，帮助基层解决了一些具体问题。既比较全面地了解了水利风景区建设和管理的基本情况，做到心中有数，胸有全局，又能够发现典型，扶持典型，培育典型。一年中，发现和培养了多种多样的水利风景区典型：重庆市璧南河人水和谐共生的水利风景区；安徽省合肥市优化集聚多种生态要素的滨河水利风景区；浙江省景宁畲族自治县"新园区、新城区、新山区、新景区"四位一体的畲乡绿廊水利风景区；沈阳市集防洪排涝、生态景观、旅游休闲、产业发展于一体的蒲河水利风景区；等等。水利部景区办通过对一些典型进行总结和培育，并在全国性和地区性的水利风景区会议上进行宣传介绍，搭建了水利风景区相互学习、共同促进的平台。

深入研究，提升指导水平。近几年来，水利风景区基础理论研究不断加强，多次举办全国性的专题学术研讨会，形成了一批学术成果。2015年召开了"水利风景区助推城市发展""水利风景区动态监管与信息化建设"等会议，聘请水利、旅游、城建等行业以及高校的一些专家学者授课或参与研究。同时多次组织专家技术人员到北京、河北、内蒙古、四川等地进行水生态环境治理规划等方面的指导。

扩大培训，提升专业人才能力。水利风景区建设与管理人才培训被列入水利部年度培训计划，邀请国内知名专家和具有丰富实践经验的水利风景区建设管理人员授课。坚持分类分级、全员培训原则，将人才培养的普遍性要求与不同类别、不同层次、不同岗位的特殊需要结合起来，增强针对性，实现全覆盖。

（五）注重宣传

从全国层面来看，水利部创新宣传形式，积极开展了水利风景区的形象宣传。策划制作了水利风景区公益宣传片、形象展示片，分别在全国有影响力的媒介进行展播。开展了水文化科普宣传进景区活动，展示水利风景区风采。2015年12月，江西、河南、福建、江苏、安徽等20余个省级水利风景区管理单位参加了"2015年中国水博会"，在会上对各自的水利风景区发展情况进行了展示和介绍。

从省区市层面来看，各省区市也普遍采用公益宣传片、水利风景区专题片、公益广告大赛、摄影比赛等多种形式和途径，宣传水利风景区，将水利工程要素、水利科普知识、水利建设成就、水利工程的作用和效益、水利人的奉献精神等推广向社会，普及给民众，让社会了解水利、认识水利、宣传

水利。如湖南省印制发放了《三湘秀水——走进湖南省水利风景区》画册，作为展示湖南省水利风景区形象和水生态文明建设成果的窗口。

从景区层面来看，各地水利风景区也特别注重以宣传营销为抓手，实现景区发展新突破。以河南省青天河水利风景区为例，景区坚持以宣传营销工作为抓手，推动景区旅游业取得超常规、跨越式大发展。一是实施全员大营销战略。提出了"765"战略发展目标和"百千万"营销工程，扩充营销队伍，努力做好对全国10大区域客源市场的开发及周边客源市场的深挖和保持工作。二是加强新闻广告及网络宣传。在中央电视台、河南卫视、《中国日报》、《中国旅游报》、《河南日报》、《大河报》等影视新闻媒体上，对景区进行全方位的形象广告宣传和旅游线路推介。三是加强营销渠道建设。深化和专业旅游电商的合作，积极引进旅游电商平台企业，与同程网、携程网、驴妈妈等国内27家大型电商企业签订了全年战略合作协议。成立策划营销部，对景区各类活动进行策划，促进景区知名度与游客人数增长。对户外组织、自驾车队、老年团、学生团等特殊群体，相应制定了优惠措施，形成了以传统营销为主、多渠道百花齐放的市场开发格局。

二 综合效益

不管是已建成的水利风景区，还是正在兴建的水利风景区，都在中国的经济社会中发挥了重要作用，显现出重大成效。

（一）生态成效

1. 水利风景区为生态文明建设提供了一批多种生态要素集合的美丽景区群落。目前中国的生态问题集中表现为资源浪费、环境恶化、生态失衡。建设生态文明，就是要实现人与自然和谐相处、资源得以永续利用、人民生存环境舒适宜居。相对于历史上的农耕文明、工业文明，这是人类现代文明的最高境界。党的十八大提出的建设生态文明和美丽中国的战略，就是要实现生态的均衡和"天蓝、地绿、水净"的基本目标，达到人与社会、人与环境、当代人与后代人的协调发展。而水利风景区正是通过水利工程建设，充分利用水利工程和水域水体要素，秉承尊重自然、顺应自然、保护自然、天人合一的理念，统筹协调水利工程防洪、排涝、灌溉、供水、航运、发电等基本功能，综合集聚多种生态要素，较好地推动了区域或地方的生态均衡，改善了区域或地方的水环境。任何生态系统都是由一个个生态单元组成的，任何环境系统都是由一个个区域环境组成的。区域生态文明的进步，必将推动整体生态文明的发展和扩大，区域水环境的改善，必将推动整体环境质量的提升。一个个水利风景区的诞生，加上国家自然保护区、国家风景名胜区、国家森林公园、湿地公园、地质公园以及其他生态保护修复工程成果的不断出现，犹如在中国大地上镶嵌了一颗颗璀璨的明珠，绘出了一幅幅美丽图画。这些明珠和美图越多，整体生态就会越平衡，美丽中国梦想的实现就会越快。从这一意义上来说，水利风景区对生态文明建设的价值是难以估算的。

2. 水利风景区为水生态保护修复和水环境改善提供了一个新的平台和支撑。生态失衡中，表现最为明显的是水生态的失衡和水环境的破坏。由于经济快速发展和人口的增长，过度开发水资源且保护不够，水资源短缺、水体污染、河道断流、地下水水位下降、水土流失和荒漠化等问题尚未得到有效的遏制。修复保护水生态和改善水环境成为水利工作者的重要责任，也是落实建设生态文明战略的重大使命。修复保护水生态、改善水环境需要而且可以利用多种形式和手段，包括工程措施和非工程措施去完成，也可以利用多种水利工程设施载体去实现。而水利风景区的出现，恰恰为这一工作搭建了一个新的平台，提供了新的支撑。水利风景区不同于一般意义上的公园或景区，它是依托水利工程或水域水体而建的，融合了以水为媒的多种生态要素和景观要素，向人们提供了碧澄的水体、洁净的水域、优美的风光和舒适的环境。因此，建设和打造水利风景区，就必须从水利风景区应该具备的基本功能和要求出发，首先做好水文章，做足水文章，即要节约水资源、保护修复水生态、改善水环境。也正是本着这一宗旨和目的，修复保护水生态和改善水环境成了多年来建设和管理水利风景区的着力点。一个个水利风景区的打造，都是结合水利工程或水域、水体，进行河湖连通、水系治理、乡村河道治理、水库除险加固、灌区改造以及小流域水保项目的实施，都是优先安排水生态的保护和修复、水环境的改善和提升，以此为骨架，实施"绿色行动"，增加植被，广种花草树木，发展景观，恢复植物和生物的多样性。许多水利风景区林木覆盖，芳草茵茵，花香四季，流水潺潺，候鸟成群。森林覆盖率大为提高，水土流失得到较好的控制，地下水位有所上升，污水基本上实现了达标排放，不仅涵养了水源，净化了水体，也有效地调节了区域小气候，改善了地方的人居环境。正因为此，水利风景区近几年成了建设生态文明城市的重头戏。从这些意义上来说，水利风景区确实成为水生态保护和修复的平台，成为改善生态环境的抓手，多种工程和非工程措施，也成为水生态发展和进步的重要支撑。

3. 水利风景区为人文生态的进步创建了和谐的气氛和文明的境界。生态文明不仅包括自然生态即物质生态的文明，也包括社会生态即人文生态的文明。人文生态的文明与自然生态的文明是相互影响、相辅相成的。从某种意义上讲，自然生态的失衡主要是由人文生态的失衡造成的。改革开放以来，我国经济持续迅速发展，取得了辉煌的成就，同时由于受传统工业文明非理性发展观和发展模式的影响，产生了生态退化、环境恶化、资源短缺、经济社会持续发展受阻的困境。因此，在中国建设生态文明，首先要建设人文生态文明，使广大人民群众树立尊重自然、顺应自然、保护自然的生态文明理念，坚持节约资源和保护环境的基本国策，坚持节约优先、保护优先、自然恢复为主的方针，形成节约资源和保护环境的空间格局、产业结构、生产方式、生活方式。水利风景区与其他景区景点一样，不仅为人民群众提供了可以旅游观光、休闲度假的空间，而且它们与水利工程及水域水体紧密结合在一起，其中内含的弘扬水文化、普及水科技的功能，又使人们在休闲娱乐中受到了山水文化的熏陶和水科技的普及，不仅心情收获了愉悦，而且境界得到了升华，特别是增加了近水、亲水、惜水的感情，提升了保护生态环境的意识。从这一点上来说，水利风景区也为人文生态的进步提供了较好的氛围和环境。水利风景区潜移默化的"寓教于乐"可以收到"润物细无声"的效果。

（二）经济成效

1. 促进了旅游发展，推动了地方经济攀升

早期的水利风景区仅作为水利行业内部的景区、景点对外开放，水利风景资源难以使社会共享。20世纪80年代，在发展水利经济的大潮中，水利风景区曾作为水利经营项目，在不影响水利工程安全的要求下，局部适度地开放了一些，让群众旅游观赏，卖点门票，以此作为经济收入，补贴水管单位人头费用的不足。21世纪之初，"水利旅游"开始走向市场，逐步形成规模，并融入旅游发展的范畴。十几年来，水利风景区之所以发展这么快，势头这么好，除了广大人民群众充分认可外，一个重要的原因，就是水利风景区促进了地方旅游事业的发展，成了推动地方经济攀升的重要引擎。历史上原本就旅游资源丰富的地方，如云南、贵州、四川、广西、广东、福建、江西等旅游大省，通过建设和打造水利风景区，普遍收到了"锦上添花"的成效，不仅扩大了旅游资源，而且优化了生态，加强了经济发展；原本旅游资源不丰富的贫乏地区，如山东的鲁北、江苏的苏北、陕西的陕北、河南的豫南、山西的吕梁等地区，则通过水利风景区的建设和打造，开发了旅游项目，增加了人流、物流、信息流，提高了地方的知名度和影响力，推动了经济的攀升，改善了旅游资源结构。如江苏省的宿迁市，以前只有项王故里和乾隆行宫两个景点，且经过"文化大革命"浩劫，历史文物被破坏殆尽，宿迁市成为江苏唯一的无旅游资源、无旅游线路、无旅游收入地区。近几年，该市结合运河护岸工程建设、骆马湖防洪建设以及黄河水系治理、六塘扩建改造等机会，打造和建成了运河沿岸水利风景区、骆马湖水利风景区、古黄河水利风景区以及六塘河水利风景区，并使这些水利风景区与恢复重建的项王故里、乾隆行宫等景区、景点融为一体，开辟出东西连通的旅游线路，从而改变了宿迁无景可赏、无处可玩的旅游项目缺失的状况，促进了宿迁经济的发展。再如陕西省虽然八百里秦川为风水宝地，西安为十三朝古

都,全省历史名胜和古迹很多,但构成山水风光和田园风光的景区不多,陕北的黄土高原地区更是凤毛麟角。2001年以后,陕西省各级有关部门抢抓水利建设大发展的机遇,结合诸多水利工程项目打造水利风景区,到目前为止已建成国家水利风景区32个,省级水利风景区37个,不仅增加了地区的风景资源,形成了一批山水风光式、自然风光式、田园风光式的水利风景区,而且促进形成了"大旅游"态势。2015年,水利风景区接待游客量1500万人次,实现经营性收入1.85亿元,水利旅游综合性收入5.8亿元。

2. 推进了绿色发展,推动了地方产业结构调整

绿色发展是指资源节约型、环境友好型的以人为本的可持续发展,强调经济发展、社会进步和生态建设的统一与协调。绿色发展既可改善能源资源的利用方式,又可保护和恢复自然生态系统和生态工程,实现人与自然的和谐共处。绿色发展与科学发展观、可持续发展、生态文明、循环经济、低碳发展是辩证统一的。

绿色发展以增加植被、节约保护资源、减少水土流失及保护和恢复生态作为重要方向,以节能减排和发展循环经济为核心内容。这就倒逼地方产业结构调整,大力发展以服务业为主的第三产业,减少高消耗的第二产业,改变粗放型生产的农业。而水利风景区和其他各种景区共同提供的丰富多样的旅游产品,则是第三产业的重要内容,是调整地方经济结构的优化选项,也是实现绿色发展的正确路径。许多地区通过包括水利旅游在内的大旅游发展,加上变"制造业"为"智造业"和提高农业作物的单位面积效益,已使产业结构从"123"模式转向"213"模式,并将最终实现"321"模式。

3. 践行共享发展,带动了景区周边群众脱贫致富

早期的水利风景区大都位于山区、水域区或城乡结合部地区。这些地区水利风景区的建设,充分发挥山水景观和生态资源优势,走产业发展与山水资源保护相结合的工农服务一体化发展道路,建设了乡村宾馆,建起了包括"农家乐"在内的多种饭庄、饭店、茶社,建起了生产旅游产品的一些小作坊,生产出了各种具有地方风情特色的手工业产品,也有了娱乐服务业和文化社区,一下子人气剧增,推动了低能耗、高附加值产业的发展。这些服务

业的出现，使许多农民群众有业可守，或增加了就业机会，也吸引了不少外出打工的青壮年回乡创业或二次创业。一些地方几年前还是茅屋连片，几年后则是楼房栉比，面貌一新。有不少老百姓说，是水利风景区给他们带来了好处，为当地群众开拓了一条致富新路。

（三）社会成效

1. 适应了广大人民群众改善生态的迫切需求，进一步密切了党群干群关系

在人民群众脱贫致富奔小康的进程中，其最大的利益诉求是提高生活质量，能够生活在"天蓝、地绿、水净"的环境中，"望得见山，看得见水，记得住乡愁"。许多地方的人民群众已经把此作为衡量政府和干部是否有作为的重要标尺。而水利风景区的打造和形成，完全符合广大人民群众的迫切愿望。同时，水利风景区的发展也充分体现了各级党委和政府对民生的高度关注和重视，体现了它们在生态环境建设中的实践和作为，进一步密切了党群干群关系。江苏省社会各界在年终评价政府工作时，因水利风景区建设成效显著，给予了省水利厅最高分。

2. 创造了优良的公共环境，助力了和谐社会的建设

"改革、开放、稳定"是推进中国实现现代化和全面建成小康社会的重要方针。改革开放是前提，社会稳定是基础。没有和谐有序的社会环境，要实现社会经济现代化和全面小康是不可能的。社会稳定，从根本上需要建设和谐社会，即达到人与自然和谐、人与社会和谐、人与人之间和谐、代际和谐及个人的内心和谐。水利风景区恰恰为老百姓提供了休闲娱乐空间，提供了锻炼身体的场所，也提供了宁心静气的境地。几乎每一个水利风景区都是人群川流不息、早晚歌舞升平，处处呈现出祥和盛世的景象，如徐州云龙湖水利风景区每天晚上都有上万人在锻炼，其中的"暴走大妈"成了一道亮丽的风景线。

3. 弘扬了水文化，增强了人民的亲水热情

水利风景区具有丰富的文化内涵。弘扬水文化，不仅是建设水利风景区的内容之一，也是水利风景区的基本功能要素之一。许多水利风景区不仅展

示了一些诗词歌赋、历史典故,还提供了许多水利故事;还有的建成了名人长廊、科技展馆、历史博物馆以及水文化展馆。不仅将恢宏的水利工程向广大群众开放,而且将水利知识向广大群众普及,从而培养了人们的亲水感情,提高了他们节水、惜水、护水的意识。

三　基本经验

经过多年发展特别是2015年的实践和探索,水利风景区在取得骄人成绩的同时也积累了不少经验。

(一)争取地方党政重视支持,使之纳入主要议事日程

水利风景区都是以水利工程或水域、水体为载体的综合开发利用工程,建设项目内容多,涉及部门多,而且投资量相当大,单靠水利等一两个部门难以完成,只有使之成为地方的重点工程项目才能使工程顺利上马,因此争取地方党政领导的高度重视和支持,就成为建设和开发水利风景区的关键所在。2015年,许多地方党委政府把水利风景区的工作抓在手上,列入议事日程,建立政府协调机制,形成加快发展的整体合力。一是加强宣传,扩大水利风景区在生态文明建设中的影响和作用。水利部除了召开年度水利风景区工作会议外,还利用全国水利厅局长会议、水利规划工作会议、水利科技大会、农田水利工作会议和其他会议,要求各级水行政主管部门领导重视和支持这一工作;同时依托中央新闻媒体深入一些水利风景区采访、报道,在有关媒体平台上宣传、介绍。不少省区市还制作了水利风景区影像宣传资料广泛传播推介,使水利风景区的影响和作用深入人心。二是各级水行政主管部门紧抓生态文明建设契机,向当地党政领导请示汇报,争取把水利风景区作为生态文明建设项目、民生项目和改善经济结构项目、拉动地方经济攀升项目,争取地方领导对水利风景区建设的高度关注、高度重视。三是水利部门主动作为,创新机制,结合水利工程建设,安排经费统筹水利风景区建设。水利部领导多次在工作报告中以及水利部相关文件中,都强调水利风景

区建设要纳入水利规划统一考虑，在水系连通、病险水库除险加固、中小河流治理、大中型灌区节水改造、城市防洪建设、水土保持以及水生态文明试点城市建设中，都要有水利风景区建设的内容。

（二）倡导多元投入机制，破解发展难题

水利风景区综合性强、体量大、投入大。地方党委政府高度重视，在实践中已经探索出了"政府主导、市场运作、企业介入、多方参与"的模式，有效地推动了水利风景区的发展和运行管理。2015年，国家大力倡导建立多元的投入机制，使水利风景区的投入方式进一步走向多形式、多渠道、多方位。一是争取水利项目支持和地方财政支持，主要是从水利项目中安排一些直接与水利风景区有关的水环境治理项目和基础设施建设内容；同时争取地方财力支持，或专项安排，或与地方生态项目建设资金捆绑使用，集中用于一两项水利风景区开发建设。二是倡导以共建共赢机制引导企业介入。主要是通过媒体宣传和对已建成的水利风景区的实地考察，让一些企业家了解水利风景区的生态作用，增加其社会责任感，同时了解水利风景区的经营价值，增加其投入的坚定性。三是探索创建生态补偿机制。江苏、江西、山东、福建等省就水利风景区建设做出相应规定，开始破解水利风景区的资金投入问题。四是探索创新投入模式，比如PPP模式和企业股份制合作模式，在一些景区先行先试，初步取得了良好效果。

（三）坚持以评促管，推动健康发展

2015年，水利风景区建设管理坚持"以评促建、以评促管"机制，并结合实际做了一些改革调整。一是评审门槛调高。凡是水利风景区水质不达标、水环境恶化或安全有隐患的一票否决。二是加强景区动态监管，实行退出机制。一方面加大复查监督力度，另一方面通过网络信息化开展监管，发现问题，要求及时整改，整改不到位或整改后达不到应有标准的，经重新评审后退出。正是有了这一机制作为抓手，才能确保水利风景区良性、健康、有序发展。

（四）加强队伍建设，提高行业管理水平和指导能力

"打铁还需自身硬"，只有建好一支过硬的队伍，并使其具有团队合作精神，才能有效实施行业管理和指导工作。2015年，各级景区管理队伍建设进一步加强。一是健全完善各级水利风景区管理机构，做到机构完善、职能明确。从2015年的统计来看，各省级水行政主管部门已经基本健全了管理机构。部分市、县还设置了相应的职能机构，并安排了专兼职工作人员。二是各省积极组建专家团队，吸纳一批实践经验丰富、知识结构合理的专家，包括各级地方水行政主管部门和一线景区负责人，参与相关工作。三是组织开展工作培训和业务培训。工作培训主要针对省、市、县从事水利风景区工作的有关人员，不仅安排专家上课，而且组织他们实地考察，努力提高他们指导工作的能力；业务培训主要针对在水利风景区工作的管理人员，除了请专家授课外，还请一些经验丰富的有关人员现身说法，介绍经验，同时组织他们考察学习，努力提高他们的管理水平和服务水平。2015年，各级各类培训累计有2000余人次参加。四是组织省、市、县从事水利风景区工作的有关人员参加水利风景区、水生态文明建设等专题调研，在调研中发现典型、培育典型、总结经验，提高大家对水利风景区工作的感知能力和理论水平。

B.4
水利风景区存在问题与对策建议

李柏文　陈庚寅　徐增让　胡争上*

摘　要： 水利风景区发展在规模、管理和运营等方面取得巨大成就，逐渐成为水利工作的亮点领域。但也存在一些问题：水利风景区的规划体系不够完善，规划深度有待进一步提高，规划管理有待进一步规范，规划的执行力度不够。水利风景区在类型、区域分布和发展质量水平上存在不平衡发展的现象，其社会服务水平也有较大的提升空间。为此，未来水利风景区的发展要进一步提高社会对水利风景区的认识水平，促进水利风景区的均衡发展；通过研讨会和培训会等多种方式，鼓励相关院校设置水利风景区课程或水利旅游专业，加强专业人才培养。进一步完善相关政策法规，建议进一步完善水利风景区的规划体系，构建多元的投融资体系，加大开发和宣传力度，力争获得国家财政直接支持，树立成功典范，推广成功经验，打造水利风景区的特色和品牌。强化风景区管理，把水利风景区规划纳入各级政府的"十三五"规划，建立风景区监管与退出机制。

关键词： 规划体系　人才培养　品牌特色　均衡发展　退出机制

水利风景区经过水利行业从业人员10多年的培育和推动，实现了规模

---

* 胡争上，《中国水利报》记者。

化增长,进入了发展的"黄金机遇期"。在此期间,水利风景区肩负着规模增长和质量提升的双重任务,二者相辅相成,决定了新常态下水利风景区发展要把握的主要矛盾、内在规律和发展方向。本文通过现场调研,结合各省区市国家水利风景区管理部门的经验,梳理出2015年新常态下国家水利风景区发展的关键问题,并提出对策。

一 存在的主要问题

(一)各地对水利风景区的认识不尽一致

对于水利风景区建设,各地和社会各界认识不同,因而发展也不同。水利行业的部分从业人员还存在对国家水利风景区中水利风景资源的潜在价值和水利风景旅游的社会需求认识不足,对水利风景区的综合发展前景认识不清的现象;一些主管部门也存在"等靠要"的心理,缺乏市场意识。水利风景区是民生水利的重要载体,其核心价值和功能在于社会服务功能。自创建以来,水利风景区在提升水利工程的资源价值、生态价值和民生价值方面作用非常显著。未来水利风景区的发展还有较大的提升空间:一是水利风景区的扶贫致富社会服务功能与国家全面建设小康社会和2025年脱贫目标还需结合得更紧密,需要力争通过水利风景区的发展带动周边城镇和村寨的发展,充分释放水利风景区的扶贫功能。二是水利风景区在发挥传播水文化、水科普知识以及水生态观念等科学教育与环境教育功能方面还有较大的创新发展空间。三是水利风景区从业人员的素质和接待服务质量与水平还有待进一步提升。未来还可通过扶贫、科普和旅游等社会服务功能的进一步提升和发挥,来全面提升水利风景区的社会服务水平。

(二)水利风景区政策法规体系尚不健全

一是现有的水利风景区政策法规尚不完整,还有一些缺项;二是已有的相关政策法规随着水利风景区的快速发展显现出一些不足;三是前瞻性、引导性政策法规研究相对滞后。随着经济社会的发展和工作的推进，各地水利部门对水生态文明、水利风景区的功能作用逐步认知，也不同程度地期望建设发展水利风景区。水利部2013年颁发了《水利部关于进一步做好水利风景区工作的若干意见》，明确要求开展资源调查、编制发展规划、融入水利工程建设。但现行的工程规划、设计和建设管理规定对此没有相应的要求，水利工程技术规范、定额标准等对水生态文明的响应远远不够，"瓶颈"问题亟待解决。

（三）水利风景区规划体系尚不完善

一是水利风景区规划体系不完善。主要表现在规划层次体系不完善，目前大多数水利风景区停留在总体规划层次，编制控制性详细规划和修建性详细规划的风景区不多。二是规划人员专业结构不完善。国家水利风景区在规划过程中往往涉及生态环境保护、水利工程安全、旅游设施建设等多个领域，当前缺乏能够很好统筹国家水利风景区社会效益、生态效益以及经济效益的人才和规划团队。三是规划主体不明晰。规划团队多从自己习惯或擅长的角度出发对水利风景区进行规划，有的过分侧重旅游开发，有的行业色彩太浓，很难形成科学的顶层规划。四是水利风景区旅游规划的执行与管理也不完善，导致很多规划不能很好落地实施。特别是如何与当地城市规划、旅游规划、交通规划、生态环境保护规划等实现"多规合一"、有机结合，这是当前水利风景区规划面临的最大问题。

（四）水利风景区发展尚不均衡

当前，水利风景区发展存在多种不平衡现象。首先，表现为区域发展不平衡，东部沿海经济发达地区的省份，比如山东、江苏等，水利风景区的数量较多；而西部经济欠发达地区的省份，比如云南、西藏等，水利风景区的数量相对较少。在各省区市内部，区域发展差异也较大，比如吉林省共有国家水利风景区22处，大多数分布在该省中东部，西部仅占23%。其次，表现为国家水利风景区发展的质量不平衡，有的水利风景区发展得较好，比如黄河小浪底水利风景区、湖南常德柳叶湖水利风景区等，有的水利风景区则举步维艰。最后，表现为水利风景区类型结构的不平衡，目前水库型、自然河湖型、城市河湖型水利风景区数量较多，而湿地型、灌区型、水土保持型水利风景区数量则相对较少。

（五）水利风景区品牌质量参差不齐

水利风景区发展的另一个主要问题是生态产品单一，缺乏特色，同质化开发。一方面，景区对水利工程文化和区域特色文化挖掘、表现不够，一定程度上存在同质化现象；另一方面，景区经营管理粗放，品位不高，距社会公众期望有较大差距。相同级别与类型的景区，由于设立的时间不同、规模不同、发展起点不同，也产生了不同的综合效益。有的景区投资渠道单一，在资源、市场以及开发能力等方面的不足，导致水利风景的开发相对较少，发展较缓。整体来看，水利风景区建设与管理人才缺口较大。有的景区在团队配备与人才队伍建设中，重工程建设，轻经营管理，懂经营管理的人员明显偏少，也影响了景区的经营管理质量。

二 对策与建议

（一）主要对策

1. 提高社会对水利风景区的认识

进一步强化水利风景区的公益宣传，使全行业认识到国家水利风景区对生态水利、民生水利和水生态文明建设的价值，以及对整个水利事业发展的转型价值、新增长点价值、可持续发展价值。经过10多年发展，全社会对国家水利风景区的认知度日益提高，水利风景区的知名度快速上升，未来要重点提高水利风景区的社会美誉度。为此，全行业应重点培育好精品水利风景区或典型水利风景区，形成产业支撑，提高综合效益和行业地位，这也将倒逼行业内部思想观念创新、制度创新，主动转变发展方式，从而促进行业地位提升和社会美誉度提升。

2. 促进水利风景区区域均衡发展

针对全国水利风景区区域发展不均衡的格局，水利风景区行业管理部门应通过宏观调控、政策引导和资金扶持等手段，平衡区域发展规模，提高行业整体发展水平，优化风景区的类型结构，调动不同地区的积极性，释放全行业的生产力。而在水利风景区类型方面，根据实际需求，应再增加新的风景区类型，从目前实践看，需要增加江河源头型、水文化型和滨海型等水利风景区，以凸显国家水利风景区的公益性，并提升水利风景区的社会形象。未来，为保持水利风景区系统的开放性，同样可以根据水利风景区发展实践，适时增加新的水利风景区类型。

3. 突出水利风景区特色与品牌

打造特色景区，要注意以下几个方面。第一，准确把握水利风景区的核心功能，强化其在水生态文明建设中的核心地位以及对"保护水环境、修复水生态、弘扬水文化"的环境展示、审美和教育作用。第二，突出景区建设与水利工程建设有机融合。第三，坚持景观建设与水文化等精神内涵高度融合。

水利风景区是一笔巨大的无形资产，水利风景区的品牌建设离不开宣传。国家水利风景区要联合政府、企业和协会组织打造全行业立体化的宣传促销平台。首先，要造势世界水日、中国水周宣传活动，形成国家水利风景区宣传的高潮。其次，可通过报刊、网络、新媒体、广告、宣传册等多种宣传渠道实施立体化和常态化的宣传。再次，可通过产学研政交流和省际交流与学习，举办全国水利风景区高层论坛、全国水利风景区作品征集等各种论坛和活动。最后，可通过组织各景区单位参加风景旅游推介会、招商洽谈会、博览会和交易会等，加强产业交流和整体宣传。

（二）主要建议

1. 完善水利风景区政策法规体系

根据《中华人民共和国水法》《中华人民共和国水土保持法》《中华人

民共和国防洪法》《中华人民共和国水污染防治法》《中华人民共和国环境保护法》《旅游法》《城市规划法》等有关法律法规，吸收各省区市的水利风景区管理办法和意见等地方政策法规，进一步完善《水利风景区管理办法》《水利风景区评价标准（SL300-2013）》《水利风景区发展纲要（2005）》《水利旅游项目管理办法（2006）》《水利旅游项目综合影响评价标准（2008）》《水利风景区规划编制导则（2010）》等。同时，抓紧研究出台国家水利风景区奖励、复查、整改、提升、退出等办法和规定，争取出台《水利风景区管理条例》，把水利风景区的设立、规划、保护、利用和管理等及人员、编制、经费等纳入法制化轨道，确保未来水利风景区的建设、管理和发展有法可依。对于大型国家水利风景区（1000平方公里以上）可以实施"一区一法一策"。此外，推动地方政府把水利风景区规划纳入地方经济社会综合发展规划体系，倡导地方党委政府将水利风景区创建列入年度政府工作安排，进行督导办理并与绩效考核挂钩。

2. 完善水利风景区规划体系

坚持科学定位、高点起步、统筹安排，在搞好水利风景资源普查，摸清家底的基础上，制定全国和地方的水利风景区发展总体规划及各个景区的详规，按管理程序审批后，严格落实，确保水利风景资源优化配置、合理利用。为此，要建立从总体规划、控制性详细规划到详细规划的一套完整的水利风景区规划体系，做好与相关规划的衔接，要着手编制控制性详细规划和详细规划编制导则。对规划人员的专业结构提出合理的要求，对规划内容体系做出合理的规定，强化对规划的管理与实施，通过法定程序把水利风景区规划纳入"十三五"国民经济与社会发展规划，落实规划的实施主体及其责任。

3. 构建水利风景区多元投融资体系

为推动水利风景区的可持续发展，投融资方面仍需要"两手发力"：一是争取国家财政资金或地方财政资金的直接支持；二是继续争取将水利风景区纳入现有水利项目的预算之中；三是创新融资模式，积极推进所有权、使用权、经营权三权分离，推广PPP等模式，并使其更好地面向社会、面向市场开放。政府可以设立水利风景区专项引导资金和产业发展培育基金。同时，需要对水利风景区的水利工程建设在立项和资金安排方面予以优先考虑。在此基础上，要在全行业引入市场机制，拓展景区主体融资渠道，创新投融资体制，建立一个政府主导、部门监管的"政府投资、社会融资、招商引资"等"多渠道、全方位"的水利风景区建设投融资体系。

4. 建立风景区监管与退出机制

我国国家水利风景区建设已有10多年时间，从2001年水利部水利风景区评审委员会正式成立，到2004年我国首套《水利风景区评价标准（SL 300—2004）》，再到目前的《水利风景区评价标准（SL 300—2013）》，我国的水利风景区评价标准已经建立起来。目前，我国国家水利风景区虽有一些奖惩措施，但是国家水利风景区的日常监督检查、督促整改提升的管理机制尚未建立起来，退出机制也尚未建立。目前，仅山东、江苏建立并实施了退出机制。我国现有的十五批国家水利风景区中，有的起步较早，缺少顶层设计，标准比较低；有的规划没有真正落实，后续的建设与管理严重滞后；还有些仅满足于命名挂牌，疏于管理提升。不符合现行评价标准的国家水利风景区如果继续挂着国家水利风景区的"金牌"，将降低游客的满意度，有损国家水利风景区的美誉度。为此，建立退出机制是国家水利风景区管理的必然选择。

5. 加强水利风景区专业人才培养

国家水利风景区应完善人才保障机制，有计划、有重点地引进一批高层次水利、生态、旅游等方面的人才，尤其是生态和旅游方面的人才。强化人才培训，重视从业人员专业技能和素质的提升，将水利风景区建设与管理人才分类列入培训计划，不断提高其专业素养和工作能力，推动水利风景区建设与管理向专业化、规范化方向发展。国家水利风景区规划、建设、管理等每个阶段都会涉及水利、生态、旅游等方面的内容，然而由于水利、生态、旅游等学科跨度大，很少有兼通水利、生态、旅游的人才，也很少有兼营水利、生态、旅游的公司。因此，国家水利风景区的发展需要加大整合这些人才的力度，设立水利、生态、旅游等方面人才的工作室，鼓励相关院校设置水利风景区课程或水利旅游专业。

B.5
水利风景区发展态势与展望

钟林生 孙义福 张跃西

摘　要： 生态文明建设总体方案的颁布、国家公园体制的提出、经济新常态的出现以及水利部力推水生态文明建设持续振业，这一切将对水利风景区的发展产生重要影响。未来，水利风景区对生态文明，特别是水生态文明建设的作用将进一步强化，水利风景区对社会经济的拉动效应将进一步显现，这既对2016年的水利风景区工作提出了新的更高要求，也为水利风景区的发展创造了良好契机。预计2016年水利风景区的规模数量将进一步提升，类型结构将不断优化，景区品质将稳步提升，景区功能将有新的扩展，景区类型将有新的拓展，总体将呈现蓬勃发展的良好态势。

关键词： 发展态势　发展展望　生态文明　水生态文明　新常态年

一　水利风景区发展态势

（一）生态文明建设总体方案的颁布为水利风景区发展带来了新机遇

2015年9月，中共中央、国务院印发的《生态文明体制改革总体方案》（以下简称《方案》）明确指出，生态文明建设是中国特色社会主义事业的重要内容，关系人民福祉，关乎民族未来，事关"两个一百年"奋斗目标和中华民族伟大复兴中国梦的实现。《方案》提出要牢固树立尊重自然、顺应自然、保护自然的理念，坚持绿水青山就是金山银山，加快建设美丽中国，使蓝天常在、青山常在、绿水常在；指出清新空气、清洁水源、美丽山川、肥沃土地、生物多样性是人类生存必需的生态环境；坚持发展是第一要务，必须保护森林、草原、河流、湖泊、湿地、海洋等自然生态。水利风景区是水生态文明建设的重要内容，中共中央和国务院关于生态文明建设的一系列重要部署为水利风景区发展带来了前所未有的重大机遇。

（二）经济社会发展新形势对水利风景区建设工作提出了新要求

近年来，我国经济社会发展进入全面转型期，目前正处在社会经济发展的换挡期、结构调整的阵痛期和前期政策的消化期，社会经济发展注重效率和质量，同时也更加注重对山水自然生态环境的保护。随着国民经济持续快速发展和人民生活水平逐步提高，人们对蓝天碧水的渴求与日俱增。2009年国务院发布《关于加快发展旅游业的意见》（国发〔2009〕41号），明确要求"要大力推进旅游与文化、水利等相关产业和行业的融合发展"，为水利风景区的发展指明了方向，明确了目标，创造了良好的环境和氛围。2015年8月9日，国务院正式发布《关于促进旅游业改革发展的若干意见》，明确要加快转变发展方式，以转型升级、提质增效为主线，推动旅游产品向观光、休闲、度假并重转变，满足多样化、多层次的旅游消费需求，要更加注重资源能源节约和生态环境保护，更加注重文化传承创新，实现可持续发展。水利风景区依托水域水体和水利工程而生，作为现代化水利工程的新形象，既提供秀美的水生态环境，也承载水文化教育功能，是宣传水利的有效方式之一。相关文件的出台，为水利风景区进一步拓展水文化内涵，提升景区整体质量，规范景区旅游开发管理提供了新机遇，也对水利风景区工作提出了新的更高的要求。新形势下应当着力提升水利风景区建设与管理水平，加快推进水利风景区又好又快发展。

（三）习近平总书记系列重要讲话精神为水利风景区发展明确了新目标

习近平总书记指出，良好的生态环境是最公平的公共产品，是最普惠的民生福祉；要大幅降低能源、水、土地等的消耗强度，着力推进重点流域和区域的水污染防治；山水林田湖是一个生命共同体，用途管制和生态修复必须遵循自然规律。2015年3月14日，习近平总书记提出了"节水优先、空间均衡、系统治理、两手发力"的治水思路，赋予了新时期治水的新内涵、新要求、新任务。水利风景区是山水林田湖生命共同体的展示窗口，也是推进水生态系统修复和保护的重要抓手。水利风景区工作要认真贯彻落实总书记的讲话精神，围绕用途管理和生态环境保护，研究探讨如何运用统筹和综合的方法、措施及手段建设水利风景区；研究探讨如何创新投融资体制机制，发挥市场主导作用，推动水利风景区向更高目标、更高水平发展。

（四）建立健全国家公园体制为水利风景区发展树立了新方向

党的十八届三中全会提出要"建立国家公园体制"，落实"划定生态保护红线"和"以主体功能区定位发展"，目的在于对自然价值高的国土空间实行开发保护管理制度，强调生态文明观念和生态制度规约。其目标是推进分类科学、权责统一、管控到位的保护地体系建设，实现珍贵自然文化资源国家所有、全民共享、世代传承。

建立国家公园体制的宗旨是加强自然保护，是中国落实加快生态文明制度建设的重要举措，与水利风景区建设和发展的主旨追求高度统一。在新时期"建立国家公园体制"的社会发展背景下，水利风景区建设应当抓住这一难得的机遇，乘势而为，积极争取纳入国家公园建设体系。在科学保护水资源和水生态、确保河流湖泊主体功能的前提下，更加合理适度地利用水利风景资源，更加注重水利工程、自然景观和人文内涵的有机结合，大力促进水生态文明建设，努力实现人水和谐。

（五）水利部党组大力推动水文化建设为水利风景区发展创造了新契机

水文化是中华文化和民族精神的重要组成部分，也是推动水利事业又好又快发展的重要支撑。当前在我国全面推动社会主义文化大发展大繁荣的热潮中，针对我国日益复杂的水问题、人民群众对水利发展的新期待及丰富多彩的社会文化生活，以水利风景区建设实践为载体，积极推进水文化建设，创造无愧于时代的先进水文化，既是摆在水利部门面前的一项重大而紧迫的任务，也是时代赋予水利部门的崇高使命。陈雷部长在水利部传达贯彻党的十七届六中全会精神时提出明确要求，要把水文化建设融入水利改革发展顶层设计之中，注重从文化的角度反思人与自然的关系，积极引导社会建立人水和谐的生产生活方式，促进经济发展方式转变；注重从满足人们日益增长的物质和文化需求的角度来谋划水利发展，大力推进民生水利建设，为人民群众带来更多更好的实惠，促进人的全面发展。水利风景区既是传承、弘扬水文化的重要载体，又是水文化建设的直接成果，应当充分利用当前这一难得的发展契机和有利时机，在水利工程及水利风景区整体规划、设计与建设中重视水文化元素的融合与应用，通过大力提升水利工程、水利风景区基础设施的文化内涵和文化品位，推动水利风景区建设再上新台阶。

二 水利风景区发展展望

（一）规模数量将进一步提升

经过十几年的快速发展，我国水利风景区从无到有，从小到大，数量和规模均得到了较大提升，行业影响力和社会关注度逐步提高。截至2015年年底，全国共有719家国家水利风景区，覆盖全国31个省（自治区、直辖市）。与此同时，达到"省级水利风景区"标准的2000余个景区，也在积极争取进入"国家水利风景区"的行列。可以预见，随着我国水利风景区的影响力和品牌效应的不断扩展，未来我国各级水利风景区的数量和规模将继续发展壮大。根据《水利风景区发展纲要》，至2020年，我国将建设覆盖全国主要河流、湖泊和大中型水利工程及其服务区域的水利风景区，构建布局合理、类型齐全、管理科学的水利风景区网络，全面改善城乡人居环

境，基本形成水清、岸绿、景美、人水和谐发展的局面。其中，国家水利风景区数量将达到1000家左右。

为继续保持水利风景区良好的发展态势，保障水利风景区事业又好又快发展，必须正确处理好水利风景区数量与质量的关系。应当进一步严格评审管理，加强动态监管，尽快实现国家水利风景区由数量扩张向质量提高的转变。一是打造品牌，建设精品，推出一批在国内外具有一定影响力的水利风景区。二是严格水利风景区准入与退出机制。严格把关水利风景区申报过程，加强评审管理，开展景区自我管理动态评估，对不达标的景区实施退出机制，实现景区退出机制常态化。三是运用多种手段，加强水利风景区建设宣传策划和舆论引导，不断扩大其社会影响力。

（二）空间布局将更加合理

目前，我国水利风景区发展不平衡问题较为突出。从空间上看，区域进展差异较大，建设发展布局不尽合理，东中西部、各省区市发展差距很大，东中部较多，东北地区、西部较少；从分布流域来看，黄河流域和长江流域水利风景区分布数量较多，海河流域、珠江流域、松辽流域较少。

东北地区旅游资源丰富，布局合理，自然资源具有原始性，多处于未开发和初开发阶段，开发与发展水利风景区空间大；西部地区特殊的自然地理条件决定了水资源在西部经济和社会发展进程中的极端重要性，根据国务院关于实施西部大开发、西部地区水利发展的若干政策措施，要把水利建设放在西部基础设施建设的首位。保护和改善生态环境、水资源合理开发与优化配置等重要目标对促进西部地区经济社会的全面发展、生态环境保护起着重要作用。水利风景区作为水资源保护、水环境改善及发展水利旅游的重要载体，将为东北、西部等地区水利风景区的发展带来重大机遇。随着全国各地水利风景区的快速发展，水利风景区规模和数量的不断壮大，目前分布较为稀疏的流域、地区和省份，未来水利风景资源将得到进一步的充分开发和挖掘，水利风景区的空间分布将更加均衡，空间结构将更加合理。

（三）类型结构将不断优化

针对目前全国水利风景区发展类型分布不均的现状，灌区型、湿地型、水土保持型等数量相对较少的水利风景区由于其特殊的旅游吸引力和开发潜力，未来将呈现更加迅速的发展趋势，进而使水利风景区的类型结构更加合理和优化。此外，除了标准的六大水利风景区类型，随着对水利风景区概念和内涵认识的不断拓展以及对水利风景资源挖掘的不断深入，一些新的水利风景区种类不断涌现，如综合型水利风景区、江河源头型水利风景区、滨海型水利风景区和水文化型水利风景区等。这些新类型的景区具备水利风景区的核心要素和基本特征，同时又与现有的六大类水利风景区在资源依托和景区特征等方面存在明显差异。新型水利风景区的出现不仅有助于拓展水利风景区的内涵，同时对构建更加完整的水利风景区类型体系具有积极意义。

另外，伴随着水利风景区规模和数量的不断壮大，未来在全国将逐步形成以重要江、河、湖、库、渠为主体框架的水利风景区结构，并需要根据各地区、各流域的景区资源丰富程度、环境保护质量、开发利用条件和管理水平高低，合理安排国家、省级和一般水利风景区的布局。

（四）景区品质将稳步提升

水利风景区品质的提升主要表现在景区基础设施和景区管理的完善等方面。首先，水利风景区的基础设施将更加完善。水利风景区的基础设施主要包括旅游配套服务设施、景观设施以及基础配套设施。各地在积极争取政府主渠道投入的同时，将更加注重引导各地水利风景区积极开拓市场，运用市场手段，广开门路，招商引资，多层次、多渠道增加对水利风景区建设的投入，促进景区的基础设施和接待服务设施的进一步完善，逐渐建成一大批设施全、品位高、有价值的水利风景区。

其次，水利风景区管理将逐步规范。虽然水利工程可能在建设或被批准成为水利风景区之前，已经具备一定的景观游览功能，但在被批准建立以前，并不具备行政法规意义上风景区的概念。随着《水利风景区管理办法》

的深入实施,水利工程除要继续履行原有水利工程的职能外,行政法规意义上的风景区所具有的旅游、观光、娱乐、休闲、度假或科学文化、教育活动的职能将进一步强化,景区管理将进一步规范。

(五)景区功能将有新的延伸与提升

水利风景区以地形复杂、自然风光迤逦、地貌复杂为特点,并且拥有多种景观,如山川、江河、湖泊、生物、森林及水利工程等,某些风景区还拥有独特浓郁的民俗风情,观赏体验价值极高。与此同时,康体保健型、休闲度假型、运动探险类旅游成为社会发展的趋势,是人们追求生活品质的必然需求。现代社会,快节奏的生活、高强度的工作与学习,使人们追求自然、放松身心的旅游活动欲望愈加强烈,旅游者追求的是身体的释放、身心的愉悦、身体素质的提高,渴望通过竞技、游戏、垂钓、艺术、情趣及野营、水上、生态度假等方式放松身心,而水利风景区保证了康体保健型、休闲度假型、运动探险类等旅游产品应具备的天然生态的山水环境。未来,旅游开发会出现一批以涉及水保健、生态健身等为代表的室外旅游项目,使人们对亲近自然、追求多变的室外生态疗养旅游产品的需求得到最大限度的满足。随着人们旅游需求的日益激增及旅游体验多样化的发展趋势,依托水利工程,集自然景观和人文景观于一体的水利旅游正逐渐显现出蓬勃的生命力,水利风景区旅游产品将因应时代转型升级,寻找新角度、多元化旅游产品以迎合时代的需求。

专题报告

Special Reports

B.6
水利风景区建设在水利事业发展中的地位和作用

王 凯　赵 敏　汪升华

摘　要： 水利事业随着国家经济社会的发展而拓展，水利风景区随着水利事业的拓展而壮大。十多年来，水利风景区规模不断扩大，质量逐渐提高，在水利事业发展中的地位与作用也越发重要，既是展示水利事业新形象的窗口和水生态文明建设的示范区，也是弘扬水文化的场所和发展水利旅游经济的重要载体。未来，按照水利部"十三五"水利规划的要求，水利风景区将继续坚持绿色发展理念，以国家水安全为目标，以国家公园理念为指导，更多地承担起作为水生态文明建设示范区、水利科普和水文化基地的新使命，为人民群众带来更多的福祉。

水利风景区蓝皮书

关键词： 水利风景区　水利事业　地位　作用　使命

我国治水历史悠久，从四千多年前的大禹治水开创中华民族的治水史，到两千多年前司马迁所著的《史记·河渠书》中所说的"水利"成为中国的专有名词；从新中国成立后轰轰烈烈的水利建设，到2011年颁发《中共中央关于水利改革发展的决定》，再到全国172项节水重点工程的建设，水利一直是振兴中华持续不断的一项伟大事业。

随着经济社会的发展、城镇化进程的加快和人民群众物质与文化生活水平的不断提高，人们对生活环境品质的要求和对文化旅游产品的需求也日益提高。水利部门转变治水思路，合理利用水利风景资源，将水利工程的功能从防洪保安和生产、生活用水的单一水利功能，向生态、景观、文化、旅游等综合功能拓展。2004年，水利部颁发《水利风景区管理办法》，标志着水利风景区的建设与管理步入了规范化的轨道，逐步成为水利事业不可或缺的一部分。

一　水利风景区是新世纪治水思路转变的产物

2009年，水利部长陈雷在水利部纪念改革开放30周年大会上，将改革开放30年（1978~2008年）的水利发展历程分为三个阶段：一是艰难起步阶段（1978~1987年），二是逐步深入阶段（1988~1997年），三是加快推进阶段（1998~2008年）。从改革开放30年向前推，梳理新中国成立后我国水利事业的发展历程；向后延，总结我国的水利事业实践经验，归纳各时期提出的治水思路，可划分为以下几个阶段。

（一）"就水利而水利"的"工程水利"治水思路（新中国成立初期~1978年）

新中国成立初期，百废待兴，发展农业、让老百姓有饭吃是人民政府的头等大事，水利成为农业的命脉。从大的水利工程建设——治理长江、黄河、淮河等主要江河，解决防洪问题；到中型水利工程建设——修建水库、水闸，解决蓄水问题；再到小型水利工程建设——农业学大寨，开展农田水利工程建设，解决农田灌溉问题。全国初步建成了防洪、抗旱、灌溉、降渍等水利工程体系。

（二）强调"水的资源属性"的"资源水利"治水思路（1978年~21世纪初）

1978年改革开放以后，随着外资的引进、乡镇企业的发展，东、中部地区水污染逐渐显现；西部地区降雨量减少、干旱危害严重，光靠修建水利工程解决不了水污染和干旱问题。21世纪初，水利部提出了"强调水资源的基础性和自然资源属性，重视水资源的保护"，实现从"工程水利"向"资源水利"转变的治水思路。通过水资源的保护和节约，降低水污染和干旱给国民经济和人民生活造成的负面影响。21世纪初，随着成都市府南河、绍兴市护城河整治工程的完成及其示范作用的发挥，河湖的风景资源价值和滨水空间的文化功能逐渐被水利部门所认识。2004年5月，水利部颁发了《水利风景区管理办法》，既表明水利风景区建设是水利工作的一部分，也以此规范水利风景区的规划、建设和管理。

（三）从"传统水利向现代水利、可持续发展水利转变"的治水思路（21世纪初至今）

经过30多年的改革开放，我国国家实力逐渐增强，人民生活水平逐步提高，人们对居住环境品质的要求、对良好水环境的需求日益提高。水利工程必须从发挥单一的水利功能向发挥生态、景观、文化、旅游等综合功能转变。在此背景下，水利部提出了从"传统水利向现代水利、向可持续发展水利转变"的治水思路。2011年，中共中央、国务院颁发《关于加快水利改革发展的决定》，从根本上扭转了水利建设明显滞后的局面。一批多年想建又苦于没钱的水利工程相继建成，水利基础设施逐步完善，为水利风景区创建奠定了良好的水利工程基础。一方面，水利大发展带动了水利风景区的大发展；另一方面，水利风景区建设使水利工程拓展为生态工程、景观工

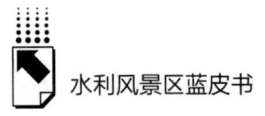

程、文化工程,彰显了水利事业的新形象。

2014年3月,习近平总书记在视察北京市水安全工作时,提出了"节水优先,空间均衡,系统治理,两手发力"的新时期水利工作方针。"节水优先"就是从观念、意识、措施等各方面都要把节水放在优先位置,像节能减排一样抓好节水工作;"空间均衡"就是要树立人口、经济与资源、环境相均衡的原则,加强需求管理,把水资源、水生态、水环境承载能力作为刚性约束,落实到改革发展稳定各项工作中去;"系统治理"就是要用系统论的思想,强调山水林田湖是一个共同生命体,治水要统筹自然生态的各个要素,统筹治水和治山、治水和治林、治水和治田等;"两手发力"就是要充分发挥政府和市场的作用,水是公共产品,水治理是政府的主要职责,同时要充分利用水权、水价、水市场等手段优化配置水资源,让政府和市场"两只手"相辅相成、相得益彰。

各级水利部门贯彻"山水田林湖统一生命体"的治水思路,将水库除险加固、中小河流治理、防洪减灾、水土保持、小流域治理、塘坝清淤、农田水利重点县等水利项目进行整合,统筹治山、治水、治林、治田和治湖,将山水田林湖都作为风景资源要素,使水利工程的综合效益发挥到最大。

我国各个时期的治水思路随着国家政治、经济、社会发展的不同阶段而调整。从水是生命之源,到水是生产之要,再到水是生态之基;从"水利是农业的命脉",到"水利是国民经济的基础产业",再到"水利是优先发展的行业",水利事业始终与国家的发展相伴而行。新中国60多年的治水实践表明:治水思路的转变衍生了水利风景区,水利大发展带动了水利风景区大发展;水利风景区建设提升了水利工程的内涵和品位,扩大了水利事业的影响力和美誉度,水利风景区在水利事业中的地位和作用逐步显现。

二 水利风景区建设与管理成为水利事业的有机组成部分

我国江河纵横、湖泊众多,蕴藏着丰富的水利风景资源。已建的水库、灌区、闸坝等建筑物不仅发挥着防洪、灌溉、发电、供水、航运等水利功能，而且是宝贵的风景资源和景观要素，是生长在其土地上的民众记忆，具有很高的审美价值。新中国成立后，我国修建了大量的水利工程。2008年国家拉动内需加大对水利的投入，一些水利工程相继建设；特别是2011年中共中央、国务院《关于水利改革与发展的决定》颁发以来，各级政府对水利的投入大大增加，建成了一大批水利工程，也形成了大量的水利风景资源，为水利风景区发展奠定了坚实基础。

（一）水利风景区是水利工程的有机组成部分

水利风景区依托水利工程，提高和拓展了水利功能。经过十多年的实践，各省水利厅都成立了景区办，将水利风景区工作与其他水利工作一同布置、一块检查、一起考核，已成为各地水利工作的常态。山东省以城市河湖型水利风景区建设为载体，带动城市环境的提升，赢得了当地政府和公众的赞誉，水利风景区建设成为当地水利工作的亮点。江苏省将水利风景区作为水生态文明建设的示范区，如苏州、无锡、徐州三市近年陆续建成一批水利风景区，从规划到建设，质量是全国一流的，水利风景区已成为建设国家水生态文明试点城市的示范区。2015年9月，福建省政府出台了《福建省水利风景区管理办法》，将水利风景区定性为"水生态文明建设的重要组成部分，属社会公益事业"。明确"县级以上人民政府将水利风景区规划建设和保护利用纳入国民经济和社会发展规划，并纳入政府绩效考核目标体系"。水利风景区不仅成为各地水利工作的一部分，而且已进入当地政府落实生态文明建设的考核内容。

（二）水利风景区建设与管理呈现出鲜明的功能特征

根据水利部治水思路的转变，水利风景区建设和管理呈现出来的功能特征主要表现为"五性"。

"安全性"。水和水域是水利风景区存在的基本条件。截至2015年底，水库型水利风景区已占总数的47.84%，这些风景区的水和水域靠水库大坝拦蓄，大坝的安全是第一位的，任何游憩活动都要服从水库的安全运行管理。

"资源性"。水利风景区是水资源保护和管理的一种方式，是解决水资源保护管理与开发利用矛盾的载体，在保护好景区水域水质的条件下保障水量供给是管理部门的重要职责。

"生态性"。"生态性"对自然河湖、城市河湖、湿地型水利风景区尤为重要，河流、湖泊水源的保护，河湖城市段岸坡的生态化处理，河流、湖泊、湿地的生物多样性日趋重要。

"科普性"。利用水利风景区的资源开展水科普活动，让人们（特别是青少年）在游览的过程中受到一次保护水资源、爱护水环境、修复水生态的教育，寓教育、宣传于游赏之中的效果最好。

"公益性"。水利风景区管理单位大多是水利工程管理单位，要像落实水利工程管理经费一样，将水利风景区的管理经费纳入地方财政支出渠道，逐步降低门票价格直至取消，让人们尽情享受水利风景区的美景。

（三）水利风景区建设管理逐步规范化

水利风景资源是国家资源的重要组成部分，为科学保护和开发水利风景资源，水利部于2001年成立了水利风景区评审委员会，办公室设在综合事业局；先后出台了《水利风景区管理办法》《水利风景区评价标准》《水利旅游项目管理办法》《水利风景区发展纲要》《水利旅游项目综合影响评价标准》《水利风景区规划编制导则》《水利风景区专家现场考察评价工作规程》等技术标准和规章制度，水利风景区管理逐步走向制度化、规范化轨道。水利风景区工作从无到有、从弱到强、从景区评审到景区水资源保护管理与开发利用、从水利部门重视到地方政府支持与群众认可，成绩有目共睹。各地申报省级、国家水利风景区的积极性逐渐提高，发展态势良好。景区数量达到一定规模，景区质量逐年提升。水利风景区建设不仅在管好水工程、保护水资源、修复水生态、弘扬水文化、普及水知识、发展水经济等方面发挥了重要作用，而且有力地宣传了水利事业、展示了水利形象。

（四）水利风景区的影响逐渐扩大

719 家国家水利风景区、2000 多个省级水利风景区遍布全国，在延续、提高原有水利功能的同时，改变了传统水利的形象，使水利工程和水域成为风景优美的地方；在钢筋混凝土中注入了灵魂，提升了水利工程的景观效果和文化品位；传播了水利知识，成为水情教育的基地；拓宽了水利工程的功能，使水利工程在满足水利功能的同时，发挥了生态、景观、文化、审美和休憩的综合功能；使人们在游览水利风景区时不仅了解了水利工程的重要性，保护水资源的紧迫性，修复水生态的必要性，还受到水情教育和水利知识的熏陶；水利风景区成为人们休闲、度假、养生和了解地方历史文化底蕴和水文化魅力的好去处。水利风景区的逐步普及，使水利从业人员的人文素养和审美情趣得到提升；解决当地就业的社会效益、改善水环境的生态效益和促进旅游业转型升级的经济效益逐步显现；受到地方党委、政府的积极支持和民众的普遍支持和赞扬。

三　水利风景区在水利事业发展中发挥着重要作用

水利事业随着国家经济社会的发展而拓展，水利风景区随着水利事业的拓展而壮大。十多年来，国家、省级水利风景区的规划、建设、评审、管理制度逐步完善，水利风景区的数量日益增多、质量逐渐提高，在水利事业发展中的地位与作用也越显重要。

（一）水利风景区是水生态文明建设的示范区

水利风景区的规划建设，在考虑景区内水利工程的安全运行、水域水资源的保护、水岸的生态修复诸要素的同时，特别注意景区内外水系的沟通与连接，使水利风景区的河流、湖泊、水库、湿地、灌区成为整个区域水网的一个环节，和其他水域一起，担负起区域供水、排水、调蓄水资源的任务；

使水利风景区成为水生态系统格局的一部分，起到了保护水生态、改善水环境的作用，这也是水利风景区有别于其他风景区之处，成为水生态文明建设的示范区，发挥示范引领作用。

1. 水利风景区成为城市美丽河湖的有效表现形式

城市河湖型水利风景区一般位于河流的中、下游，地势平坦、市镇林立、人口较多，展现的是人文美。城市的河湖滨水区，承载着经济、交通和文化等多种功能，既是一个城市最具活力的地方，也是城市文化积淀最深厚的区域之一。水利风景区规划，以滨水绿带为依托，在景观设计中突出水生态与水文化的结合，创造具有河流地方特色的公共环境艺术，以舒适宜人的滨水环境，吸引人们来此散步、锻炼、交流、聚会和游憩，使人、城市、生态、文化有机共生。以水生态文明城市中水生态、水景观、水文化的融合发展，为滨水空间旅游和商贸产业提供良好的发展空间。

2. 水利风景区成为水库功能拓展的体现方式

水库型水利风景区规划在保证水库安全的前提下，对其外观和轮廓进行景观设计，与库区大环境相适应；采取室内和室外结合的方式布置水库博览馆；主要体现水库大坝的雄伟美，大水面的壮阔美和山体、水面、大坝三者的和谐美；以水生态文明城市中的水安全、水景观和水旅游为城市提供防洪安全保障、水资源供应、农田灌溉水源和游憩服务。

3. 水利风景区成为灌区改造工程和景观建设的展现途径

灌区按渠首提供水源的不同，主要有水库型灌区（自流灌溉）和平原型（自流或提水灌溉）灌区，是由渠首、各级渠道（排水沟）、农田、农作物、村庄组成的一个综合体。水利工程有渠首进水闸（泵站）及干渠、各级渠道及分水闸。按景观生态学的观点，灌区的景观要素为：以农田及农作物为基底，以输水渠道、道路和林带为廊道，以村庄和水塘为斑块。这些景观要素除有生产农产品的功能（为农产品生产服务）外，还有生态保护和旅游观光等多种潜在价值。灌区型水利风景区的规划与灌区改造工程规划相结合，可以改善灌区农业生产条件、提高农产品效益，以低扰动的生态设计为原则，将水利工程、农田作物、林带景观、村庄和农民的农事活动一体规划,以水生态文明城市的水资源、水生态、水景观、水文化、水经济,展现出农田和农作物的生产资源美、林带和农作物的季相美和生态美、农民耕作的劳动美、村民邻里的生活美、人与自然的和谐美。

4. 水利风景区成为湿地保护的中国模式

湿地具有天然蓄水库(调蓄洪水、补充地下水)、天然空调器、天然污水处理厂、生物多样性、审美等多种功能。湿地型水利风景区的规划,从湿地的功能出发,突出了湿地的保护与修复:一是防洪功能的保护。在入湿地的河道内不得设置行水障碍,不得圈圩造地。二是水岸、水系和水质的保护。湿地周边和入湿地的河流现有的平面位置、面积与库容不得改变与缩小;建立村、组小型污水处理站处理分散的点污染;鼓励水面采用电瓶船或手摇船等无污染的水上交通工具。三是植被的保护与修复。为保护原有自然岸坡,可混播一定量的乡土草种;考虑到汛期初水位变幅区水流的冲刷,可放置当地天然石块固土,既可保护堤岸,又可使岸坡自然化。四是鸟类栖息地的保护。为给鸟类留出足够的空间,鸟类栖息地禁止游客进入;可在不影响鸟类栖息的地方设置观鸟塔(台),以远观为主,尽量减少人为活动对鸟类的影响。水生态文明城市的湿地生态美、自然美和动物美,在给游人以精神享受和审美感受的同时,也使其得到了文化的科普与教育。

5. 水利风景区成为自然河湖保护与开发的展示形态

在水利风景区建设实践中,自然湖泊型很少(一般归类到湿地型),自然河流型较多。自然河流型水利风景区一般位于河流的源头或上游,山体陡峭、植被茂密、人烟稀少,体现的是自然美。自然河流型水利风景区的规划,以人与自然和谐为理念,突出对自然河流的河床、瀑布、水潭的保护;对河流中鱼、虾、两栖动物等的保护;游览步道的设置应尽量减少对河岸及山体的扰动;结合导视牌的设置,介绍植物的种类与属性;避免在河床上设置人工堰(坝),保持河流的连续性。将水生态文明城市自然河流的生态美、自然美展示给人们,使游人享受到摆脱城市混凝土森林喧闹后的宁静与悠远。

6. 水利风景区成为水土保持工程措施的表达类型

搞好水土保持是水生态文明建设的内容之一。水土保持型水利风景区在对水土流失区域采取农业措施、林草措施、工程措施进行水土保持的同时，建设水利风景区。在景区规划建设中，以"山、水、田、林、湖统一生命体"为方针，采用"整合"的方法进行。首先，进行水利工程的整合，将水土保持、清洁小流域、中小河流治理、小水库加固、塘坝清淤等工程进行整合，形成景区靓丽的水环境基础；其次，将水利工程与涉农工程整合，将林业部门的森林保护、农业部门的设施农业、环保部门的水污染治理、建设部门的村庄环境整治等工程整合，提升水土保持的整体效益；再次，与区域内的人文景观（祠堂、庙宇等）整合。整合而成的水利风景区，使区域内的山水田林湖构成统一生命体（山的命脉在土，土的命脉在林，田的命脉在水，水的命脉在山，人的命脉在田），既改善了村庄面貌，提升了农业生产条件，又为返乡农民提供了开展乡村旅游的平台；以不同于城市的景观风貌，以水生态文明的农村美、农民富、农业强、文明程度高的农村新面貌，吸引城市居民前去游憩和度假。

（二）水利风景区是发展水利旅游的载体

水的物质资源属性可以产生经济效益，水的精神资源属性也可以产生经济效益。在水利风景区规划和建设中，结合水生态修复营造滨水景观，可展示地域文化和水文化，建成独具特色的水利风景区，为人们提供休闲、锻炼、水利知识科普和水情教育的场所。

建设水利风景区发展旅游经济，可以就近解决当地群众就业。旅游属于服务业，是建设生态文明提倡发展的第三产业，是地方政府产业转型扶持的行业。一方面，水利风景区开展旅游活动本身需要管理、导游、保洁、保安等人员，可以安置本地的大学生和附近的市民就业；另一方面，游客的不同需求也给景区周边的群众开展农家乐、餐饮、民宿、采摘、农事体验等活动带来了人流。水利风景区增加当地税收，解决当地居民就业，提高其收入，必然会得到当地政府、群众的欢迎和支持。水利旅游带来的人流、物流和资金流，会增强地方活力，提升城市的美誉度和影响力，带动当地相关产业的转型，有利于地方经济的发展。实践表明，水利风景区使市民有了一个好去处，使农民有了一个好出路。

（三）水利风景区是弘扬水文化的场所

2010年3月，陈雷部长在全国水利风景区建设与管理工作会议上指出："以水域及水利工程为主体的水利风景区，是集中展现和弘扬水文化的最佳场所。"水利风景区的一个重要功能是展示水利工程文化、水域的水生态文化和滨水地区的地方文化。

1. 展示工程的水利文化内涵

水利风景区内水利工程的设计，要将满足水利工程实用功能、工程景观设计和文化品位三者结合起来考虑，使设计出的产品不仅具有实用之美，而且有外在的水利工程建筑之美和内在的文化之美，突出水利风景区与其他景区（公园）的不同之处。

水利工程的设计和建设管理，不仅具有水利方面的知识和素养，还蕴含了中国传统文化的精华，包括我国的治水历史、著名的治水人物、重要的古代水利工程、历代深刻的治水思想和丰富的治水技术。水利风景区从文化的角度去思考水利问题，把水利工程设计建设与当地的经济、社会发展和人的需要紧密结合起来，综合考虑场所特点和多元文化内容，从中凝练出抽象或具象的设计元素，应用到工程设计中去。

2. 展示水域的水生态文化内涵

水生态文明是人水和谐的一种社会形态，水文化是反映人水关系的文化，水生态文化是水文化中的主要内容。

水生态，主要指河流（湖泊）的生态系统。河流（湖泊）是一个有机的生态系统，由生物和生境两部分组成，生物是水生态系统的主体，生境是生命支持系统；河流在输送淡水和泥沙的同时，也为河流内的生物提供营养物；水陆过渡带由于异质性高，适于多种生物生长，既聚集着水禽、鱼类、两栖动物等大量动物，又有沉水、挺水和陆生植物生长；自然的河流有多种形态，河流的多样性使河流的流速、流量、水深、水温、水文周期变化、河床材料构成等生态因子呈异质性（如丰水期高流量对许多鱼类产卵会起到提示作用）。正是由于这些特征，河流才显示出它旺盛的生命活力，游人在水利风景区游览时才会感受到河流多样性的美，并得到水生态文化的启示。在对景区河（湖）水生态进行修复的时候，要特别注意利用河（湖）的自我修复能力。

水域要满足人们休憩、亲水的需求，首要条件是水质要好，不低于景观用水的标准。要保持水域水质好，除了截断污染源外，水域水利工程的生态设计也十分重要：河流平面形态要自然弯曲，河流要纵向、横向、竖向连通，河内动植物要能够自然生长，形成健康的生态链。水库的大坝要确保安全，水库的迎水面和湖泊的顶风段堤防，可用硬质护坡防浪，其余水域尽量采用生态护岸或植物护坡。湿地和塘坝可使用植物护岸，以水下地形的多样性和植物的多样性，促进其中动物的多样性发展。

水利风景区的水域按上述生态理念设计，既可满足水利功能，又能满足水域内生物的需求，呈现给人们的将是水库、湖泊宏大的水面，河流、小溪欢快的流水，湿地、塘坝内动植物健康生长。人们从中感受到的是水生态文化内涵在物质层面的映射。

3. 展示滨水空间的地方文化内涵

水利风景区的滨水空间是风景资源展示的重要场所，是最容易突出城市个性的敏感地带，也是游人、居民喜欢的亲水空间。梳理河流两岸的涉水传说、故事，历史名人临水游历怀古中写下的诗词歌赋；整理河流的演变、水文特征、历史上水旱灾害对滨水区的威胁、河流的整治过程和治水技术，用雕塑和文化墙等各种艺术形式展示出来，可唤起人们对历史的记忆，对河流的敬畏，对水利的关注，让人们热爱河流，以与河流和谐共处为荣。

4. 展现城市水利现代水利精神内涵

城市水利风景区的设计与建设体现了景区所在城市的现代水利精神内涵，创建了当代水文化，塑造出了符合时代特色的水文化景观。如今，很多城市都对城市精神进行了总结凝练，例如北京的城市精神是"爱国、创新、包容、厚德"，上海的城市精神是"海纳百川，兼容并蓄"。城市精神是一个城市的精气神，是这个城市的主题文化，是一种意志品格与文化特色的精确提炼，是城市市民认同的精神价值与共同追求，也是展示城市形象、引领城市发展的一面旗帜。一个城市水利风景区的景观设计和文化品位体现了其所在城市的时代精神，可使市民在休憩、亲水中受到城市精神的熏陶，从而更加热爱这座城市，自觉宣传这座城市，用自己的一言一行塑造城市精神，阐释当代水文化。

（四）水利风景区是展示水利新形象的窗口

根据水利风景区的定义，水景观是最基本的风景元素，水利工程建筑物是最重要的景观资源，水利工程和滨水景观是水利风景区有别于其他景区（公园）最突出的特色，水利风景区业已成为展示新时期水利事业新形象的一个重要窗口。

城市滨水区，常常承载着经济、交通、文化等多种功能。由于人们天然生就的亲水、乐水的习性，城市滨水区，无不成为市民娱乐、休闲的重要场所；沿滨水区散步、到滨水区锻炼已成为市民生活不可或缺的重要内容；滨水区因而也成为城市文化积淀最深厚的区域之一。城市河湖型水利风景区就是以滨水绿带为基底，通过亲水廊道（平台）、座椅、路灯、标识系统、垃圾箱等小品的设计，建设具有地方特色和文化内涵的公共环境，创造出高质量的滨水空间景观。以水利风景区为载体为市民提供水利公共服务，可扩大水利事业在城市市民中的影响。

水利风景区内的水利工程建筑物（尤其是水库、城市河湖型景区），大多位于河（湖）水边，一般体量较大，其设计在满足水利设计规范的前提下，注重工程的景观功能、美学效果，注重场所效应，注重水文化和地域文化内涵的体现，注重水利工程建筑物与其他建筑物及周边环境的协调，使水利工程成为河（湖）风景的要素之一，成为水利风景区的重要风景资源和审美对象，满足人们的精神享受和审美需求。

随着水利风景区建设水平的提高，景区所形成的水景观点缀和培育了美

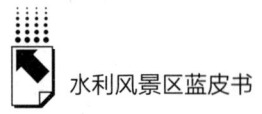

丽的景色：水利工程体系的科学布局、水利工程建筑物的宏伟壮丽、河流的湍急平和、湖泊（水库）的轻柔幽静，为人们提供了种类繁多、富有灵气的景观效果，发挥着水景观、水生态、水文化和水旅游的综合功能。人们通过水利风景区这个缩影看到了水利事业的崭新形象，看到了新时期治水思路的逐步转变，看到了水利工程的综合效益，也体会到水利工作者为民生的殚精竭虑。

四　新时期水利工作方针引领水利风景区发展新的征程

习近平总书记就保障国家水安全发表重要讲话时提出了"节水优先、空间均衡、系统治理、两手发力"的新时期水利工作方针。党的十八届五中全会把绿色发展确立为我国"十三五"期间的五大发展理念之一。水利部结合水利发展实际，落实"五大"发展理念，在全国"十三五"水利发展规划中，强调深化水利改革，解决由"水资源短缺、水质污染"带来的水安全问题。"十三五"期间，我国将推进以"保护、科普、游憩"为原则的国家公园建设。水利风景区的发展，要将绿色发展理念、国家水安全、国家公园体制等思路融合起来，在水利事业发展中担负起新的使命。

（一）水利风景区应成为建设水生态文明社会的基础

水利风景区在水生态文明建设中主要发挥维护水安全、节约水资源、保护水环境、修复水生态、传承水文化等功能和作用。

维护水安全：在科学的防洪、排涝标准内，确保水利工程不失事，城市不受淹（或受淹范围不大、损失不重），确保防护范围内的人民生命财产安全。在城市规划中增加城市的水面积比例，建设"海绵城市"，加强汛期城市低洼地淹水时民众的自我保护意识。

节约水资源：采取各种措施使水资源的供给满足区域生活、生产、生态用水的需求。不仅要满足水量的需求，也要满足水质的要求。落实水资源管理"三条红线"，建设节水型社会（以学校、企业、灌区、居民小区等为主要节水载体），带动全社会的节水行动，保证饮用水源地的安全达标，使河湖连通，保证生态系统自然修复。

保护水环境：保护自然界中水的形成、分布和转化所处空间的环境。判别水质环境好坏的主要化学指标，分析水污染的种类（点源、面源、内源），处理水的富营养化（蓝藻），解决水污染问题。

修复水生态：修复河流（湖泊）的生态系统。河流（湖泊）是一个有机的生态系统，由生物和生境两部分组成，生物是水生态系统的主体，生境是生命支持系统；水陆过渡带由于异质性高，适于多种生物生长，既聚集着水禽、鱼类等大量动物，又有沉水、挺水和陆生植物生长。应充分认识河流的多样性使河流的流速、流量、水深、水温、水文周期变化、河床材料构成等生态因子呈异质性，提高河（湖）的自我修复能力。

建设水景观：体现"水的客观物质性"与"人的主观感应性"相互作用的景观效应。水除了作为物质资源外，还是一种陶冶情操、平心静气的精神资源，是分布广泛而又作用突出的景观资源。在一定条件下，水作为一种自然客体，能够引发人类对美的感受，为人的精神世界提供美好的精神食粮。

弘扬水文化：水文化指人在与水打交道的过程中形成的物质与精神的总和。弘扬水文化就是要贯彻落实"节水优先，空间均衡，系统治理，两手发力"的新时期水利工作方针，提倡"人水和谐"和"河流健康生命"的理念，处理好人与河流的新型伦理关系，充分利用滨水空间展示河流演变的历史、河流治理的故事和滨水文化。

（二）水利风景区应成为协调水资源保护与利用关系的载体

以水库型水利风景区为例，水库型水利风景区依托大、中型水库而建，而大、中型水库既具有大坝高、库容大、水面广的特点，又存在水资源保护管理与开发利用的矛盾，建立水利风景区是利用其特点，解决其矛盾的有效方法。

水利风景区蓝皮书

我国建设水库的第一个高潮是20世纪50年代的"大跃进"时期，随着近十年水库除险加固工程的结束，其安全度大大提高。水库的功能也从单一的水利防洪、蓄水功能，向在确保工程安全的前提下，供大众欣赏山水、了解水利的多种功能转变。过去，水库设计者最关心的是水库可能出现的洪水、垮坝和水污染。而现在，这些顾虑已经不多了，防汛地理信息系统和大坝监控技术的发展已经使我们能够对洪水和各种故障进行预警；通过建设污水处理装置和生物的方法可以有效消除水污染。这些条件的改善，为将水库建设成为富有潜力的水利风景区提供了可能。按照水利风景区"维护水工程、保护水资源、改善水环境、修复水生态、弘扬水文化、发展水经济"的规划理念，未来的水库将成为多功能的综合性工程：不仅能保护野生动植物，还能提供游泳、划船、钓鱼等娱乐项目；不仅能成为滨水建筑、水电站，还可以用于灌溉、调节河水和美化风景，甚至还能成为精湛的艺术品。

应通过水利风景区的《水资源保护规划》《水生态环境保护与修复规划》等专项规划，科学分析水环境承载能力和水体的纳污能力，预测景区建设可能带来的水质变化，提出规划区水体保护的具体措施，并在建设中落实到位。由此，水库在确保水安全的同时，还能产生更多的公共收益，水利风景区也能真正成为处理水资源保护与利用关系的载体。

（三）水利风景区应成为恢复自然河流的先行区

国内外无数事实证明，山上和河谷中的森林遭到破坏，河道被拉直、加深、拓宽，便会加快河水的流动；河漫滩上建造大量的构筑物，会使其失去应有的调节能力，提高洪峰流量。这些做法不仅耗费了大量公共资金，而且对生态环境造成了巨大的扰动。

过去，"改善或整治"河流指的是提高它的过流能力；现在则指一种多目的规划，即通过规划设计实现自然弯曲的河流平面形态、洪水控制，打造滞洪湿地、自然植被覆盖的河岸，使河流成为一个自然流淌、生物多样性丰富、视觉自然美观的风景河流，使民众拥有一个水源供给地，一个滞洪区，一个排水网络，一个游憩场所，一个垂钓乐园，一个自然保护区，一个划船、步行、骑自行车的活动廊道。在这一方面，水利风景区应成为恢复自然河流的先行区。

（四）水利风景区应成为水利科普和水情教育的基地

水利风景区建设不仅要挖掘水文化内涵，开发水文化景观，而且要推广水文化价值，让人们在享受水利风景区景色的同时，得到水利知识和水资源形势的教育，拓展水利知识面，感受水文化的丰富内涵，从而达到了解水利、热爱水利、支持水利、宣传水利的目的。水利风景区科普和水情教育主要有水利科学与技术、水文与水情知识等方面。

B.7
水利风景区促进区域经济社会发展

李鹏 徐增让 程琳 郭富庆*

摘　要： 水利风景区与区域经济社会发展相辅相成，相互依赖，相互促进。区域经济社会发展为水利风景区的发展提供了可能，水利风景区顺应了区域经济社会发展，展现出重要的文化价值、社会价值和经济价值。在当前形势下，经济社会发展也对水利风景区提出了更高的要求，水利风景区发展更应结合精准扶贫、公共服务均等化和保护地建设等重大工作，实现与区域经济社会的融合发展。

关键词： 水利风景区　区域　经济　社会发展

一　水利风景区与区域经济社会发展的关系

水利风景区与区域经济社会发展相辅相成，相互依赖，相互促进。区域经济社会发展为水利风景区的发展提供了可能、提出了更高要求，水利风景区顺应了区域经济社会发展，夯实了区域经济社会发展基础。

（一）区域经济社会发展为水利风景区发展提供了可能

水利风景区建设是系统工程、综合工程，因而需要区域经济社会的发展为其提供诸如资金、人才、管理等良好的发展环境，从而促进水利风景区的

---

* 程琳，水利部综合事业局工程师；郭富庆，新华水利控股集团公司高级工程师。

建设进入良性发展轨道。国内水利风景区发展较好的山东、江苏等省份，都是在经济社会发展到一定水平时才对水利风景区发展提出内在需求的。

资金支持。水利风景区建设需要充足的资金，经济社会发展良好的地方，政府能够通过设立补助资金、专项资金，或者建立生态补偿机制等形式，为水利风景区发展提供政府引导资金。同时，经济发达地区，社会闲散资本比较充裕，可以充分整合社会资源，积极吸收社会资金，形成多渠道、多元化的投融资机制，有效破解水利风景区建设的资金瓶颈，从而为水利风景区建设提供坚强的资金保障。

管理支持。许多经济社会发展良好的地方，认识和管理水平较高，较早成立水利风景区管理领导小组，开展梳理资源、科学定位、科学布局等工作，并出台相应的管理规章与制度。同时，注重整合资源，实施联合打造，完善基础设施，使水利风景区的发展与区域经济社会发展相协调。

人才保障。经济社会发展良好的区域，人才评价、流动、激励等机制比较完善，在人才队伍建设计划和人才培养、使用、管理方式等方面较为先进，从而能为水利风景区发现、培养、储备与输送更多人才，促进水利风景区的发展。

（二）水利风景区建设顺应了区域经济社会发展的新要求

中共十八届五中全会提出了"创新、协调、绿色、开放、共享"的五大发展理念，用以指导未来我国的经济社会发展。作为水利行业践行"五大发展理念"的重要抓手和载体，水利风景区发展顺应了区域经济社会发展的新要求。

水利风景区是创新协调发展的产物。创新是引领发展的第一动力，是新常态下破解要素瓶颈、提升发展质效的关键驱动和根本支撑。协调是持续健康发展的内在潜力，在区域协同发展中增强空间的外部张力。水利风景区把江河湖海、涧溪泉瀑、湿地等周边自然与人文环境创新性地结合在一起，体现了新时期水文化的内涵——"人水和谐"的现代水利理念。无论是发展规划的编制和审批，还是景区的管理、监督、考核、指导等，均需要水利风

景区所在地的国土、财政、旅游、林业等多部门的协调、支持与配合。区域内水利风景区顺利发展的过程就是一个不断创新、相互协调的过程。

水利风景区是共享绿色发展的结果。绿色发展的本质是处理好发展中人与自然的关系。水利风景区通过保护优质水源、整治污染水源、疏浚河道、保护周边生态环境等措施，为人与自然的和谐相处提供契机。同时，水利风景区发展是为了人民而发展、依靠人民而发展优质水生态环境、水利旅游设施等成果由人民共享。让广大群众共享改革发展成果，既是坚持社会主义的本质要求，也是践行党的宗旨的集中体现。

（三）水利风景区发展夯实了区域经济社会发展的基础

水利风景区在保留传统水利工程所具有的灌溉等功能的基础上，发展了游憩、科普、教育等功能，在整体上进一步推动了所在区域的发展。

水利风景区往往对江河湖海、湿地等景观加以科学保护和开发，创造一种能够使人与自然和谐共存、物种之间和谐共生、人与人之间和谐交往的环境。水利风景区建立在一定的景观资源基础上，因而具备一定的游憩观赏价值，能开展观光、游览、休闲、度假、体验、娱乐、商贸、文化宣传等活动，从而丰富人民的业余生活、提供更多的休闲空间、促进社会的和谐发展。

环境的宜居性和景观的观赏性，给水利风景区带来了旺盛的人气，带动了周边地产的升值与周边产业的兴盛，进而形成了强大的聚集效应，特别是一些城市河湖型水利风景区的周边成为许多市民向往居住的地方，进一步推动了区域经济的发展。

（四）区域经济社会发展对水利风景区发展提出了更高要求

"十二五"期间我国水利风景区建设取得了显著成绩，呈现出规模扩大、品质提升、影响增强的良好态势，已成为水生态文明建设的重要抓手。

新形势、新任务、新发展对水利风景区的规划、建设、管理等方面提出了新的要求。要认真制定水利风景区"十三五"发展规划，做好发展布局和重点任务的顶层设计；要以水利风景区为载体，积极推进水生态文明建设；要结合工作实际，在政策制定和资金安排上给予支持，形成齐抓共管共同促进水利风景区发展的新局面。

下一步的水利风景区建设，要将当地人文历史融入其中，切实提升景区内涵，打造特色景区，防止千水一景、万山一面。要拓宽视野，将更多建设条件较好、资源禀赋优良的景区纳入水利风景区队伍中。同时，要不断总结经验，开拓创新，提高景区标准和水平，真正使水利风景区成为生态文明建设和美丽中国建设的一道亮丽风景。

二 水利风景区在区域经济社会发展中的价值

水利风景区在区域文化、社会、经济等方面具有强大的推动力，水利风景区发展的成果充分展现了其在区域经济社会发展中所具有的文化价值、社会价值和经济价值。

（一）充分弘扬水利精神，展现文化价值

几千年的人水互动，积累了丰富宝贵的治水经验，留下了一系列凝聚千年智慧的水利遗产，更形成了"献身、负责、求实"的水利精神。水利风景区作为人水和谐发展的基本实践基地，成为新时期协调人水关系、弘扬水利精神的重要手段和核心载体。水利风景区的发展，能塑造感召力、汇集凝聚力、凸显创造力、形成警示力，是构建区域精神文化内核的重要手段。

1. 挖掘水利精神，形成感召力

挖掘和弘扬水文化是水利风景区的基本功能之一。水文化是存在于不同民族、国家和地区中关于水的相关文化，是一种彰显人水和谐关系的文化。2006年，联合国将第十四个世界水日的主题定位为"水与文化"，以充分凸显当今社会人与水的矛盾及人类所面临的水问题。我国治水历史悠久，并在千年治水过程中创造了一系列饱含时代精神的水利工程。水利风景区的发展，不仅维护着水利工程的安全运行，更将凝聚在水利工程中的精神记忆作

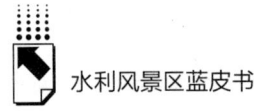

为文化内核,进行充分的挖掘和展示,使之再续往日之光,如河南红旗渠、湖南韶山灌区等就是传承水利精神的典型。水利风景区的建设与发展,是一个塑造影响力、弘扬感召力的过程。

20世纪60年代,我国经济处于极度困难时期,河南省林县(今林州市)人民为改善恶劣的生产生活环境,在党的领导下克服重重困难,凭着一锤一钎一双手,在太行山悬崖峭壁上开凿了大型引水灌溉工程——红旗渠。红旗渠建设历经十年,它以"重新安排林县河山"的豪迈气概,改变了林县历史上严重缺水的状况,使最基本的生存条件得到改善,促进了经济和社会的发展,它是林县人民生存能量的一次集中释放,是林县人民优秀品质的集中体现,是林县在新中国成立后艰苦创业历程中的"第一部曲",被誉为"人造天河""当代万里长城"。

在红旗渠的发展进程中,红旗渠人以"定叫山河换新装"的气势,以大无畏的英雄气概和忘我的奉献精神投入项目工程建设,完成了"战太行、出太行、富太行、美太行"的林州发展四部曲,既是对红旗渠精神的一次大弘扬和深刻体验,又是对红旗渠精神的一场生动实践和延伸发展,更是将"难而不惧、富而不惑、自强不息、奋斗不已"的当代红旗渠精神演绎得淋漓尽致,续写出红旗渠新的传奇。1996年,时任总书记江泽民对红旗渠进行视察后亲笔题词:"发扬自力更生,艰苦创业的红旗渠精神。"随后,红旗渠被中宣部命名为"全国爱国主义教育示范基地",并相继获得国家重点文物保护单位、国家地质公园、全国青年文明号、全国工人先锋号、中国红色旅游经典景区、中国旅游知名品牌等荣誉称号。

从当年百万大军战太行建成红旗渠,浇灌万顷良田,到将红旗渠水利工程逐步建设成风景区,成为著名的红色教育基地,再到对红旗渠风景区进行整体升级改造,每一次的变化都是一次超越,每一次的超越都是精神力量的推动。正如江泽民所言:红旗渠是自力更生、艰苦创业的典范,不仅给后人留下了可以浇灌几十万亩田园的水利工程,更重要的是留下了宝贵的红旗渠精神。这不仅是林州、河南的精神财富,也是我们国家、民族的精神财富。

2. 展现水利成果，汇集凝聚力

水利关乎民族的存亡，影响民族的发展。无论是过去的众志成城、艰苦奋斗兴水利，还是现在的举国上下不遗余力兴生态，均蕴含着集国家之力、行国家大事的思想。水利风景区的发展，也是一个充分汇集国民之智、凝聚国民之力的过程。

水利风景区是人民群众倾情奉献的结晶。红旗渠的建设，参与群众多达7万人。十年建设过程中，先后有81位干部和群众献出了自己宝贵的生命，其中年龄最大的63岁，最小的仅有17岁。在艰苦恶劣的条件下，修渠民工自己动手，想尽各种办法解决住的问题，山崖下、石缝中，甚至是没有房顶、没有床的石板，均成为休息驻足之所。民工们带着家里的铁镢、铁锹、小推车上了工地，用简单原始的劳动工具，成就了红旗渠这样的举世工程。其间，因为技术人才紧缺，修渠民工自力更生、积极进取，形成一批批民间石灰人、水泥人、炸药人，创造了水利工程的奇迹。而在生态水利不断发展的今天，为了保护水利风景区内宝贵的碧水青山，为了守住世代相承的"金山银山"，为了那份永恒的乡愁，无数群众默默忍受贫困之苦、承受迁离之痛，为水利风景区生态建设、环境保护做出了巨大的牺牲和贡献。

水利风景区是国家与地区大力投入和付出的硕果。为了实现跻身国家水利风景区的目标，自2002年开始，南京市投入35亿元全面启动外秦淮河整治工程，整治内容包括水利、环保、景观、路网、安居五大工程，在城建、水利、环保、园林、文物等多个部门合作下，对河道予以清淤，使护坡得到加固和美化，两岸棚屋全部拆除，污水全部进入截污管道，污染企业搬离，两岸修建了生态护坡和湿地公园，配合明城墙风光带建设了多个免费亲水公园。在外秦淮河入长江口处，兴建了亚洲唯一的大型"双孔护镜门型"河口闸，彻底解决了长江水位与外秦淮河水位落差导致的水位不稳问题。一系列的努力，换来外秦淮河生态环境的持续恢复，最终获得国家水利风景区荣誉称号。

每一个水利风景区的发展，抑或一坝一闸、一山一水，无不凝聚着国家、地区和人民群众的倾情奉献与投入，凝聚着众志成城、艰苦奋斗的国家精神。

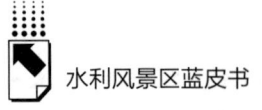

3. 勇于探索创新，体现创造力

从工程水利到生态水利，从水利风景区到水生态文明城市的建设，水利风景区的发展不断闪耀着技术创新和思路创新的光芒。

技术创新。技术创新是水利工程建设和水生态环境治理实践的产物。人与自然、人与水的发展是人类文明发展的重要内容，人与自然、人与水的和谐发展是长期以来不断调适的过程，而这一调适作用的发挥，需要以技术创新为基本前提。坎儿井与沙漠绿洲的创造、都江堰与天府之国的孕育、梯田与西南山地的发展，均以技术创新有效调适了人与自然、人与水的关系，它们是千年传承的伟大创新。水利风景区的发展，在传承这些宝贵创新成果之时，必然为其注入当代智慧和思想，使之永葆青春。

思路创新。水利风景区发展也是一个思路创新的过程，不断涌现出一批批的创新者和实践者。2011年，山东省水利厅研究水生态文明城市创建工作，2012年推出地方标准《山东省水生态文明城市评价标准》，颁布了水生态文明城市创建工作实施方案，正式启动了水生态文明城市创建工作。短短几年，这一工作已在全国范围内形成引领示范效应。从"山水城市"到"山水文化名城"，再到"水生态文明城市"，山东省在拓展水利风景区系统发展格局中做出了重大贡献。2013年，江苏省出台《关于开展全省"水美乡村"创建工作的意见》，以实现"河畅、水清、岸绿、景美"为目标，推进"水美乡村"创建计划，计划到2015年全省建成首批100个"水美乡镇"、1000个"水美乡村"，再一次实现了水利风景区发展的思路创新。目前，"水美乡村"建设也已在河南、山东等地开展。

4. 结合廉政建设，形成警示力

每一个水利风景区的背后，均有其特殊的成长历程和特殊使命及意义。水利风景区的建设和发展，必须通过开展科普教育等方式，使之发挥精神传递和警示的作用。正如红旗渠的故事虽然日渐模糊，但是红旗渠"艰苦奋斗、自力更生"的精神，应在现代继续发挥其固有的警示力量。目前，多处水利风景区已经成为廉政建设基地和爱国主义教育基地。

水利风景区处处可见廉政建设的身影。位于四川省阿坝汶川县的水墨藏寨国家水利风景区，凭依国家赈灾资金而建。为报答国家和人民群众的相助之情，风景区近年来均以公益开放的形式，为广大人民群众提供舒适、美丽的公共游憩空间，使水墨藏寨成为当前国内少有的公益型景区，默默传递着"大爱无疆"的核心价值观。

四川巴中市化湖国家水利风景区与巴中市纪委廉政教育中心相结合，将生态文明建设与政治文明建设有效结合起来，突出水库生态文明建设的"清"、廉政基地政治文明建设的"廉"，主打"清廉"品牌，倡导"廉政廉洁、清风清水"之风，大力弘扬爱国主义和政治文明，有效地发挥了清廉警示的作用。

（二）全面彰显社会效益，体现社会价值

大部分水利风景区在满足城市居民游憩需求、改善人居环境、缓解就业压力、最终实现共同富裕等方面做出了巨大贡献，成为社会和谐发展的润滑剂和推进器。

1. 突出公益性，满足游憩需求

水利风景区具有开放性，服务周边居民。大部分水利风景区的开发建设由政府主导，是政府提供的一种公共产品，如同其他公共产品一样，它的消费权属于大众。基于此，已审批的719个国家水利风景区中，绝大部分水利风景区，包括一些具有高品质旅游资源的水利风景区，都对公众免费开放，或者象征性地收取部分管理费用。如江苏省宿城古黄河、如皋市龙游、徐州云龙湖等水利风景区均不收门票。西安世博园国家水利风景区位于西安市浐灞生态区，景区总面积418公顷，其中水域面积188公顷。风景区以2011西安世界园艺博览会会址为基础，经提升于2012年4月再度开园迎客，除四大展馆外全部免费开放。2012年10月，其被评定为国家4A级旅游景区，是陕西省目前唯一免费开放的国家4A级旅游景区。

水利风景区满足居民多元化的游憩需要。进行游憩活动能舒缓劳动者的身心，使其体力与精神得以恢复和发展。不少水利风景区通过控源截污、生态修复、植树造林来打造生态景观；通过结合当地文化修建主题公园、遗址

公园、湿地公园等来突出文化底蕴;通过在风景区周边铺设慢行绿道、建设平台广场、添置休闲健身器材等增添娱乐游憩的好去处,多层次、多角度满足居民多样化的游憩需求。如烟台市的省级水利风景区逛荡河绿带公园通过对河段进行综合整治,同时增加旅游休闲服务设施,有效增加了当地居民的幸福感,深受沿河近10个居住小区约6万户居民的欢迎。

2. 强调舒适性,改善人居环境

水利风景区有助于打造"宜居城市"。随着我国城镇化水平的提高,城市数量和规模在不断增长。与此同时,城市环境质量却在不断下降,成为改善人居环境所面临的最大难题。水利风景区具有保护水资源、改善水环境、修复水生态等多种功能,已成为改善城市人居环境的重要途径。尤其是对于人口密度大的城市而言,城市河湖型水利风景区在改善人居环境方面发挥了巨大作用。如重庆璧南河,在2008年以前水黑如墨、鱼虾绝迹、臭气熏天,来往居民常常掩鼻而行。近年来,在水利部和重庆市水利局的大力支持下,通过水利风景区建设大力整治流域内的生活污染、养殖污染、工业污染等。如今,璧南河水质由又黑又臭的劣Ⅴ类变成了Ⅳ类,两岸绿树葱葱,成为人民群众的休闲乐园。近年来,璧山相继获评"中国人居环境范例奖""全国水生态文明试点城市"。

中小城市的水利风景区在改善人居环境方面的作用更为明显。如山西太原汾河二库、山东临沂河、河北邢台七里河、江苏金坛愚池湾等水利风景区,对改善中小城市形象,优化城市人居环境起到了举足轻重的作用。汾河二库风景区是汾河太原城区段蓄水美化工程,建于1998年10月,2000年9月首期工程完工并对外开放,总投资4.2亿元,占地300公顷。景区从规划设计到施工建设都积极贯彻"以人为本"的理念,始终围绕"人、城市、生态、文化"的主题,把河道治理、环境保护、城市绿化有机地结合起来,进行环境综合整治,保持了城市滨河区良好的自然生态,实现了人与自然的和谐共生,城市与环境的协调发展。2001年12月,原建设部授予该项目"中国人居环境最佳范例奖",并推荐其向联合国申报人居环境奖。2002年5月,联合国人居署决定授予太原汾河景区"2002年迪拜国际改善人居环境最佳范例称号奖"。

水利风景区有助于建设"水美乡村"。水利风景区建设必然会对水源、水环境、水生态进行综合治理修复以及对水生物资源进行保护。其建设过程首先需要修复生态环境,对河道、湖泊进行疏浚整治,使水系通畅、水质良好、河水清澈。其次,需要打造生态景观,对河中心、河岸景观进行设计,设置游憩绿道、水岸观景栈道、休憩亭台等。这与"水美乡村"的目标不谋而合,甚至可以说,水利风景区为建设"水美乡村"奠定了基础、提供了资源、丰富了内涵,促使了水生态文明建设同新农村建设相融合,实现人与自然的和谐相处。如江苏省溧水区石湫镇环山河片区,近年来借助于水利风景区建设契机,疏浚沟通水系,整治沿岸环境,发展生态休闲旅游产业。过去沿河村庄房屋老旧,岸边环境脏乱的情景如今变成了粉墙灰瓦、果树遍植、坡岸草色青青、花香怡人的景象,河边滨水步道蜿蜒,亲水平台开阔,形成了连片6平方公里的"湖山串珠"水美乡村。

3. 突出民生性,增加劳动就业

水利风景区是发展民生水利工程的重要手段。单纯的"水利工程"已不能满足人民群众的水利需求;而以水利工程为依托的水利风景区,既能满足民众的基本水利需求,即通过防洪等功能保障民众生命财产安全,以及通过灌溉、发电等功能维持民众正常生产、生活,又能满足民众高层次的水利需求,即通过保护水资源、改善水环境、修复水生态、打造水景观等措施实现群众"亲水、近水、滨水"的愿望,让广大人民群众共享水利发展成果。水利风景区是一项具有多种功能的民生水利工程。

水利风景区是增加就业机会的重要渠道。水利风景区作为一种旅游景区,具有服务行业的综合性特征,涉及游客吃、住、行、游、购、娱等方面,因而具有较强的增加劳动就业功能。水利风景区建设除了因增设管理机构而增加就业机会(如售票、景区运营、安保工作等)之外,更会因风景区内部或外围衍生的服务项目而创造新的工作机会,如依托餐饮、住宿、购物、娱乐服务而增设的工作岗位。如福建漳平市南洋乡九鹏溪水利风景区,先后建成九鹏食府、公馆茶轩、观光茶山、动物园、游船、商务会所、水上

别墅等设施,为南洋乡60%以上的村民提供了就业机会。此外,随着游客的增加及其他配套服务设施的逐步兴建,其还将继续为当地创造大批的就业岗位,不仅能缓解当地就业压力,还可有效吸纳周边富余劳动力。

(三)有效发挥经济作用,实现经济价值

越来越多的水利风景区已成为地区经济发展的推手,特别是成为以旅游产业为龙头的第三产业发展的引擎。

1. 建设水利景区,发挥经济服务功能

保障地方发展的水资源供给。水是生产之要,是区域发展不可或缺的基础性和战略性资源。水利风景区将水资源保护作为首要功能,它的发展能有效解决区域水资源紧缺、水资源供应不足的制约性问题。截至2015年底,719个国家水利风景区已覆盖全国各个省区市。其中,水库型水利风景区和灌区型水利风景区共计355家,占国家水利风景区总量的54%,成为国家水利风景区系统的核心组成部分。为所在区域提供充分的生产、生活、生态用水,是这些水利风景区最基本的使命和功能。水利风景区在促进地方经济发展中具有不可替代的水资源供给作用。都江堰国家水利风景区依托都江堰水利工程而建,是典型的灌区型水利风景区。两千多年前,李冰主持修建了都江堰水利工程系统,在防洪、排沙、灌溉方面发挥了巨大的作用,使"旱涝无常"的成都平原变成"水旱从人、沃野千里"的天府之国。都江堰充分实现了人、地、水三者的高度协调统一,实现了"无坝引水"的水利奇迹,开创了中国古代水利史上的新纪元。至今,都江堰灌区已覆盖成都市除蒲江县以外的18个区(市、县),并为成都市城区提供充分的工业、生活和环保用水,年供水量约4亿立方米,占城区工业及生活用水总量的90%以上,为成都平原地区的生产、生活提供了基本的保障。

促进地区旅游经济发展。水利风景区是重要的旅游景区,水利风景区的发展充分利用水利风景资源,通过开展适宜性的游憩活动,极大地促进了旅游经济的发展。目前,在国家水利风景区中,5A级旅游景区共有24家,占全国5A级旅游景区总数的11%,年接待游客约1200万人次;4A级旅游景

区 63 家，年接待游客约 3150 万人次。有些景区除了获得 5A 级旅游景区称号之外，还获得了其他世界级和国家级的称号。如浙东古运河绍兴运河园水利风景区获得世界文化遗产称号，西安世博园水利风景区被国家旅游局、环保部授予国家生态旅游示范区称号，天目湖旅游度假水利风景区获得全国首批国家级度假区称号。这些高品质的水利风景区在取得直接旅游收入的同时，还带动了周边商贸、交通、餐饮、住宿、文化娱乐、休闲农业、农副产品加工业的发展，对区域经济增长的贡献相当可观。

从省级层面来看，宁夏的水利风景区每年的旅游收入甚至占到全区旅游收入的 23%。山东省、江苏省同时作为旅游大省（2013 年旅游总收入全国排名第 2、3 位）和水利风景区大省（国家水利风景区数量全国排名第 1、2 位），水利风景区发展在其旅游经济总收入中有不可忽视的贡献。近年来中部地区的河南省、湖南省，西部地区的四川省水利风景区发展迅速，也对本省旅游发展起到了强力的推动作用。各地涌现出了不少以水利风景区为基础的龙头旅游景区，如四川都江堰景区、江苏秦淮河景区、陕西壶口景区、宁夏沙湖景区等。

以都江堰水利风景区为基础和核心的旅游产业在四川都江堰市经济发展中发挥了举足轻重的作用。2014 年，都江堰全市 GDP 为 251.58 亿元，三次产业结构比为 9.5∶37.6∶52.9，对经济增长的贡献率分别为 5.2%、50.6%、44.2%，分别拉动经济增长 0.44、4.3、3.76 个百分点。旅游业是都江堰市第三产业的主体，都江堰市 2014 年全年接待游客 2014.06 万人次，其中城市游接待游客 585.7 万人次，景区游接待游客 611.76 万人次，乡村游接待游客 816.6 万人次，全年实现旅游综合收入 91.77 亿元。

2. 实现产业融合，优化区域产业结构

优化产业结构比例。水利风景区的发展，有力地促进了"退二进三"的产业结构调整，进一步优化了各区域的三产结构比例。为了有效保护水资源、改善水环境、修复水生态，水利风景区特别注重对区内及周边产业的调整，着重清理对风景区生态环境的可持续发展形成威胁的高污染、高能耗、高排放产业；同时，大力推进环境整治，大规模开展退耕还林、退田还湖等

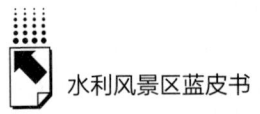

生态保育工程,并利用良好的水利风景资源,开展弱消耗性的游憩活动。例如,国家水利风景区昌盛农场位于柳林县县城东南六公里处的龙泉沟流域,总面积1500亩,是以股份制形式于1996年5月创建的农业综合开发型企业。农场坚持"生态效益和经济效益并重"的原则,以"机修造田、治沟打坝淤地"为重点,配套水利灌溉设施,实行了林草覆盖,山、水、田、林、路综合治理,粮、林、草、牧立体种养殖,形成了以基地促加工,以加工带基地的牧、养、加一条龙的生产模式,为地处黄河东岸的吕梁贫困山区生态建设以及农业和农村经济优化起到了积极的示范带动作用。

促进产业融合发展。产业融合是当前产业发展的基本趋势。水利风景区充分利用水资源涉及广、渗入深的特点,结合旅游产业高关联度、强带动力和经济乘数效应远高于其他行业的特点,通过开展乡村旅游、水利旅游、生态旅游等形式,有效整合交通、通信、建筑、餐饮、商业、饭店、娱乐等十多个产业的发展,带动周边土地升值,对国民经济的拉动作用十分明显。水利旅游作为旅游的一种重要类别,能促进区域一、二、三产业融合发展,推动地方农业、工业等产业链的延伸和完善,并从整体上推动区域产业结构的调整和优化升级。

3. 推动社区参与,带动周边居民致富

水利风景区与所在社区都是生命共同体的有机构成部分。水利风景区发挥生态、社会和经济效益,促进社区可持续发展。水利风景区与社区居民之间,不仅仅存在地理区位的亲密关系,更在生态、社会和经济的发展中形成了不可分割的互动和联系。大别山彩虹瀑布水利风景区坐落于安徽省岳西县黄尾镇,是革命老区、生态区,更是一个贫困区。该镇森林覆盖率高达90%,保存有上万亩原始次生林和数百亩极其珍贵的原始森林。以前该区域一直以林业、伐木业为主。"十二五"以来,该镇利用资源优势,大力发展旅游服务业,推进生态产业转型升级。在大别山彩虹瀑布景区的带动之下,周边农家乐和休闲农业快速发展,乡村旅游日趋火爆,黄尾镇实现了从一个传统林木大镇向新兴旅游强镇的美丽嬗变,成为岳西县乃至大别山片区依托生态资源,实施产业扶贫,发展乡村旅游,带动群众致富的典范。

三 水利风景区促进区域经济社会发展的可行方向

在当前形势下,应该结合精准扶贫、公共服务均等化和保护地建设等重大工作,促进水利风景区与区域经济社会共同发展。

(一)结合精准扶贫,实现共同富裕

建设水利风景区是造血式扶贫。"授人以鱼不如授人以渔",水利风景区作为旅游景区的一种重要形式,具有人民群众参与广、受益面大,能充分调动人民群众巨大潜能的特征。因而在水利资源比较丰富的贫困地区,可以充分利用区域内的水利资源,大力发展有特色的水利旅游,吸引发达地区居民前来旅游消费,使该区域资源优势转化为效益产出,使旅游商品的生产、交换、消费在贫困地区同时发生,逐步实现部分财富、经营、技术和产业向贫困地区转移,增加贫困地区的"造血功能",帮助其脱贫致富。

建设水利风景区是促进社会和谐的扶贫。在水利资源较为丰富的区域,与外出打工实现脱贫相比,建设水利风景区开展水利旅游,既能充分发挥水利旅游的关联效应和乘数效应,带动相关产业的发展,促进贫困地区的经济繁荣,还能提高贫困地区收入水平,为贫困地区提供大量就业机会,改善群众生活,从而使贫困人群不用远走他乡,避免造成"劳燕分飞""孤寡老人""留守儿童"等问题,有助于家庭和社会的和谐稳定。

(二)突出公共服务均等化,保障区域民生需求

建设水利风景区要进一步缓解公共服务供给不足的问题。水利风景区以其靓丽景观为人们提供了宜游宜居环境,创造了休闲观光和旅游度假空间,满足了人们近水、亲水、滨水、戏水等需求。建设水利风景区,应以修护、整治旧有工程,整合周边水利风景资源,恢复及保护生态环境为前提,完善水利服务设施,推进水利基本公共服务建设,从而有效缓解水利公共服务供给不足的问题。

建设水利风景区要进一步缓解公共服务享受不均的问题。随着我国对公共服务的高度重视及持续投入，基本公共服务水平与均等化程度有了显著提高，尤其是在精神文化领域，逐步对公共文化体育资源实行了免费开放。水利风景区建设是促进生态、文化、休闲等公共服务均等化的重要力量之一。根据调查数据统计，我国准公益性水利风景区占75.36%，其中以公益性为主的水利风景区占水利风景区总数的52.17%。水利风景区，特别是城市河湖型水利风景区在下一步的发展中要为公共服务均等化做出贡献，保障区域民生需求。

（三）强调保护地建设，强化水利支撑能力

水利风景区要成为水生态文明建设的"助推器"。水利风景区建设及发展必须遵守保护的基本原则，否则就失去了建设发展的意义。水利风景区发展要更加契合保护地建设模式，进一步实现水资源保护、水生态系统修复、水资源综合管理，有力地推动水生态文明向前迈步，为整个生态文明建设做出贡献，支撑社会可持续发展。以河北省衡水湖风景区为例，该景区按照保护—利用—保护的良性循环原则进行开发，开展生态旅游，保护生物多样性，实现了自然资源的可持续利用和经济的可持续发展。

水利风景区要成为推进水利转型的"强心针"。随着时代的发展和社会的进步，人民群众越来越向往"河畅、水清、岸绿、景美"，对"亲水、近水"具有极为强烈的渴望，对水利风景区建设的要求也日益迫切。水利风景区要在保留原有的防洪、灌溉等主体功能之外，更加侧重对生态修复、旅游发展、度假休闲等外延功能进行挖掘。如山东省沂南县竹泉村自2008年以来，借助于水利风景区建设的契机，通过不断规划、开发，形成了翠竹环抱茅舍、清泉流淌村落、家家清泉潺潺、户户竹影漫漫的休闲旅游度假区，已经建设成为国家4A级旅游景区，年旅游接待人数达到50万人次，拓宽了水利资源的开发利用空间和社会服务功能。

B.8 水利风景区与新型城镇化建设

谢祥财 李房英 林达里 卢婧*

摘 要： 据统计，截至2015年，在已认定的719家国家水利风景区及2000多家省级水利风景区中，有1/3以上与城镇有着密切关系。中共十八大首次正式提出"把生态文明理念和原则全面融入城镇，走集约、智能、绿色、低碳的新型城镇化道路"，对新型城镇化建设提出了更高要求。近年来，在新型城镇化进程中，各地水利风景区尤其是城市河湖型水利风景区及与城镇有密切交集的自然河湖型水利风景区，在保护水环境，修复水生态，建造较为完善、可持续的水生态体系等工作方面取得了显著成就，成为推进新型城镇化生态文明建设的重要推手之一。

关键词： 水利风景区 新型城镇化 规划 建设 统筹

一 水利风景区与新型城镇化建设的关系

（一）水利风景区与新型城镇在空间维度上密切相关

从空间维度来看，目前水利风景区与城镇之间的关系有景区—城镇包含类、景区—城镇交叠类、景区—城镇相邻类和复合类几种。通过对已获批准

---

* 林达里，国家水利风景区研究中心工程师；卢婧，国家水利风景区研究中心工程师。

设立的十五批共 719 家国家水利风景区的基础资料进行统计，发现城市河湖型水利风景区和自然河湖型水利风景区同城镇发展联系较为密切（见表 1）。其中，143 家城市河湖型水利风景区中与城镇空间位置关系呈景区—城镇包含类的达 113 处、呈景区—城镇交叠类的有 6 处、呈景区—城镇相邻类的有 16 处、呈复合类的有 8 处，分别占所有城市河湖型水利风景区总数的 79.0%、4.2%、11.2% 和 5.6%；141 处自然河湖型水利风景区中与城镇空间位置关系呈景区—城镇包含类的达 47 处、呈景区—城镇交叠类的有 8 处、呈景区—城镇相邻类的有 35 处、呈复合类的有 18 处，分别占所有自然河湖型水利风景区总数的 33.3%、5.7%、24.8% 和 12.8%。

1. 景区—城镇包含类

景区—城镇包含类水利风景区的空间类型分两种情况：一种为景区归属于某一城镇行政范围，如海南省琼海合水水库水利风景区、陕西省丹凤桃花谷水利风景区；另一种情况为小城镇整体位于景区内，如江西省新干黄泥埠水库水利风景区、陕西省合阳洽川水利风景区。此类水利风景区与城镇化建设关系最为密切，特别是在城镇水生态环境建设方面发挥着越来越重要的作用。

2. 景区—城镇交叠类

在景区—城镇交叠类空间类型中，水利风景区的部分范围与周边一个或多个城镇的部分范围交错重叠，如福建省泉州金鸡拦河闸水利风景区、吉林省和龙市龙门湖水利风景区。景区—城镇交叠类水利风景区的整体发展对城镇化建设会产生一定影响，景区与城镇由原本相互独立的个体发展成为一个相互影响的系统。

3. 景区—城镇相邻类

在景区—城镇相邻类空间类型中，水利风景区的范围与城镇范围相接壤，两者间关系的紧密程度不及前两种。景区多通过水利工程将水域延伸承载周边城镇生活、生产及工业用水的供给任务，并以旅游等产业辐射来带动周边城镇的发展，如山东省滨州韩墩引黄灌区水利风景区。

4. 复合类

在复合类空间关系中，景区与城镇不是单一的某一类空间位置关系，而是依托多种位置关系发展，如福建省邵武云灵山水利风景区属于景区—城镇包含、交叠关系，山东省博兴县打渔张引黄灌区水利风景区属于景区—城镇包含、相邻关系。

表1　水利风景区与城镇空间维度关系统计表

空间关系 批次	景区—城镇包含类			景区—城镇交叠类			景区—城镇相邻类			复合类		
	城市河湖型	自然河湖型	所有类型	城市河湖型	自然河湖型	所有类型	城市河湖型	自然河湖型	所有类型	城市河湖型	自然河湖型	所有类型
第一批(18家)	2	1	6	0	1	2	0	0	3	0	0	0
第二批(37家)	0	2	18	0	0	4	0	1	4	0	0	2
第三批(30家)	5	2	9	0	0	4	1	0	4	0	1	5
第四批(54家)	2	1	9	0	0	5	0	1	18	0	0	8
第五批(53家)	5	0	16	0	0	6	1	4	19	1	0	3
第六批(42家)	8	1	13	0	0	2	0	5	13	0	3	11
第七批(38家)	5	1	8	1	0	2	1	4	13	1	0	5
第八批(42家)	6	2	13	0	0	3	2	2	8	0	1	2
第九批(56家)	12	1	24	0	1	4	2	4	9	0	0	0
第十批(53家)	3	4	13	0	1	5	3	5	14	0	1	5
第十一批(52家)	11	4	18	0	1	8	1	5	6	0	1	4
第十二批(43家)	10	3	29	0	0	1	1	1	2	0	0	1
第十三批(70家)	10	13	40	0	3	9	1	1	8	1	1	6
第十四批(70家)	18	10	42	2	0	4	1	2	4	3	7	16
第十五批(61家)	16	2	21	3	1	4	2	0	9	2	2	8
合计(719家)	113	47	279	6	8	63	16	35	134	8	18	76

（二）水利风景区与新型城镇化建设主旨追求的高度统一

传统城镇化的发展模式是：工业发达、服务落后、农业原始。这种发展模式带来了一些负面影响，其中，对生态环境的影响尤为巨大。大量人口和工业生产聚集，使城镇的水、空气、植被、土壤等资源遭到污染，威胁着人类的生存。新型城镇化建设的重点在于坚持统筹兼顾，协调发展，不以牺牲生态环境、农业用地等为代价，辐射农民，涵盖农村，力求达到城乡基础设施一体化和公共服务均等化，促进经济社会发展，其核心是实现共同富裕。水利风景区是水生态文明建设的重要组成部分，其主要功能是保护水资源、修复水生态、弘扬水文化、维护水工程、普及水科技、开展水生态文明教育、发展水生态旅游。近年来，越来越多的水利风景区进村、进镇、进城，极力打造人水和谐、水生态环境良好的宜居环境，其建设及发展理念与新型城镇化建设主旨的要求高度统一，得到了各级政府部门的高度重视及社会公众的充分认可，以乡、镇一级政府为主体单位申报的水利风景区亦日增月盛。

（三）水利风景区成为新型城镇可持续发展的重要推手之一

水利风景区以水系为纽带，串联村、镇、林、田、湖，以水环境保护、水生态修复为基础，整合城乡各种资源，如道路交通、乡土建筑、林田生态、历史民俗等发展生态旅游，进而拉动区域经济发展，成为新型城镇可持续发展的重要推手之一。如福建汀江羊牯水利风景区，以汀江为纽带，把一村（民俗风情村）、一山（九华山景区）、一田（农业休闲观光园）、一镇（羊牯镇）联系为一体，统筹"山、水、林、田、镇"进行科学规划，打造集休闲、观光、科普教育、娱乐等功能于一体的水生态休闲胜地，增强了地方城镇的可持续发展能力。江苏天目湖国家水利风景区辖300平方公里，依托沙河与大溪两座国家级大型水库，以水环境保护、水生态修复为基础，与城镇建设联动，大力发展生态旅游，形成千亿级别的集食、住、行、游、购、娱于一体的区域经济发展体。河南信阳南湾湖国家水利风景区成立景区管委会，整治矿山，治理污水，进行持续的水土保持治理工程建设，十几年来生态环境有了显著提升。同时，景区成立旅游开发公司发展生态旅游，提供了大量的就业机会，年旅游直接收益达1亿多元人民币，经济效益显著，为当地农民的就地城镇化创造了出路。此外，该地区在城市土地利用、道路建设等方面已达成景城一体，统筹规划，实现了信阳市与南湾湖在生态、经济、社会等方面的区域联动发展，提高了城镇化的质量。

二 水利风景区在新型城镇化推动过程中的功能作用

水利风景区建设是一项改善社会、人居环境的公益事业，随着新型城镇化发展战略的提出，水利风景区对与之关系紧密的新型城镇发展产生了重要的推动作用，实现了新型城镇生态、社会和经济效益的同步提升。

（一）是新型城镇化生态建设的核心阵地

水是生态之基，水环境、水生态是城镇生态的核心和基础。城市河湖型水利风景区通过水系沟通、水污染治理、生物多样性营造等措施修复城镇水生态，保护城镇水环境，已经成为新型城镇化生态建设的核心阵地。

1. 水环境保护和生态修复是新型城镇化中生态建设的重要保障

我国绝大多数水利风景区依托水利工程，如水库、人工湖、水利枢纽等而建，以水系为媒介，景区水体多担负区内、周边及延伸地区乡镇的生活、生产用水供给，防汛，抗旱等任务。水利风景区的水资源保护、水环境改善、水生态修复等治水方略使城镇供水紧张、水生态环境恶化、水污染治理能力不足、饮水不安全等问题得到切实解决。同时水利风景区坚持水利建设与水生态环境建设同步规划、同步实施、同步发展，大力实施通水、改水设施建设项目，加强水生态保护，力求形成绿依水、水依城、城水相融的特色景观环境，使新型城镇化中的生态建设与实施得到有效保障。

福建宁德"水韵九都"水利风景区以霍童溪为依托，规划建设坚持河道水利安全工程与生态、景观营造相统筹的原则。防洪工程建设保留原有河岸60%以上植被，保留80%以上浅滩，保留所有的深潭、河心洲，尽可能营造或保留具有水陆生态过渡带的护岸形式，使河道宜弯则弯，宜宽则宽，护岸尽量采用宾格石笼等生态材料。水生态建设使景区串联的一个乡镇、5个村落形成了优美的生态环境，达到了安全、生态、景美的良好效果。

2. 水系沟通是新型城镇化良好水生态环境形成的关键措施

城市河湖水系是城市形成、存在与发展的重要资源和环境条件，承担着

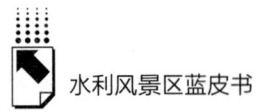

保护城市生态平衡、调节气候、提供休闲场所等重要功能。在与水利风景区紧密相关的新型城镇建设中，依托城市河湖型水利风景区的水系沟通，建立健康、完善的城市水系，是营造良好城镇水生态环境的重要措施。

江苏徐州市作为水利部首批"水生态文明建设试点市"，投资近30亿元进行城市水系沟通，创造性地实施"引黄济奎"工程，贯通大运河、故黄河、奎河水系，使横穿市区12公里的奎河水系水质得到显著改善。同时该市加大城市主要河湖调水力度，坚持运河水、矿井水双补措施，每年补水1亿立方米，使云龙湖水质长期优于Ⅲ类水标准。另外，该市着力整治采煤塌陷区，增加湿地、湖泊，建成潘安湖、九里湖湿地公园，使徐州形成了"九河绕城，七湖润彩"的城市生态水系格局。潘安湖、金龙湖、云龙湖、故黄河等一批国家水利风景区的建设，成就了徐州良好的城市生态环境。

3. 水利风景区是新型城镇化生物多样性营造的主阵地

生物多样性是评价城镇所在区域生态环境的重要指标。研究表明，水陆交汇区域生物多样性明显多于其他区域。水利风景区以水环境为依托，控污治污，保护、修复水生态，营造动植物良好的栖息地，形成较完善的水陆生态系统，成为新型城镇化生物多样性营造的核心和关键区域。

据统计，我国已获批准设立的国家水利风景区中，景区内污水均达到零排放或达标排放标准，水土流失综合治理率达90%及以上的景区占总数的74.9%，而林草覆盖率达85%及以上的景区所占比重为80.6%。以上举措为景区及周边城镇形成良好的生物多样性环境提供了有力支撑。

山东武城国家水利风景区是依托县城建成区水网和绿地形成的城市河湖型水利风景区。城区原本水资源较为短缺，根据城市生态、休闲、游憩及景观的需要，经过黄河引水、科学规划，形成了由外环河、青龙河、利城河、弦歌湖、建德湖、子游湖、状元湖、贝州湖组成的"三河五湖五十八桥"的城市生态水系网络（见图1）。此外，城区依托水系，划定蓝线、绿线以及生态红线，统筹绿地系统规划，形成了较好的城市生态格局，为城区形成良好的生物多样性提供了必要的条件。

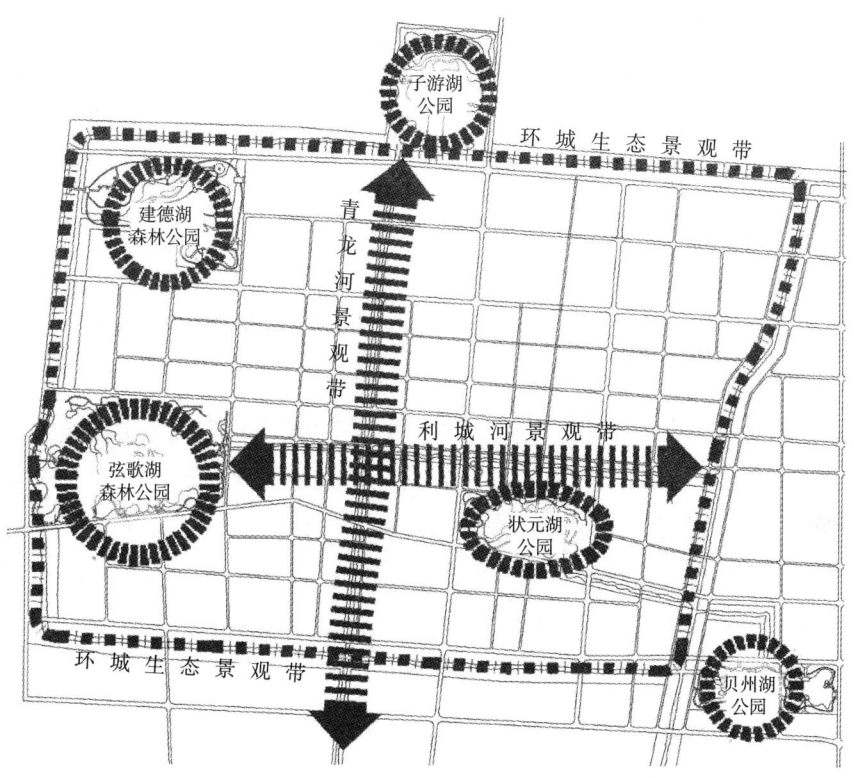

图 1　武城国家水利风景区总体布局图

（二）打造美丽城镇，促进社会和谐

1. 建设美丽河湖，营造宜居城镇

中共十八大提出建设美丽中国和生态文明的重要战略部署，对城镇河湖水系建设提出了更高要求，不仅要求建成安全的水系，同时要求建成生态的水系、景观的水系，以及可供人们休闲游憩的城镇滨水开放空间。城市河湖型水利风景区建设高度契合新型城镇化对城市河湖水系建设和改造的要求，助推形成了一批高品位、高质量的滨水景观区，并使之成为城镇的生态廊道、休闲廊道、景观廊道，也成为城镇的名片。

四川平昌江口水乡国家水利风景区一期工程投资近2亿元，统筹防洪安全、游船码头、滨水休闲绿地建设，将景区建成了优美的滨水休闲游憩区，彻底改变了平昌县城公共游憩空间局促狭小的局面，使平昌县城有了"门面"和"客厅"，并形成了平昌"新八景"。潍坊白浪河国家水利风景区建设前，两岸部分工业废水、生活污水及初期降雨形成的污水直接排入白浪河河道，使白浪河水体受到严重污染，给沿岸城区居民的生产生活带来了极为不利的影响。此外，白浪河河堤损毁老化，堤防和行洪能力达不到规划要求，其应有的生态功能及为流域内社会经济发展服务的作用已基本丧失。经清淤整修、治污引水、修亭植绿，河的两边修建了河滨公园，绿树红花满目生辉，彻底改变了旧潍坊、老潍县的形象。贵州省铜仁市锦江水利风景区采取"以城带镇""以镇带乡""以乡带村"的发展思路，加快农业人口向中心城区和重点城镇、特色小城镇转移，着力开展"四创"工作，协同城市创建"国家级卫生城市""国家级文明城市""国家级园林城市"和"中国优秀旅游目的地城市"，为建设美好西部名城增添了浓墨重彩的一笔。

2. 完善服务设施，构建和谐社会

水利风景区具有良好的工程景观、人文景观、水文景观、地文景观、天象景观和生物景观，与生态环境交相辉映，集"工程观光、亲水休闲、生态体验、休闲度假、科普展示、教育学习"等功能设施与服务项目于一体，为周边城镇居民提供了广阔的休闲、健身、娱乐和交流的空间，使社会共享水利发展成果，将民生水利工程落到了实处，人民幸福指数得以提升，产生了良好的社会效益。

宁德市洋中镇水利风景区以镇区为依托，通过东扩西延南拓北展，优化用地布局与空间结构，对镇区道路和集镇内部进行了改造提升，投资建设了好西乡广场、国师公园、东山"梦里水乡"美食走廊等人文景观及北洋溪水上乐园等亲水旅游项目，同时不断推进洋中、东山、陈洋等溪边防洪堤建设，并逐步完善旅游休闲服务设施，提升集镇品位，打造集文化、休闲、观光、体验于一体的休闲型旅游强镇，为洋中镇构建和谐社会提供了良好的发展环境。

3. 彰显水文化，提升城镇文化内涵

一些水利风景区是城镇历史文化的重要载体，或是水文化建设的具体成果，是新型城镇化文化建设的重要组成部分。每个城市、村镇都有一条母亲河，沉淀了悠久的历史和深厚的文化。近年来，全国各城镇结合水利工程的兴建和改造，建设了一批批水利风景区，改善了水环境，保护了水资源，繁荣了水文化，提升了城镇文化内涵。

山东聊城徒骇河国家水利风景区结合聊城市总体规划、徒骇河各区段现状条件和徒骇河周边城市用地性质，在深入分析聊城文脉、地脉的基础上，利用徒骇河的线型河道，结合城市功能要求，将景区分建成3个段落——观光游赏区、城市休闲区以及生态防护区。通过分期建设，景区逐步形成了以生态文化为龙头，以水韵文化、休闲文化、民俗文化为核心，集水景观光、休闲度假、会议展览、科普教育和大众康体等多种功能于一体的综合性水利风景区，成为打造"江北水城"的主角，最终实现了改善人居环境、提升聊城文化品位的目标。广州白云湖水利风景区位于白云区石井街道内，古有石门贪泉，近有石井桥抗战，还有龙舟竞渡等历史文化。景区是广州市民生治水项目、传承水文化的宣传载体。白云湖以崇廉园为依托，弘扬廉洁治水精神，将各种廉洁文化元素融入廊、台、池、石、花、树、水等自然景观中，在湖光、莲花、树木的错落景致中，景区由崇廉园景观石、廉政警示木栈道、亲水平台、莲池、观景长廊、四君子园等文化配套设施组成，以木雕格言、绘画、诗歌、故事的形式展现廉政文化，通过水文化提高了附近城市区域的文化内涵。

4. 形成地域特色，改善投资环境

城市河湖型水利风景区是城镇的生态廊道、景观廊道，是城镇最美、最舒适的开放空间，常常成为城镇的亮丽名片。一批批水利风景区建设成就了城市地域特色，改善了投资环境，越来越受到地方政府的重视和老百姓的欢迎。

福建延平湖国家水利风景区先后投入1亿多元，新建江南亲水公园、两江亲水平台、沿湖游步道、LED夜景灯光等工程，扩建九峰山公园，拆除遮挡视野的沿湖建筑，使"三江六岸"风景完全呈现在广大市民和游客面前。景区建设为南平市赢得了"小重庆"和"湖滨之城"的美誉。景区建设同时也给周边土地带来了巨大的升值空间，引来融侨集团、阳光城集团等众多财团两百多亿元的直接投资。

5. 整合资源，提升城镇竞合力

目前我国许多水利风景区，特别是西部的水利风景区由于地处偏远、交通不便等诸多原因，自然生态通常保护得较为完好，其资源丰富，可开发利用空间大，城区及附近水利风景区开发可实现水利风景资源与特色街区、乡土民俗、林地、田园等各项资源的有效整合，实现优势互补，形成发展竞合力。

吉林省东辽县鹭鹭湖水利风景区贯彻资本下乡、农民进城、农业产业化、农村城镇化的指导原则，以连接湖泊的水系为生态走廊，突出以湖为中心，以河系为纽带，以水为媒介，把整个区域的历史人文与自然风光等旅游资源进行串联整合，打造风情小镇，推进养老养生产业，建设美好人居环境，极大地提升了城镇的竞合力，成为新型城镇化建设的典范。

（三）优化产业结构，拉动城镇经济发展

1. 优化产业结构，促进城镇产业升级

旅游业是低污染、低能耗、关联度高、拉动性强、绿色特征显著的综合产业。水利风景区在有效保护资源的前提下，积极开展风景游赏活动，带动第三产业和生态观光，促进地方经济发展。发展水利旅游，能使景区与周边新型城镇全面对接，使原有产业结构单一、价值不高、增收缓慢、城乡差距大等问题得到一定程度的解决；同时，使原来从事传统低效的第一产业的劳动力随着城市化的推进，转向从事现代高效的第二、第三产业。旅游各要素的延伸带动产业融合，促进人流、物流、资金流等新型城镇化发展要素的聚集和辐射，使新城镇产业结构逐步升级转换，创造财富的能力亦不断提高。而新型城镇化也始终把促进城乡一体化、推动产业结构调整升级、增加居民收入等经济发展目标放在首位，不断提高城乡居民生活质量。在产业升级发展方面，水利风景区建设与新型城镇化高度契合。

江苏省扬州市凤凰岛水利风景区依托扬州市丰富的旅游资源，以水文

化、地域文化为重点，尊重现实水况，通过景观设计和题材挖掘，建设了融水域风光、历史文化、民俗风情为一体的水利风景区，通过旅游业带动小城镇产业发展及转型，同时也通过小城镇建设促进了旅游业的升级和发展。

2. 增加就业机会，拓宽居民增收渠道

随着农村剩余劳动力的不断增加，新型城镇化建设背景下的居民无论是在本地就业，还是外出务工经商都可能会遇到从业难的问题，要么无业可就，要么不能持续、稳定地从业。旅游业是目前世界各产业部门中提供就业机会最多的部门，水利风景区开发及水利旅游发展与区内或周边新型城镇相融，有利于扩大新型城镇化背景下居民的就业门路，促进景区周边新型城镇建设地区富余劳动力就地就业，拥有服务业、农业兼服务业或农业兼加工业人员等多重身份，增加居民收入。此外，相对稳定的收入来源也能有效促进部分外出务工人员回流投身地方建设。

湖北省通山县富水湖水利风景区组织渔民成立旅游劳动专业服务合作社，并经过必要培训，与之签订协议，让其承包富水湖旅游劳动服务业务，为村民提供如游艇服务、水面救生、水上清洁、导游、餐饮服务、宾馆接待等岗位，在有效解决居民就业及生活来源问题的同时促进了部分农业人口的城镇化。

3. 建设美好人居环境，促进土地升值

水利风景区建设保护了城镇水环境，修复了城镇水生态，打造优美的景观环境，营造宜游宜居的滨水开放空间，能极大地提升城镇土地价值。

七里河是邢台的母亲河，曾一度遭受污染成为垃圾场。自2006年6月起，邢台市开始对七里河实施综合治理，截至2015年12月，七里河综合治理工程基本完工，河道全程蓄水，南北滨河观光道全部贯通，百泉大道全线完工，工程新增水面760万平方米，新增绿地面积1150万平方米，绿化覆盖率达到90%，绿地率达到95%；建成游园19个、健身绿道18公里、健身路径5公里，并建有水上运动中心和体育公园。生态重建使当地的环境品质大幅度提升，使对环境要求极为严苛的白鹭重新栖息七里河，这里也成为市民所向往的休闲游憩及安家的好去处，城市土地不断升值。继获得中国人居环境范例奖、全国群众健身基地之后，七里河风景区于2015年经水利部批准成为国家水利风景区，着力打造城市滨河生态走廊、休闲旅游观光带，成为邢台创新发展的试验区、优势产业的集聚区、生态建设的引领区、宜居宜业的新城区。

三 水利风景区推进新型城镇化发展的思考

2014年3月16日，新华社发布中共中央、国务院印发的《国家新型城镇化规划（2014~2020年）》（以下简称《规划》）。通知指出：《规划》是今后一个时期指导全国城镇化健康发展的宏观性、战略性、基础性规划。《规划》把生态文明、绿色低碳以及文化传承、彰显特色作为重要的指导思想，把生态文明理念全面融入城镇化进程，着力推进绿色发展、循环发展、低碳发展，节约集约利用土地、水、能源等资源，强化环境保护和生态修复，减少对自然的干扰和损害，推动形成绿色低碳的生产生活方式和城市建设运营模式。为防止千城一面，《规划》提倡形态多样性，根据不同地区的自然历史文化禀赋，体现区域差异性，发展有历史记忆、文化脉络、地域风貌、民族特点的美丽城镇，形成符合实际、各具特色的城镇化发展模式。水利风景区的发展高度契合了新型城镇化的这些主旨追求。

2015年是水利风景区蓬勃发展的一年，在新认定的61家国家水利风景区中，城市河湖型水利风景区数量首次超越水库型水利风景区。截至目前，全国已有719个国家水利风景区，2000多个省级水利风景区，与城镇有密切关系的水利风景区占了近1/3的数量。这些水利风景区建设以水为核心，保护水环境，修复水生态，建设水景观，弘扬水文化，发展水经济，在新型城镇化推进生态文明、绿色发展、循环发展以及低碳发展中所起的作用越来越大。随着新型城镇化的进一步推进以及水利风景区的快速发展，两者的统筹发展显得尤为迫切。

（一）政策统筹

加强水利风景区与新型城镇化融合发展的宏观政策引导和调控，对统筹规划水利风景区发展与新型城镇化建设、建立相应法律法规、指明发展方向、明确资金来源等具有重大意义。在新常态下，既要抓住机遇，引导水利风景区与新型城镇化协同发展以进一步做大做强，还要制定更加科学合理的政策，积极应对可能出现的挑战，让水利风景区与新型城镇化建设在"十三五"时期走得更稳更好。

1. 形成相关法律法规依据

在新时期、新政策等社会背景下，需由政府主导，根据《国家新型城镇化规划（2014~2020年）》和水利风景区相关法规、规范和条例，进一步建立健全相关法律法规、标准体系，以进一步统筹处理好水利风景区与新型城镇化的关系，有计划、有步骤、科学合理地保护和综合利用新型城镇水利风景资源。

2. 促进协调机构责任机制建设

除政府主导外，还需要加强水利风景区与新型城镇化相关部门之间政策制定和实施的沟通、协调、衔接和配合，促进相应协调机构责任机制建设，明确相应协调机构各自的法定职权范围、职责分工，推动水利风景区水环境保护、水生态修复、水利旅游、滨水空间开发利用、滨水景观建设营造等与新型城镇化中人口转移、土地调整、投融资、住房建设、生态环境建设、产业结构调整等的协调，将协调发展理念落到实处，使水利风景区发展与新型城镇化建设之间形成合力。

3. 建立运行顺畅的保障机制体系

水利风景区与新型城镇化建设的协调发展对相应的保障机制提出了新要求，两者的统筹运作要求相关部门必须有充足的人权、事权、财权等相应的保障条件。需进一步完善统筹决策机制、建立沟通协调机制、强化教育培训机制、健全监督制约机制等运行保障机制。即使在一个部门中，统筹也并非易事，而水利风景区与新型城镇化发展涉及多个部门，如不落实相应的协调保障机制，实质性的统筹运作将难以取得成效。

（二）规划统筹

贯彻执行"多规合一"是推进新型城镇化建设健康、可持续发展的重要

保障。新型城镇化的"多规合一"以国民经济和社会发展规划为依据,强化城乡建设、土地利用、环境保护、文物保护、林地保护、综合交通、水资源、文化旅游、社会事业等各类规划的衔接,确保"多规"确定的保护性空间、开发边界、城市规模等重要空间参数一致,并在统一的空间信息平台上建立控制体系,以实现优化空间布局、有效配置土地资源、提高政府空间管控水平和治理能力的目标。水利风景区规划应作为新型城镇化"多规合一"中"环境保护、水资源、文化旅游、社会事业"规划的重要组成部分进行统筹。

水利风景区致力于保护和修复水生态,是新型城镇化生态环境建设的核心和基础。在发展中需要做到如下几方面的统筹:一是统筹新型城镇化建设中防洪排涝与水生态保护及修复规划,建成安全生态的河道。保障河水清洁,保留深潭、浅滩、河心洲、两岸自然植被等,保护水陆生态过渡带,在安全的基础上保留河流的自然属性,使河道充满生机与活力。二是统筹新型城镇化生态文明建设与水利风景区水文化传承和建设规划。水利风景区是水文化的重要载体,而水文化是新型城镇化生态文明建设的重要组成部分,是新型城镇化形成地域特色的重要依托。三是统筹新型城镇化产业结构发展与水利风景区生态旅游规划。充分利用城镇水、电、道路、建筑等基础设施,发展水生态旅游,促进城镇吃、住、行、游、购、娱各行业的发展,统筹做好景区总体规划框架下的各相关专项规划,以优化新型城镇的产业结构,带动城镇经济发展。

(三)资金统筹

水利风景区建设与新型城镇化建设具有项目类型复杂、投资期长、资金投入多的特点,在基础设施、服务设施、环境改造、水利工程、环境绿化等诸多项目建设方面存在交集,在区位和资源方面相互关联。把水利风景区与新型城镇化建设相统筹,合理规划和分配资金投入,能够达到集约利用资源、节约成本、提高效率的目标。具体体现在以下几个方面。

1.水土保持建设与景观绿化提升改造的资金统筹

着眼于景观建设来制定水土保持规划,将景观的营建与区域内水环境维护紧密结合在一起，如以防治水土流失为前提，对湿生植物的种植加以合理规划，建立完善的沿岸湿地生态系统；再如在河道沿岸变坡地为景观性强的梯田，并辅以沉砂池、蓄水窖等相关工程措施，在防止河道水土流失的同时，达到加强沿河整体景观效果的目的等，最终实现水土保持资金投入同时获得景观绿化改造提升的双赢效果。

2. 路网交通等基础设施建设的资金统筹

水利风景区是公益事业，但目前国家对其缺乏专项资金的扶持与投入。水利风景区的水电、给排水、道路交通等基础设施建设可以在很大程度上与新型城镇化建设资金相统筹，如滨水游步道建设可充分与防洪通道建设相结合，只需在面层材料应用上按相应要求设计即可；又如防火瞭望塔的建设可与观景亭的建设相统筹等。

3. 服务建筑设施的资金统筹

水利风景区的服务建筑设施主要有管理设施、住宿接待设施、餐饮设施、厕所、茶室、游船码头、小卖亭、廊、榭等。水利风景区服务建筑设施的建设应充分借助新型城镇化进程中乡土旧建筑的改造，对其加以现代化利用，如此不仅能科学统筹资金，还能使景区建筑具有乡土特色，与周边环境相协调。

4. 水利工程与景观生态建设的资金统筹

新型城镇化中水利工程的建设应充分考虑水利工程的景观化、生态化，同时考虑滨水休闲游憩设施的设置，并将相关费用纳入水利工程经费预算之中。如水闸等水利工程设施的建设应注重体现地域文化，建成富有观赏性、文化内涵的景观建筑工程；防洪护岸采用透气的宾格石笼护岸，结合各类型柔性生态水土保护毯等生态材料，充分兼顾水生植物和水生动物栖息环境的营造等生态景观营造诉求。

B.9 国家公园体制建设战略契机下的水利风景区发展

李鹏 起星艳 王强 汪升华*

摘 要： 保护地作为一种保护理念和管理措施，成为全球资源保护和生物多样性保护的共同范式和标准语言，旨在实现保护和利用的协调统一，国家公园是保护地体系的典型代表。水利风景区是部门层面的保护类型，具有充分的保护地属性，但保护地属性并未得到社会公众的认知、认可和认同，呈现"有实无名"的尴尬局面。本文在对保护地范式和保护地发展进行总结的基础上，用保护地范式审视水利风景区体系，从类型归属、保护对象、主要功能三个方面表明水利风景区具有保护地属性。目前，正值生态文明建设的重要时期和国家公园体制建设的关键节点，水利事业的使命、特征都在发生重要变化，主动参与国家公园体制建设是水利事业适应变化的重要举措，也是水利事业发展的战略契机。水利风景区参与国家公园体制建设的主要途径有：纳入IUCN保护体系、科学运用保护地范式和积极争取国家公园试点等。本专题研究可为水利风景区发展顶层设计提供新视角和新方向。

关键词： 国家公园 保护地 范式 水利风景区

---

* 起星艳，云南大学工商管理与旅游管理学院硕士；王强，云南大学工商管理与旅游管理学院硕士。

引　言

保护地（Protected Areas）是一种资源保护的理念，因为较好地处理了保护和利用的矛盾而成为全球各类资源保护的公认范式，国家公园是最为典型的代表。[①] 保护地的价值，在于为全世界保护地的发展制定出了一个具有代表性的经营管理统一标准；并在保持生物多样性、保护生态系统完整性、保护文化资源及价值上发挥了不可替代的作用。[②]

我国保护地类型多样，水利风景区作为保护地体系的组成部分，经过 20 多年的发展取得了长足进步，截至 2015 年底，我国已有国家水利风景区 719 家，数量上仅次于国家森林公园（791 家），成为生态文明建设和保护地发展的重要领域。但是，水利风景区的保护地属性并未得到广泛的认知和认可。学术研究中，解焱等（2004）、[③] 钟林生等（2011）、[④] 夏友照等（2011）、[⑤] 徐本鑫等（2010）、[⑥] 李鹏等（2012）[⑦] 都有所涉及，但均未做系统阐述。目前，正值生态文明制度建设和国家公园建设逐步深入之时，有必要对这一问题开展深入研究，凸显水利风景区的保护地属性，使之得到公众认知、部门认可和政府重视，从而促进水利风景区可持续发展。

[①] 李鹏：《国家公园中央治理模式的"国""民"性》，《旅游学刊》2015 年第 5 期。

[②] Chape, S., M. D. Spalding, and M. D. Jenkin（eds.）. 2008. *The World's Protected Areas: Status, Values, and Prospects in the Twenty-First Century*. University of California press, Berkeley, CA.

[③] 解焱、汪松：《中国的保护地》，清华大学出版社，2004。

[④] 钟林生、王倩：《我国保护地生态旅游发展现状调查分析》，《生态学报》2011 年第 31（24）期。

[⑤] 夏友照、解焱：《护地管理类别和功能分区结合体系》，《应用与环境生物学报》2011 年第 17（6）期。

[⑥] 黄锡生、徐本鑫：《中国自然保护地法律保护的立法模式分析》，《中国园林》2010 年第 11 期。

[⑦] 李鹏、李洪波、代燕：《中国水利风景区发展的思考》，《水利经济》2012 年第 30（1）期。

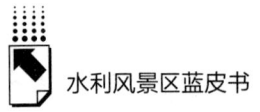
水利风景区蓝皮书

一 国家公园是一种保护地类型

1872年美国黄石国家公园的成立，是现代自然保护地设立的开端。随后，保护地的理念逐步从美国向全世界传播扩散，保护地实践也在各国取得巨大成就。

（一）保护地

1978年，世界自然保护联盟（IUCN）将保护地定义为：保护地是指通过立法和其他有效途径得到管理的陆地和（或者）海洋地域，特别致力于保护和维护生物多样性、自然资源以及相关联的文化资源。2008年，IUCN再次提出：保护地是一块清晰界定的，被国家或相关组织（团体或个人）所承认的，并受法律或其他规范性文件约束的，通过实施积极的管理能够实现自然以及相关生态服务和文化价值的长期有效保存的地理空间。① 充分表明世界保护地体系在40年以来发生的动态变化——除了强调保护自然资源和价值，保护地也逐步将覆盖范围延伸到历史文化资源和价值的保护上，一些文化和历史遗迹被纳入国际保护地体系中。其中，中国的风景名胜区和历史遗址等也受到了IUCN的认可。

经过一百多年的发展，保护地理论和实践成为全球共同的保护范式，保护地的主要特征体现在以下四个方面。

有明确的目标定位。保护是保护地最基本、最重要的功能，旨在对具有重要意义的生态环境、自然和人文资源、生物多样性以及人文景观价值进行动态和持续保护，以促进自然生态系统和人文景观的持续发展。实现对自然生态系统的适度利用是保护地的另一个目标。利用目标的实现，必须以充分保护为前提，需要科学选择利用方式。

---

① Dudley N. Guidelines for Applying Protected Area Management Categories. Gland. Switzerland: IUCN, 2008, 8.

有清晰的功能定位。国家公园是保护地中功能最为清晰的类型，一般有保护、科研、环境教育、游憩等四种功能。对于一些人口稠密或者发展中国家而言，国家公园还承载着社区发展的功能。

有特定的保护对象。IUCN 在《保护地管理类别指南》（1994）中，列举了保护地应予实现的九种目标，分别是科学研究、荒地保护、物种和遗传多样性的保护、环境设施的维护、独特的自然和人文景观的保护、旅游和重建、教育、自然生态系统中资源的可持续利用以及文化和传统习俗的保护。

有保护的层级差异。1992 年，IUCN 提出保护地的 6 种类型，形成了覆盖陆地和海洋生态系统、保护力度递减、利用程度递增的保护系统（见表1）。其中，第Ⅴ类为陆地/海洋景观保护地；第Ⅵ类（资源保护地）是一种管理型保护地。[1]

表 1　IUCN 保护地分类体系

类别	保护地	名称
Ⅰ类	Ⅰa	严格自然保护区（Strict Nature Reserve）
	Ⅰb	原野保护地（Wilderness Area）
Ⅱ类		国家公园（National Park）
Ⅲ类		自然纪念物（Natural Monument）
Ⅳ类		栖息地/物种管理地（Habitat Species Management Area）
Ⅴ类		陆地/海洋景观保护地（Protected Landscape Seascape）
Ⅵ类		资源保护地（Managed Resource Protected Area）

（二）世界保护地发展

自 1962 年第一届世界公园大会之后，世界各国都积极融入 IUCN 的管理分类体系，全球保护地快速发展。截至 2014 年，全球共有保护地数量

---

[1] Richard B. Primack：《保护生物学》，马克平译，科学出版社，2014。

20多万个，保护面积超过3200万平方公里（见表2），覆盖3.41%的海洋区域和15.4%的陆地区域（南极不纳入统计范围），比整个非洲的面积还要大。其中，2003年保护地数量大约增长了105%，面积大约增长了74.8%。

表2 全球保护地增长基本情况

年份	数量（处）	总面积（万平方公里）
1962	9214	240
1972	16394	410
1982	27794	880
1992	48388	1230
2003	102102	1880
2014	209429	3287.87

最新数据来源：联合国环境规划署—世界保护区监测中心UNEP-WCMC2014~2015。

在世界保护地总体数量和面积快速发展的情况下，六类保护地在空间分布上差异较大。通过对全球11个区域①保护地的分布情况进行对比得出，欧洲、北美洲、大洋洲分别是保护地分布数量最多的区域，其中，北美洲是Ⅱ类（国家公园）分布最多的地区，大洋洲次之；尽管欧洲有大量的保护地没有被纳入IUCN管理分类体系中，但它仍然是除了Ⅱ类之外其他管理类别分布都最多的区域，也是全球保护地数量分布最多的地方；Ⅲ类（自然纪念物）分布最多的区域依次是欧洲和大洋洲，南美和中美分布最少；Ⅳ类（栖息地/物种管理地）和Ⅴ类（陆地/海洋景观保护地）分布最多的区域依次是欧洲和大洋洲；Ⅵ类（资源保护地）分布最多的依次是欧洲、大洋洲、北美洲。这充分说明全球生态保

---

① 根据《生物多样性公约》中区域分类法将全球分为9大区域，分别是非洲、亚洲、加勒比海区、中美洲、欧洲、中东、北美洲、大洋洲、南美洲，同时为了确保数据的准确性，又增加了非国土管辖区（Areas beyond National Jurisdiction，简称ABNJ）和Southern Oceans两大区域，总共11个区域。

护运动处于一个高峰期，各国对保护地的内涵和外延的研究越来越深入。①

（三）美国保护地发展

美国的保护地体系是世界保护地的起源，1872年美国国会立法建立的"黄石国家公园"被世界各国认为是现代保护地的开端。在之后的发展与管理中，美国保护地体系更是成为世界保护地中的典型代表，已经涵盖国家公园体系、国家自然风景河流体系、国家森林体系、国家荒野体系、国家纪念地体系等12个联邦层面的子系统，各个子系统下面同时又存在众多子类别和子单元（如表3所示）。截至2015年，美国保护地总共达到了25800个，覆盖国土面积1294476平方公里。②

表3　美国国家公园管理分类体系

单位：处

管理机构	体系	类别	亚类	数量（总数）	小计
国家公园管理局（NPS,National Park Service）	国家公园体系（NPS,National Park System）	战场及军事公园（Battlefield/Military Park）	国家战场（National Battlefields）	11(11)	25
			国家战争公园（National Battlefield Parks）	4(4)	
			国家军事公园（National Military Parks）	9(9)	
			国家战争地（National Battlefield Site）	1(1)	
		历史公园（Historic Park）	国家历史公园（National Historical Parks）	49(49)	128
			国家历史遗迹（National Historic Sites）	78(90)	
			国际历史地（International Historic Sites）	1(1)	

---

① 李鹏、李洪波、代燕：《中国水利风景区发展的思考》，《水利经济》2012年第30（1）期。
② https://en.wikipedia.org/wiki/Protected_areas_of_the_United_States.

续表

管理机构	体系	类别	亚类	数量(总数)	小计
国家公园管理局(NPS, National Park Service)	国家公园体系(NPS, National Park System)	纪念地、保护、保留地(Memorial/Preserve/Reservesites/Memorial site)	国家纪念碑(National Memorials)	30(30)	192
			国家保护地(National Preserves)	19(19)	
			国家保留地(National Reserves)	2(2)	
			国家公园(National Parks)	59(59)	
			国家纪念地(National Monuments)	77(110)	
		河流、湖岸、海岸(River/Lakeshore/Seashore)	国家河流(National Rivers)	5(5)	24
			国家自然及风景河流(National Wild and Scenic Rivers)	10(208)	
			国家湖岸(National Lakeshores)	4(4)	
			国家海岸(National Seashores)	10(10)	
		路径(Trail)	国家公园路(National Parkways)	4(4)	7
			国家风景小径(National Scenic Trails)	3(48)	
		国家娱乐区(National Recreation Areas)	国家娱乐区(National Recreation Areas)	18(43)	18
		其他(Other Designations)	其他(Other Designations)	11(11)	11
		总计(Total Units)		405	

资料来源：对美国国家公园管理局官方网站 www.nps.gov 相关数据进行整理而得，数据截至 2014 年。

美国保护地体系是一个名目众多的系统工程，为了将类型多样的保护地进行有效的管理，美国联邦政府在保护地管理模式上采取了"三分法"，即分层级、分类别、分主体，形成了一个"多而不乱"的保护地体系①（如图1）。"分层级"体现在把美国保护地体系在纵向层面上分成了三个层级，分别是联邦层、州层和地方/私人层，通过三个层级的划分，形成以"联邦层为主，州和地方/私人层为辅"的保护地层级管理系统。"分类别"指的是根据保护地保护对象的差异划分保护地类别系统，进而对其进行有针对性的管理，保护地类别系统主要包含国家公园系统、国家森林系统、国家景观保护系统、国家野生动植物庇护区系统、国家景观保护系统等12个不同类别。"分主体"则是针对国内联邦层面的保护地，依据管理主体不同划分成以国家公园管理局、国家森林署、土地管理局、鱼类和野生生物管理局等管理主体为主的6大联邦管理机构。

（四）国家公园是保护地的典型代表

美国国家公园作为现代保护地的起源，也是中央集权管理模式的典型代表，具有以下几个特点。

国家公园的基本目的。为全体公民提供对公园资源和价值进行"利用"的机会，"利用"这个法律概念是非常广泛的，它是指全体公民的利用，不只是到公园参观的人，还包括直接体验公园和以间接方式欣赏它们的人。一是保护，只有高质量的公园资源和价值得以完整地保护下来，才可以为子孙提供利用公园的机会。当公园资源和价值的保护与它们的利用发生冲突时，保护是优先的。二是教育，国家公园在公众教育中具有潜在作用，能促进和发展教育系统和公众教育，并在公众中加强历史教育和环境教育。三是游憩，国家公园都是国内极具游憩价值的自然和文化资源富集地，具有天然的游憩功能。人民可以利用国家公园的游憩功能，放松身心、振奋精神、提升生活品质，精神饱满地回到充满压力的生活和工作中去，最终实现人力资源

---

① 梁诗捷：《美国保护地体系》，同济大学硕士学位论文，2008。

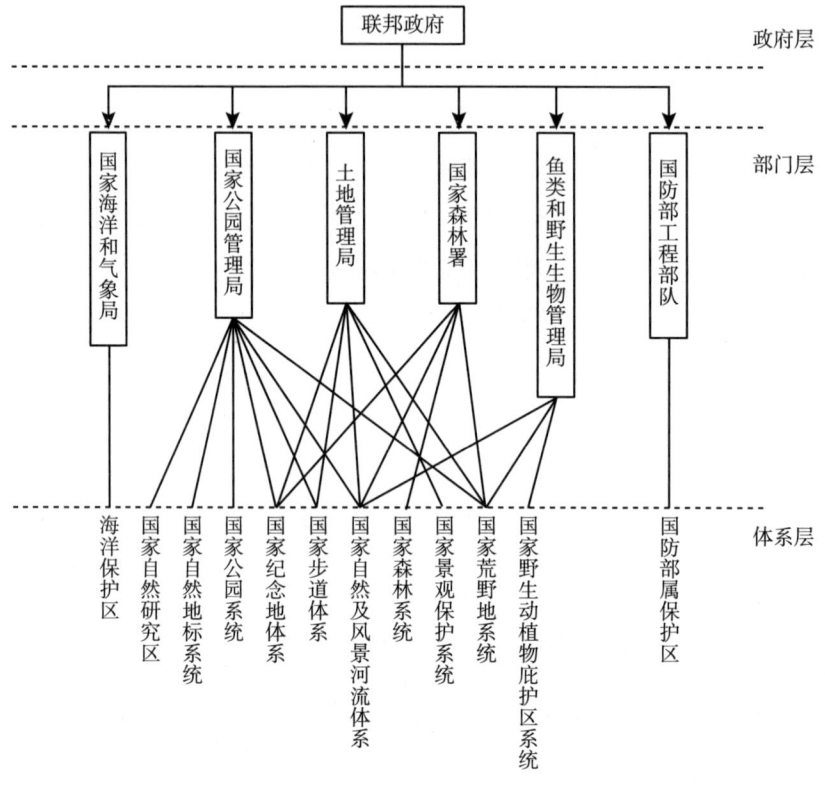

图1 美国保护地体系管理

再生产的目的。四是研究,对自然资源的有效保护和合理的开发利用,都需要通过科学研究来解决。国家公园系统是各种生态研究的天然实验室,便于进行连续、系统的长期观测以及珍稀物种的繁殖、驯化的研究等。

"国""民"性定位。"国家性"就是将国家公园的事权上升到国家层面,成为中央政府的事权,实施中央集权、垂直管理,进而实现"以国家之名、依国家之力、行国家之事"。以国家之名,才能树立国家权威、实现国家所有、体现国家价值。凭国家之力,才能保护自然资源,国家之力包括国家法律、国家财力和其他国家力量。行国家之事,国家承担保护责任并通过保障公民游憩权利来实现社会福利,通过统一管理和特许经营等方法保护和利用公园。"公民性"是国家公园的宗旨,国家公园建设要以服务全体公民为使命,要实现"公民共有、公民共建、公民共享"。公民共有体现在国家公园是全体公民的"公"园,而不是少数人的"私"园。公民共建贯穿国家公园设立、建设和运营三个阶段,国家公园逐步成为凝聚国家精神的平台和宣扬价值观的窗口。公民共享表现在公益性和公平性两个方面:国家公园具有公益性,不以营利为目的,不同于经营性公园。公平性包括代际公平、代内公平两个层次。代际公平是保护和利用之间的平衡性,代内公平是国民、非国民均可以拥有进入国家公园的同等权利。

经过100多年的发展,美国国家公园管理局管理的保护地数量已经有405个,包括国家公园、历史公园等多个亚类。

二　水利风景区已经成为一种事实上的保护地类型

水利风景区不但在法律上已经成为中国保护地体系的重要组成部分,在科学层面,水利风景区也能够满足IUCN对保护地的技术要求,成为一种事实保护地。

(一)水利风景区是一种资源保护地

中国的保护地建设近年来取得了长足进步,各种类型保护地已经超过3000个。由于自然资源的部门化管理和条块分割,我国保护地体系由多种保护地类型组成,已形成自然保护区、森林公园、风景名胜区、湿地公园、水利风景区等多种类型,不同类型的保护地在主管部门、保护对象、分级情况、法律依据等方面均有所不同(见表4)。

类型化部门立法与相关规定相结合,是当前中国保护地体系的基本立法模式。类型化部门立法是指以保护地的类型划分为基础,由有关主管部门制定单行法规,形成一种单行法集合的法群形态。其中,自然保护区、风景名胜区有行政法规为依据,湿地公园有国务院规章作为依据,水利风景区与森林公园等是以部门规章作为建设依据的。

表 4　我国主要的保护地类型

保护地类型	主管部门	保护对象	分级情况	立项依据	法律属性	国家级数量
自然保护区	环保	珍稀野生生物、自然遗迹等	国家级 地方级	《中华人民共和国自然保护区条例》	行政法规	452
风景名胜区	住房与建设	森林、人文景物等	国家级 地方级	《风景名胜区条例》		225
湿地公园（含试点）	林业	湿地景观	国家级 地方级	《国务院办公厅关于加强湿地保护管理的通知》	国务院文件（国办发〔2004〕50号）	570
地质公园	国土资源	地质遗迹和地质过程	国家级 地方级	《国家地质公园规划编制技术要求》	部门规章	262
森林公园	林业	人工森林、原始森林	国家级 地方级	《国家级森林公园管理办法》		791
水利风景区	水利	水库、城市河湖、灌区等	国家级 地方级	《水利风景区管理办法》		719
海洋特别保护区	海洋	海洋生态	国家级	《海洋特别保护区管理办法》		27
沙漠公园	林业	荒漠生态	国家级	《国家沙漠公园试点建设管理办法》		33

注：表格数据截至2015年。

根据IUCN的六种分类方式（表1），一部分水利风景区可以归属到Ⅴ、Ⅵ类型。有一部分水利风景区可以划归为Ⅵ类，其保护对象是水资源和维护水资源的环境设施，没有水利工程和人为干扰，如自然河湖型水利风景区。通过风景区管理可以确保长期的生物多样性保护和维持，同时满足周边社区生产、生活的需要，可为社会提供可持续的天然产品和生态服务。实际上，水利风景区是在水利工程建设基础之上的再保护和再利用。如水库型水利风景区，由于水库建设时间已经很长，已经形成较为稳定的山—水—林—湖完整生态系统，而且水利风景区本身对自然生态系统并没有较大改变。也有一部分水利风景区就是典型的陆地景观，如珠江源风景区、壶口瀑布风景区，可以划归为Ⅴ类保护地，这些风景区具有独特的审美、生态和文化价值。

（二）水利风景区具有明确的保护对象

水利风景区具有明确的保护对象。《水利风景区管理办法（2004）》中明确规定：水利风景区的设立，应当有利于加强水资源和生态环境保护，有利于保障水工程安全运行，有利于促进人与自然和谐相处，[①] 确定了以水体、水工程、水利文化遗产为主体的水利风景区保护对象。其中，水体保护侧重于促进水生态系统的持续发展；水利文化遗产保护侧重于人文价值的挖掘；而水工程的保护，则是对人、水互动关系进行调适。由此可知，水利风景区的保护作用，在于促进人水关系的和谐（图2）。[②]

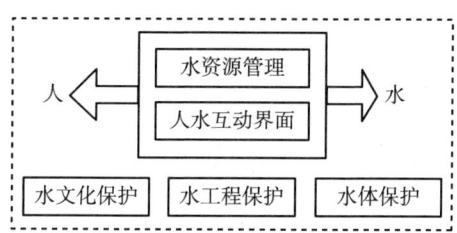

图2　水利风景区保护对象示意图

第一，水体保护。水利风景区的水体保护包括水资源保护、水环境保护、水生态和水陆生态交错带保护四个方面。其中，水资源主要强调水的物理特征，即水量；水环境重点强调水的化学特征，即水质；水生态是指环境中水因子对生物的影响和生物对各种水分条件的适应；水陆生态交错带通常是指那些景观和性质受水体和陆地两方面影响的地带。四要素紧密相连，相互作用，共同构成完整、有机的生态系统。其中，水资源缺乏会直接导致水环境的恶化，继而影响水生态的功能；而健康的水陆生态交错带，能使陆地加强"水土保持"能力，是保护水资源、水生态、水环境的基础。

第二，水工程保护。水利工程是人水相互作用的产物，记录并表征着人

---

① 中华人民共和国水利部：《水利风景区管理办法》，《水利建设与管理》2004年第5期。
② 李鹏、董青：《水利旅游》，高等教育出版社，2014年3月。

水关系的发展历程。将水工程作为核心保护对象，是水利风景区不同于湿地公园等其他保护地类型之处。水利工程是很多水利风景区形成的基础，水利风景区必须充分保护水利工程的安全、稳定运行，尤其是大坝、堤岸、水土保持设施等系统。当前，大坝安全理念已经从传统的工程安全理念发展到现代工程风险的理念，大坝安全不仅要保证工程安全，更重要的是要保障下游的公共安全。在美国，大坝系统和饮用水及水处理系统被纳入17类重点保护的重要基础设施和关键资源体系。"9·11"事件之后，美国政府提出了针对国家基础设施（Critical Infrastructure，CI）和关键资源（Key Resources，KR）的保护，其基本依据在于"突发事件如果造成对国家重要基础设施和关键资源的破坏将会严重影响政府部门和经济界的正常运作，并产生一连串远远超出事件所针对部门和所发生区域的影响甚至导致人民生命财产的巨大损失、经济衰退以及公民士气和国家信心丧失的灾难性损失"。

第三，水文化遗产保护。我国治水历史悠久，治水经验丰富，形成了具有特色的水利文化，水文化遗产是水文化的精华，主要包括水利精神、水利科技、水利典籍、水利制度、水利风俗等。每一处水文化遗产都是其所处时代人们的劳动成果和智慧结晶，都具有反映该时代发展特征和生产力水平的社会价值和功能，如四川都江堰。另外，在安徽宏村、云南丽江等古镇村落，古代人们建造的完善的水系工程不仅带来了农业灌溉、生活用水等方面的便利，其创造的独特的水文化和良好的人居生态环境也是其成为世界遗产的重要原因。

（三）水利风景区具有充分的保护功能

从功能定位来看。发展过程中，水利部门一直将维护水工程、保护水资源、改善水环境、修复水生态、弘扬水文化、发展水经济作为水利风景区的六大主体功能和主旨追求。[①] 实际上，这六大功能中前五大功能都是保护功

[①] 兰思仁：《水利风景区蓝皮书：中国水利风景区发展报告（2015）》，社会科学文献出版社，2015。

能，只不过保护对象略有差异。还有一些水利风景区本身就是水源地，其功能主要是生活饮用水源供给，保护功能更为突出。

从考核标准来看。根据《水利风景区评价标准（SL300-2013）》，水利风景区的发展必须能有效加强水生态环境保护，促进人与自然关系的发展。在由风景资源、环境保护、开发利用条件及管理4个板块构成的水利风景区评价体系中，环境保护和开发利用条件都占有重要比例，并特别强调水利风景区对水环境质量、水土保持质量和生态环境质量的保护，充分体现了水利风景区的保护功能。

从资源消耗来看。在生产力低下和经济不发达的情况下，水利的发展大都基于水资源的直接消耗。而水利风景区则充分依托水资源的舒适性特性，即水资源和水利工程共同构建所提供的美好景观和舒适性环境等，通过开展游憩等活动使水利工程的利用从单纯的实物性自然资源的直接消耗转向舒适性自然资源的间接利用，以自然资源的弱消耗，获得经济和生态效益的平衡发展。

三 水利风景区在国家公园体制建设中应有的作为

水利风景区要健康发展，必须使其保护地属性得到广泛认同，才能走出水利部门范畴，获取社会公众的认可和其他部门的支持。国家层面的国家公园体制建设，为水利风景区发展提供了战略契机和发展方向。

（一）国家公园得到正式认可

在地方层面，云南省是较早进行国家公园探索的省份。1996年，由中科院昆明分院等研究机构和大自然保护协会（TNC）合作开展了玉龙雪山国家公园研究项目。2006年，云南省政府正式做出了建设国家公园的战略部署，探索建立国家公园新型生态保护模式。2006年8月1日，香格里拉普达措国家公园开始试运行，2007年6月，普达措国家公园正式挂牌成立。2008年6月，国家林业局批准云南省为国家公园建设试

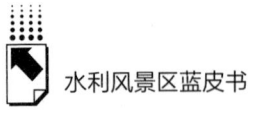

点省。

2015年中国国家公园试点的各项工作逐步推行，当年被一些学者称中国国家公园"元年"。①② 2013年，十八届三中全会《中共中央关于全面深化改革若干重大问题的决定》中提出"建立国家公园体制"，国家公园得到了国家的正式认同，并于其后相继在党中央和国务院的许多文件中得到了进一步的深化和细化：如2015年4月的《中共中央国务院关于加快推进生态文明建设的意见》，2015年9月，中共中央、国务院发布的《生态文明体制改革总体方案》，2015年10月的《中共中央关于制定国民经济和社会发展第十三个五年规划的建议》。从2015年开始，国家全面开展了国家公园体制试点工作，发改委、财政部、环保部、水利部、林业局等十三个部委在2015年1月下发了《建立国家公园体制试点方案》，将北京八达岭、青海三江源、福建武夷山、黑龙江伊春、湖北神农架、浙江开化、云南普达措、湖南南山、吉林长白山等九个不同类型的保护地纳入国家公园试点；2015年3月，国家发展改革委办公厅发布了《国家公园2015工作要点与实施方案大纲》。

（二）主动参与国家公园体制建设

随着中国逐步进入后工业化时期，水利事业的使命和特征都将面临十分重要的变化：水利工程的功能发生变化，由主要的生产、生活功能，转向生产、生活、生态功能并举，甚至个别地区出现只有生态功能的水利工程；水利工程数量发生变化，全国各地的水利工程数量，特别是大坝类型的工程数量逐步下降，福建、青海等省甚至开始限制水坝的建设，局部地区出现了反工程的势头；水利工程建设方式发生变化，原来水利工程的生硬工程开始转向生态工程，甚至局部地区开始有了去工程的自然状态。在这种情况下，水利部门肩负的生态文明建设的责任更为重大，参与国家公园体制建设是其重

---

① 苏扬：《十说国家公园体制元年》，《中国发展观察》2016年第1期。
② 李鹏、起星艳、王强：《以保护地范式促进水利风景区发展》，《水利发展研究》2016年第15（11）期。

要选择。

国家公园体制试点的目的主要有两个方面：一是实现中国保护地体系"保护为主"和"公益性优先"的目标。通过体制改革，要将一部分已经退化成单纯旅游景区的保护地，回归国家保护地具有国家性、公民性的正确道路上来。二是改变国家现有保护地体系条块分割的困窘。要以国家公园体制改革为抓手，改变现有保护地数量过多、保护地类型不完善等弊端，用国家公园地体系的龙头建设推动整个保护地体系的改革，从而使国土空间分功能使用和生态文明制度建设能优先落地。在这一保护地体系重组的过程中，水利部门要根据世界保护地建设的发展趋势重新设计和定位水利风景区的发展方向，积极主动作为，使水利风景区作为基础的保护地体系成为国家保护地体系的重要组成部分。

（三）争取纳入 IUCN 保护体系

作为世界遗产委员会自然遗产方面的官方技术咨询机构，IUCN 参与自然遗产、混合型遗产地的评估工作，并监测国家对现有遗产地的保护工作。IUCN 在全球保护地理论和实践领域拥有很高的话语权，已经形成了较为完整的保护地体系。水利风景区只有得到 IUCN 的认可，并成为该体系中的一员，才能真正实现与国际接轨，也可以增加一部分水利风景区进入中国国家公园系列的可能性。

要将水利风景区纳入 IUCN 保护体系，就必须深入研究水利风景区自身和全球保护地体系。按照有所为、有所不为的思路，结合当前国内保护地体系中的空缺领域，挑选一些其他保护地类型不能涵盖，但公众容易理解的范围和对象（如河流），作为水利风景区的核心保护对象，可使水利风景区体系有效填补国内保护地体系的空缺。

同时，应开展国际合作，学习发达国家保护地理论和河流保护实践的先进经验，减少弯路和发展代价，待条件成熟，再将水利风景区中的部分类型纳入 IUCN 保护体系，接受全球的指导和检验，在河流等保护领域形成国际公认的保护地类型。

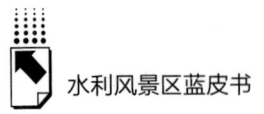

（四）科学运用保护地范式

目前，大部分水利风景区经、管不分，管理主体多元复杂，① 出现了"运动员和裁判员不分"的混乱局面，直接导致水利风景区保护地属性消隐，经营市场化现象严重。保护地发展必须坚持管理、经营目标统一，但必须经、管分离，特许经营是保护地利用中比较成功的模式，在国外国家公园实践中取得了比较好的成绩，国内的风景名胜区也在逐步推广。在一些条件较好的水利风景区，可以逐步实施特许经营，实现保护和经营分离，凸显保护地属性，使一部分水利风景区满足国家公园的遴选条件。

只有充分结合保护地范式，运用保护地语言，采用保护地的管理手段，才能进一步进行顶层设计，将水利风景区建设成为完善我国保护地体系的重要领域。水利风景区理念的传播必须突破部门话语体系的束缚，充分运用保护地体系的规范话语，迅速修改现有的水利风景区相关行业标准，向社会公众揭示水利风景区的保护地属性，为水利风景区的保护地属性正名，使之名副其实。

突出保护目标。每一种保护地类型，都是充分保护和适当利用两个目标的统一。在水利风景区定义中应突出保护目标，强调水利风景区保护人水关系，保护对象包括水体、水工程、水文化；同时，强调水利风景区对水利风景资源的开发利用需以保护为前提，充分突出保护目标，以消除目前普遍存在的"水利风景区是一种部门利益驱动下的经济开发模式"的争议。

规范基本功能。整合现有水利风景区所提倡的"六水"功能，利用保护地的规范话语，形成保护、科研、教育、游憩的功能体系，剔除水利风景区功能定位中的部门利益诉求和部门的专业话语，采用科学的、社会的和保护的话语体系，而不是工程的、部门的和利用的话语体系。

---

① 余凤龙、黄震方：《水利风景区的价值内涵、发展历程与运行现状的思考》，《经济地理》2012 年第 32（12）期。

（五）积极争取国家公园试点

目前确定的国家公园试点中，有自然保护区、风景名胜区等保护地类型，但缺少水利风景区基础上的国家公园试点。在下一轮的试点之中，水利风景区应该努力谋求一席之地。首先，水利部门作为《建立国家公园体制试点方案》十三个部委之一，理应努力做出本部门对于国家生态文明建设，特别是国家公园体制建设的贡献；其次，大部分水利风景区是公益性的保护地，也满足了国家公园建立的基本要求；最后，经过将近20年的发展，全国的水利风景区已经产生了一批很好的典型，具有支撑国家公园试点工作的潜质和基础。

如果水利风景区保护地类型能够进入国家层面的国家公园试点，对于全国700多个国家水利风景区建设而言，意义十分重大。一方面，通过个别试点，水利部门可以为中国国家公园体制建设做出自身的贡献；另一方面，通过个别试点，可以形成良好的示范作用，也可以为大量难以进入国家公园系列的水利风景区建设积累保护地建设和管理方面的经验。

B.10
水利风景区多元化投融资机制研究

孙业红　孙艺惠　李灵军　黄明谊*

摘　要：　水利风景区的发展需要巨大的资金投入，而目前较为单一化的投资和融资模式对水利风景区的可持续发展产生了阻碍。借鉴相关景区（公园）的投融资模式，未来水利风景区应采用"政府主导+多元投入+创新思维"的模式进行投融资模式选择，同时，根据公益型、非公益型和综合型三种不同类型水利风景区的特点，选择不同的投资方向，逐步建立一个由政府主导、水利部门监管、多渠道筹措资金的水利风景区建设投融资机制。

关键词：　水利风景区　投融资　多元化　机制

水是万物之源，水是生命之源、生态之基、生产之要。水域和水利工程除了具有提供人们生活与生产水源的重要功能之外，也能为人们提供各种游憩与休闲的场所。随着人们对城市生活的厌倦和旅游需求的不断多样化，人们对亲水旅游的渴求不断上升，而水利风景区就是能够满足人们此类需求的重要景区。

然而，目前我国的水利风景区建设中也存在诸多问题。对于所在地政府而言，巨大的投资是限制水利风景区发展的重要瓶颈。景区建设总体上需要高投入，同时景区管理也需要较大的投入。因此，水利风景区的投融资非常

---

* 黄明谊，水利部综合事业局工程师。

重要,究竟采用何种融资模式以及如何有效地吸引投资已经成为各地亟须解决的重要问题。此外,由于水利风景区不同于一般的旅游景区,具有保护地的属性,保护水资源和维护水生态健康是水利风景区的首要任务,因此,水利风景区的投融资模式也不同于一般旅游景区。

一 水利风景区现有的投融资模式

投融资是投资、融资的统称,强调投资时,是为预期产出而投入资本于特定行业的经济活动,精华在于"追加"和"增量";强调融资时,是资金的融通,即资金从供应主体向需求主体的流动,属于"存量"调整的范围。目前,我国的水利风景区投融资有三大类六种基本模式。

(一)公益型水利风景区的投融资模式

此种类型水利风景区的建设主要是为保护水资源和维护水生态健康,主导其建设和管理的都是政府部门,因此投资的主体也是政府部门。目前主要包括两种基本模式,分别为依托水利工程建设的模式和地方政府主导投资建设的模式。由于政府的统筹能力较强,很多水利风景区的建设与管理取得了很好的成效。然而,公益型水利风景区目前几乎完全由地方政府财政承担所有的工程建设和管理费用,虽然地方政府有义务对当地的水资源和水环境进行保护,但高额的投入也成为一项不小的财政负担。

1. 依托水利工程建设的模式

在兴建水利工程的同时,利用水库、枢纽、河道和其他工程项目,增加一些水利风景元素,形成了一些水利风景区。这些水利风景区的投融资一般都是与当地水利工程的建设结合在一起的,如水土保持、河道治理和灌区建设或改造项目等,在将水利工程建设的部分资金用于工程建设的同时进行水利风景区的建设。比较典型的有水库型、灌区型和湿地型等水利风景区。陕西省铜川的锦阳湖水利风景区,是依托一个5700万立方米库容的中型水库打造而成的,在50平方公里的三个山头上,坚持植树栽草,植被覆盖率达

97%，不仅改善了黄土高坡的生态，而且为地方旅游增加了一个景点，为建设秀美山川创造了一个典型。灌区型水利风景区在北方地区，如江苏、山东、河北、安徽等省份比较多，充分展现了地方的特色与风光，如江苏省苏州市渭南村就是一个很好的例证，整个沟渠衬砌化、道路硬质化、降渍管道化、田间园艺化，给农村水利现代化提供了一个良好的示范。山东潍坊白浪河水利风景区通过建设江北最具规模的大型城市湿地，形成了大片的生态湿地森林，成为城市"绿肺"，有效改善了城市小气候。白浪河下游沿河两岸出现了人们期盼已久的生态湿地和都市森林以及气势宏伟的都市大花园，形成了近20公里长的宏大景观与商业长廊，整条河道呈现一片生机盎然的景象。

2. 地方政府主导投资建设模式

由于经济快速增长和人口聚集，我国部分资源遭到破坏，环境受到大范围污染。一些地方政府意识到，不改善地方的环境就难以提升城市的辐射力和影响力，而改善地方环境必须从山水入手。所以，近几年由政府主导、以山水为依托打造的水利风景区、水利景观带逐渐增多，如浙江绍兴、山东临沂、福建等地都有很好的例子。

浙江省绍兴市2000年就明确提出，江南水乡应以水定城，以水带动城市的发展。21世纪初，由政府主导，水行政主管部门负责实施，打造绍兴环城河、古运河观光带。目前，绍兴古城水系两岸已成为集水道、园林、水文化于一体的水利风景区，成为绍兴的一条亮丽风景线。山东省临沂市地处鲁西南，历史上比较贫困。从2004年开始，市委、市政府在沂河上做文章，花费40多亿元打造沂河水利风景区，建成了20公里长的沿河公园，内含水上运动场所、王羲之书圣苑等。"大美临沂"在中央电视台反复播出，临沂已从贫困的鲁西南走向了世界。

2015年福建省级财政下拨水利风景区专项资金1000万元，用于补助国家、省级水利风景区的水工程景观提升改造、水生态修复、水环境治理、水科技水文化展示、景区标识及安全设施等项目的建设，取得了很好的成效。泉州、福州、南平等市也安排专项财政资金用于激励水利风景区建设。在水利与旅游部门的共同努力下，2015年福建省水利风景区接待游客3000多万人次，门票收入达3亿多元，创造旅游产值50多亿元。水利风景区已成为福建水文化与水生态文明展示的平台、外地人了解福建的窗口，也成为人们日常休闲的好去处。

（二）非公益型水利风景区的投融资模式

此种类型的水利风景区投资的主体为企业。市场经济体制的发展给国民经济的发展注入了新的活力，而企业是市场经济的主体，也必然会给水利建设带来生机。一些企业也自觉地成为打造水利风景区的项目法人和投入实体，因此出现了一些非公益型的水利风景区，目前主要包括两种基本模式，分别为私人股份合作制模式和私人独资模式。非公益型水利风景区的资金来源多元，企业管理与运营相对灵活，在经济赢利的同时也取得了较好的社会、生态与文化成效。

1. 私人股份合作制模式

私人股份合作制是近年来出现的一种比较流行的景区经营方式，是通过入股把分散的、属于不同人所有的生产要素集中起来，统一使用、合伙经营、自负盈亏、按股分红的一种经济组织形式。其基本特征是生产要素的所有权与使用权分离。比较有代表性的是安徽彩虹瀑布水利风景区。

彩虹瀑布水利风景区由37个自然人出资1388万元作为注册资本组建岳西县彩虹瀑布旅游有限公司进行建设，一期工程总投资7600万元，于2011年开工建设。彩虹瀑布景区在大股东带动下，广泛吸收所在地小能人的闲散资金，既解决了资金不足问题，又使这些中小投资人有了发展的机会，实现了其在家门口创业的梦想，从而得到了所在地社会精英的广泛支持，使征地拆迁、租赁山场、环境协调等一系列景区建设中的难题迎刃而解，走上了一条健康、协调、快速的可持续发展之路。目前，彩虹瀑布风景区已经成为集峡谷、瀑布、水景、文化于一体的山水景区，景区内的梦幻彩虹瀑布和原生态猴河峡谷，以及众多的河心洲和小岛颇具吸引力，被列为国家4A级旅游景区，2014年接待游客30.11万人次，门票收入1850万元，旅游综合收入1.11

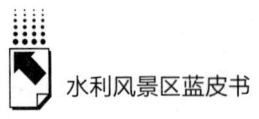

亿元。彩虹瀑布水利风景区的建设不仅保护了当地的河湖水资源与水环境，为游客提供了休闲游憩的场所，也为企业投资者带来了丰厚利润。

2. 私人独资模式

该种模式为完全由私人投资进行水利风景区建设，是指由一个自然人投资，全部资产为投资人所有的营利性投资模式。独资的典型特征是个人出资、个人经营、个人自负盈亏和自担风险。代表性案例为山东潍坊的浞河水利风景区和陕西西安的长安码头水利风景区。

山东省潍坊市的浞河水利风景区，为一个房地产商全额投资2000万元人民币打造而成。其出发点为追求利益的最大化，但建成的水利风景区却为地方的人民群众提供了休闲、娱乐的好场所，给老百姓创造了清幽的空间和美好的环境。

陕西浐灞生态园国家水利风景区中的西安码头景点，也是一个企业老板投资3000万元兴建的。这一水利风景区也给当地老百姓创建了娱乐、休闲、度假的场所，开辟了多种水上娱乐运动项目，近期又与地方电视台合办水上"闯关"娱乐项目，深受人民群众欢迎，年接待游客量达200万人次。

（三）综合型水利风景区的投融资模式

此种类型的水利风景区既有公益型的特点，也有非公益型的特点，目前主要包括地方政府资源置换的模式以及多元开发的模式。

1. 地方政府资源置换的模式

此种模式属于地方政府通过资源置换的方式获得水利风景区的建设资金，比较典型的案例为西安汉城湖水利风景区。

陕西西安汉城湖水利风景区，原名团结水库，全长6.27公里，1971年4月建成，其前身为古漕运河道和城市污水李下壕沉淀池。自运行以来，其在净化城市污水、调蓄城市雨洪、利用污水灌溉等方面都发挥了重要作用。由于长期接纳城市污水和城市雨洪，库底污泥淤积，库水污黑发臭，库岸杂草丛生，库周垃圾遍布，严重影响着汉长安城遗址的保护和利用。为保护汉长安城遗址，改善区域环境，提升西安北城品质，保障区域经济社会全面协调可持续发展，2006年1月，西安市委、市政府开始实施团结水库水环境综合治理。经过多方努力，汉城湖目前已成为集防洪保安、园林景观、水域生态、文物保护为一体，以水文化、汉文化展示为主题的旅游新亮点。汉城湖景区以政府为主导，企业多方位参与，通过土地置换，最终被打造成为一个美丽的水利风景区的典范。其建成和发展，曾在网上掀起了一场"到西安看看"的点击高潮。

2．多元开发模式

多元开发的主要代表性运营模式为"地方政府主导+市场运作+企业参与+全民共建"，该模式集合了政府投资与市场融资的力量，取得了较好的效果。代表案例为海南琼州市合水水库水利风景区和重庆璧南河水利风景区。

在水利基础设施方面，海南琼州合水水库景区主要依靠国家和地方的各类项目投资，属于政府主导型。合水水库除险加固改造和新园水治理依托国家项目基金，道路交通争取村村通工程交通立项或者争取中央和省里水利环湖防汛道路立项；植物景观提升项目争取中央和省里林业防风防灾或水利水土保持生态治理相关项目的支持；各类旅游招商项目（如各类公园、度假酒店、风情小镇、商业步行街、娱乐中心、黎苗文化园区等）积极争取海南省"国际旅游岛旅游招商项目"的相关投资；景区内给排水、电力、燃气、环卫等市政基础设施建设主要由市政府统筹安排，通过项目立项和具体规划获取资金支持。而非政府型投资项目主要按照市场规则运行，由企业、单位、个体自主投资开发，并负责经营管理。如参与或主持景区、景点的建设和维修，修建宾馆、饭店、度假山庄等，投资与经营饮食餐厅、酒吧、小吃店或各种旅游商店、购物摊点等，投资与经营小型旅游企业和旅行社等，进行各种旅游辅助设施的建设等。景区中的旅游接待等项目，在政府科学规划引导和宏观管理的前提下，依靠市场来完成。投入的资金有来源于企业、单位、个体等的自有资金，更多的则通过市场融资来解决。采用多元化的融资渠道获取社会资金投入，包括对景区中的可经营性基础设施或收费公园等旅游投资项目争取政策性贷款；借助海南建设国际旅游岛契机，发展重点旅游项目，争取列入国家旅游局向国际推荐的优先项目名录，争取国际金融机构对旅游基础设施、可持续性开发的旅游等大型项目的贷款；探索BOT融资新模式，由开发商和政府共同主导经营等。多元化的投资与融资，减轻了政府的财政压力，同时融合了社会力量对水生态与水环境进行治理，提高了全社会的生态意识，使合水水库景区成为闻名遐迩的旅游胜地。

重庆璧山区采取政府主导、社会参与模式有效解决了资金投入问题。近3年来共投入16亿元用于璧南河整治、水系联通、新建水库工程等。引导企业参与，奥特莱斯、嘉陵机器制造有限公司、天安数码集团、欧鹏地产集团等出资近10亿元，用于河道治理和水生态建设，缓解了政府财政压力，增强了景区水源保障能力，修复了河岸生态，使原来的臭水河变成了今天碧波荡漾的生态型河流风景线。

二 相关景区（公园）投融资模式及启示

在我国，水利风景区和自然保护区、森林公园、风景名胜区、湿地公园、地质公园等都属于保护地体系的内容。目前，我国大部分保护地的资金投入都主要来源于中央政府和地方政府，同时开始不断吸纳多元化的社会资本。如，目前我国森林公园的投资主体多局限在政府和民营投资商之中，多元化主体在森林公园发展中所占比例较少，而国外森林公园的投资及管理主体包括政府、投资基金及信托公司、社区居民、外国资本及其他多种形式，其多元化特点非常明显。综合来看，目前自然保护区和旅游景区的投融资模式比较典型，对水利风景区具有较强的借鉴意义。

（一）自然保护区投融资模式

1. 自然保护区的资金来源

自然保护区是我国最重要的保护地之一，截至2014年底，全国共建立自然保护区2729个，总面积147万平方公里，其中国家级自然保护区428个，面积96.52万平方公里，为保障公民环境权益的实现起到了重要作用。自然保护区的资金来源一般有三种：第一，财政资金，主要指各级政府的财政投资,包括本级财政经常性预算、上级财政转移支付、国债资金、项目投入(包括各部委专项、扶贫、以工代赈和国家重点生态建设工程等)、地方政府项目投入或配套资金、专项基金(如森林生态效益补偿基金等);第二,社会资金,主要指各种形式的社会公益捐赠;第三,市场资金,指保护区开展的多种经营创收和有关服务收费。目前,中国的自然保护区资金大都以财政投资为主、社会和市场资金为辅。

目前,中国的自然保护区普遍存在资金不足的问题。研究表明,我国对自然保护区的投资规模小,资金不足,结构不合理,且缺乏标准,投资随意性大。有学者认为我国应该建立起以政府为主导的资金投入体系,将自然保护区的发展纳入国民经济和社会发展规划及公共财政预算。还有学者认为应由中央政府提供全国性公共产品,地方政府提供地方性公共产品。既然国家级自然保护区属全国性公共产品,那么提供这种公共产品的责任自然应属于中央政府。而中央政府要提供这种公共产品,就得为国家级自然保护区提供资金支持。具体包括:明确划分中央政府和所在地政府的投资比例、发行自然保护区专项彩票、将保护区资金单列预算、将保护区管护纳入政绩考核、强化对保护区经费的监管等。除政府投入外,也需要提高全社会的自然保护区保护意识,充分动员社会力量,为自然保护区的保护提供必要的资金,以辅助来自政府方面的投资。

2. 自然保护区生态补偿

生态补偿是指"生物有机体、种群、群落或生态系统受到干扰时所表现出来的缓和干扰、调解自身状态使生存得以维持的能力,或者可以看作生态负荷的还原能力"。自然保护区的生态补偿主要是通过政府主导加上市场的作用共同实现的。发达国家和发展中国家的经验均表明公共支付是主要的生态补偿支付手段,也是社区积极参与保护区管理的有效方式。四川省青城山就是很好的案例。由于林业管理问题,政府将青城山门票收入的30%用于森林保护,很快青城山的森林状况就有了很大的好转。1998年,我国设立了森林生态效益补偿基金,为各级自然保护区通过生态补偿获得保护提供了保障。事实上,生态旅游也是生态补偿的一种手段。

（二）旅游景区投融资模式

近年来，我国旅游景区的投融资模式发生了较大变化，从偏单一模式向多元化模式过渡。目前，旅游景区的主要投融资模式包括政府主导模式、BOT方式、PPP方式、TOT方式，其具体的优缺点对比如表1所示。

表1 目前主要的旅游景区投融资方式

序号	投融资方式	具体内容	优势	劣势
1	政府主导	以政府财政资金为主，社会力量为辅	资金来源稳定；对公益性旅游项目扶持力度大	投资规模有限；非市场化运作，低效率配置
2	BOT方式	政府与非官方资本签订项目特许经营协议，将旅游项目建设和投产后一定时间内的经营权交给非官方资本组建的投资机构，由该机构自行筹集资金进行项目建设和经营。特许经营期满，公司收回项目建设成本和取得合理利润后，将该项目成果无偿交给政府	减少政府的财政负担，避免政府的债务风险；拓宽融资渠道；提高项目经营管理效率	政府控制力减弱；参与较多/结构复杂；融资成本高
3	PPP方式	公私合伙制，公共部门通过与私人部门建立伙伴关系提供公共产品或服务	减少政府财政支出压力；合理分工，提升效率；为企业提供新的发展机遇和空间；有效实现优势互补、风险共担	形式多样，选择存风险；复杂性，需要完备的合同体系
4	TOT方式	把已建成的旅游项目移交（T）给投资方经营（O），一次性从中融得一部分资金，用于建设新的旅游项目，经营期满，投资方再把原项目移交（T）给当地	盘活现有资产；为旅游开发新建项目引进资金；为现有项目引进管理；只涉及经营权转让，不存在产权和股权问题，可避免纠纷	政府控制力减弱；参与较多/结构复杂

1. 政府主导模式：以政府财政资金为主，社会力量为辅。资金来源稳定；对公益性旅游项目扶持力度大。但投资规模有限；非市场化运作，低效率配置。

2. BOT方式：政府与非官方资本签订项目特许经营协议，将旅游项目建设和投产后一定时间内的经营权交给非官方资本组建的投资机构，由该机构自行筹集资金进行项目建设和经营。特许经营期满，公司收回项目建设成本和取得合理利润后，将该项目成果无偿交给政府。可减少政府的财政负担，避免政府的债务风险；拓宽融资渠道；提高项目经营管理效率。但政府控制力减弱；参与方较多/结构复杂；融资成本高。

3. PPP方式：公私合伙制，公共部门通过与私人部门建立伙伴关系提供公共产品或服务。可减少政府财政支出压力；合理分工，提升效率；为企业提供新的发展机遇和空间；有效实现优势互补、风险共担。但形式多样，选择存风险；运作复杂，需要完备的合同体系。

4. TOT方式：把已建成的旅游项目移交（T）给投资方经营（O），一次性从中融得一部分资金，用于建设新的旅游项目，经营期满，投资方再把原项目移交（T）给当地。可盘活现有资产；为旅游开发新建项目引进资金，为现有项目引进管理；只涉及经营权转让，不存在产权和股权问题，可避免纠纷。但政府控制力减弱；参与方较多/结构复杂。

政府投资模式的投资主体决定了其非市场化的运作特点。这种模式存在两个问题：一是政府财政资金有限，不可能拿出大量的资金用于旅游基础设施建设，而基础设施建设对于旅游发展有重要意义；二是政府投资模式按非市场化运作，很大程度上加大了地方政府的财政负担。社会投融资模式，主要包括BOT、PPP、TOT、ABS、旅游资产证券化等方式。

（三）对于水利风景区的启示

水利风景区本质上既是具有较强公益性质的保护地，又是具有一定市场性质的景区，因此可以借鉴自然保护区和旅游景区的投融资方式，并结合其自身的公益性或市场化程度进行投融资方式的选择与调整。对于公益性强的

水利风景区应多借鉴保护地的投融资模式，而对于市场化强的水利风景区则需要多关注旅游景区的投融资模式，从而更好地获得资金，服务水利风景区的可持续发展。

三 水利风景区投融资发展愿景

总体来看，未来的水利风景区建设应沿着"政府主导+多元投入+创新思维"的模式进行投融资模式选择。同时，应根据公益型、非公益型和综合型三种不同类型水利风景区的特点，选择不同的投资方向，逐步建立一个政府主导、水利部门监管、多渠道筹措资金的水利风景区建设投融资机制。

（一）基于投融资模式的水利风景区特点

从投融资的角度来看，我国的水利风景区具有多样性、广泛性、多功能性、复杂性和公益性的特点。

第一，多样性。主要反映在水利风景区的类型上，根据水利部印发的《水利风景区发展纲要》，水利风景区包括水库型、湿地型、自然河湖型、城市河湖型、灌区型、水土保持型等六种类型。不同的类型应该考虑不同的投融资模式。

第二，广泛性。体现在水利风景区涉及的资源类型广，不同的资源组合其生态功能有所不同，旅游功能也有所差异，因此也就决定了投融资模式应有所不同。

第三，多功能性。首先体现在水利本身具有兴利除害的基本功能上，其次体现在其生态功能上，如湿地、水土保持区等，再次是水文化的衍生功能等。不同的功能也将决定不同的投融资模式。

第四，复杂性。体现在其涉及生态、环境、园林、旅游、建设、经济社会发展等诸多领域，在管理中需要多个部门的参与，这些复杂的管理和协调问题对水利风景区的投融资都会产生影响。

第五，公益性。由于水利风景区本身的水利、生态、文化等功能本身就是公益性功能。建设水利风景区除了能振兴水利事业，也能丰富水利风景区所在地人们的休闲文化生活，提高人们的生活质量和幸福指数，虽然存在赢利点，但还属于公益事业。公益性的特点决定了对水利风景区的投资离不开政府的重视。

基于水利风景区的上述特点，不同类型的水利风景区对投融资模式应该有不同的偏重和选择。

（二）以政府投入为主导依然是公益型水利风景区主要的投融资模式

公益型的水利风景区建设是公益性事业，需要从国家和地方政府获得财政资助。

第一，需要各级水管部门和水利规划设计部门大胆创新，把水利风景区建设纳入水利项目建设中，比如在水利项目中增加水利风景区的元素。

第二，需要政府在水利工程建设的同时同步考虑水利风景区的建设，建立长效稳定的投资机制，争取将水利风景区建设列入国家项目和财政投入的大盘子。

第三，需要水利部争取国家立项，争取出台政策给予支持，建议水利部以"水利工程生态修复与环境整治"的名义争取国家发改委立项，并由财政部单独安排经费，用于具备条件的水利工程配套建设水利风景区。对已建成的水利风景区做些政策扶持，安排一些引导资金，促进水管单位加强对水利风景区的管理与保护。

第四，需要将水利风景开发、水资源保护等纳入公共财政投入重点领域，积极争取国家专项资金或者从水资源费中划拨一定比例的资金，建立水利风景区建设管理专项基金，保障水利风景区功能的正常发挥。要引导各级水行政主管部门，主动把水利风景区建设与水土保持示范园建设、水利工程绿化、小流域治理、小水电建设、病险水库除险加固、灌区改造等主体工程建设结合起来，把水利风景区发展或者是增加水利风景区元素作为配套设施，同步规划，同步实施。

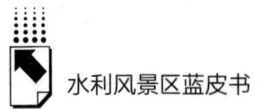

第五，需要借鉴生态补偿的思想和理念，对公益型的水利风景区制定专门的生态补偿措施。

（三）市场融资应该成为非公益型水利风景区的主要投融资模式

对于非公益型水利风景区可以考虑以下几种投融资模式。

第一，引入风险投资。水利风景区的发展可以考虑建立风险投资的二板市场和柜台交易系统，借助该平台为水利风景区的风险投资提供一条重要的退出通道；还可以设立资产管理公司，当项目失败无力偿还贷款时，银行可将抵押资产出售给资产管理公司，及时套现收回贷款从而减少投资风险。也可以考虑资产收益证券化融资（ABS），这是一种独特的不显示在资产负债表上的融资方式，资金的取得也不是负债，而是用未来收入来抵押，它出售的是未来资产收入而不是资产本身，可以为投资者提供安全且简化的投资手段。该方式在水利风景区基础设施的投入上可以考虑。

第二，景区资产证券化。即景区（或其他可以产生稳定现金流的资产或业务）将自己缺乏流动性、但能产生可预见现金流的那部分资产转化为在金融市场上可以出售和流通的证券，是以特定资产为支撑发行证券的融资活动。开发商基于景区资源进行资金筹措时，往往需充分权衡各种融资渠道的可行性、融资成本及财务风险，创新使用或复合使用各类融资方式以优化自身的资本结构，提高资源的资产化收益。景区资产证券化，不仅可以解决景区投入的资金来源，更有利于在现有的景区管理体制下实现经营模式创新，有助于明晰风景资源的产权安排，规范景区开发融资中的政府功能，从制度上明确水利风景区资源的各种产权关系以及管理模式。同时，多元的投资主体也会使投资动机、偏好相应多元化，降低投资风险。

第三，借助互联网＋、众筹等模式开展水利风景区投融资。众筹是2009年出现的网络商业模式，是一种科技融资创新，是指一群人通过Internet为某一项目或某一创意提供资金支持从而取代诸如银行、风投、天使投资这类公认的融资实体或个人。其基本模式是项目发起者在网站上展示项目，投资者则根据相关信息选择投资项目。众筹的快速发展使互联网金融具有了传统投资银行的融资功能,随后,出现了针对较大项目的专业众筹平台。众筹包括四种基本类型:基于捐赠的众筹、基于奖励或事前销售的众筹、基于股权的众筹、基于贷款或债务的众筹,水利风景区的投融资也可借助众筹的理念和做法开展相关工作。

(四)"政府主导+多元投资"将成为综合型水利风景区的主要投融资模式

对于公益型和非公益型结合的综合型水利风景区,需要重点考虑"政府主导+多元投资"的方式。政府投资模式的投资主体决定了该运作模式的非市场化特征,存在政府财政有限制约水利风景区进一步发展、非市场化运作不符合景区运营经济属性等问题,因此不能单一地依靠政府投资来解决水利风景区的投资问题。未来可以考虑几个主要方向。

第一,重点发展PPP模式。PPP方式,即公私合营方式(Public Private Partnership),是国际上新近兴起的政府与私人合作建设旅游基础设施的形式。在该模式下,政府、营利性企业和非营利性企业基于某个项目而形成相互合作的关系。通过这种合作形式,合作各方可以达到与预期单独行动相比更为有利的结果。水利风景区开发具有建设初期投资大且投资回报周期较长、经济效益收效慢、社会效益和环境效益明显、可以改善居民的生存环境等特点。引入PPP方式具有一定的优越性:一是提高景区的运作效率与收益水平,PPP方式通过公私合营,将市场竞争机制引入原本由政府单独控制的景区运作之中,同时结合私企的先进管理理念与经验,提高景区开发的投入产出比;二是降低风险以吸收更多的企业投资,PPP方式对企业的吸引力在于政府的参与给企业带来的风险分担,私企可利用其在经验、技术和理念上的优势,尽早参与旅游风险识别,及早解决可能存在的问题及风险;三是引入监督机制保障生态环境的恢复,PPP方式中的第三方与旅游本身没有直接关系,能够对政府、企业的合作和成效进行客观评估与严格监督。

第二,结合国际项目进行融资考虑。目前,很多保护地都是先通过国际项目获得保护资金,然后在此基础上督促国家对其提供更多的财政保护资金。如2002年开始的全球重要农业文化遗产项目，是首先由联合国粮农组织发起的国际项目。该项目从全球环境基金中获得了一定的保护资金在中国选出项目试点进行保护和发展，并通过多年努力使农业部对相关的试点提供了稳定且长期的保护资金。水利风景区也可学习农业文化遗产项目的运营模式，从而获取更多、更稳定的资金来源。

第三，协调整合相关部门投资。政府层面上应协调水利部门与旅游等其他部门的利益，在景区基础设施建设方面争取更多旅游等方面的资金投入，从休闲设施、食宿接待等更多方面提升水利风景区的建设水准。目前，多地在政府主导下，景区建设初期由政府先期投资水、电、路、桥等基础设施，之后再通过招商引资等方式进行开发建设，有些地方将相关基础设施的所有权和经营权进行拍卖，从而退出政府投入。也有很多地方，如陕西商洛开始尝试将水利水保、国土资源、交通、林业、发改等部门的资金进行集中，将水利风景区建设项目归类整理，按照建设内容将相关责任落实到各部门，由县政府统一组织协调，从而获取政府资金。

总体而言，多元投资方式应是未来水利风景区投融资关注的重点，另外需要考虑建立区域性水利风景区分级投融资模式。由于我国水利风景区类型多样，分布不均，东西部空间差异大，东南沿海密集但空间有限，而未来消费又将向西部地区转移，投资转向有利于缓和东南地区资本过量和经济收益下滑的矛盾，促进我国水利风景区的合理空间布局。与此同时，应根据资源价值不同确立与之相应的水利风景区分级投融资模式，对于世界级和国家级的水利风景区采用政府主导方式，而对省级、市（县）级和经营性的水利风景区可采用灵活多样的投融资模式。

省域发展报告

Provincial Development Reports

B.11 江苏省水利风景区发展报告

温乐平 陈菁 陈丹 陈佼妮*

摘　要： 江苏省高度重视水利风景区的发展，扎实推进水利风景区的建设与管理工作，实现了景区量的增长和质的提升，在生态补偿、水文化建设等方面开拓创新、试点示范。报告全面总结了江苏省水利风景区发展概况、发展特征、建设成效与主要经验，分析了存在的主要问题，提出了相关对策和建议，预测了今后江苏省水利风景区发展态势，并展望了其未来的发展愿景。

关键词： 水利风景区　发展　特征　问题　对策

---

* 陈菁，河海大学水利水电学院副院长、教授，主要从事水土资源规划与管理研究；陈丹，河海大学水利水电学院副教授，主要从事水土资源规划与管理研究；陈佼妮，新华水利控股集团公司工程师。

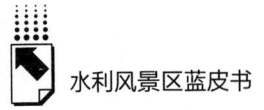

一 江苏省水利风景区发展形势分析

（一）全省宏观形势

1. 国家区域发展战略带来的发展机遇

随着长江经济带和"一带一路"国家战略的深入推进，处于带、路交会点的江苏面临着新一轮的发展机遇。2014年，国务院印发《关于依托黄金水道推动长江经济带发展的指导意见》，意图将长江经济带建成生态文明建设的先行示范带；2015年，国家发展改革委、外交部、商务部联合发布《推动共建丝绸之路经济带和21世纪海上丝绸之路的愿景与行动》。为了贯彻落实长江经济带生态文明建设工作，2015年7月，江苏省政府出台了长江经济带发展实施意见，提出到2020年率先建成生态省，林木覆盖率提高到24%，主要江河湖泊水功能区水质达标率达85%。建设水利风景区，契合江苏新时期国民经济发展的需要。水利风景区是江苏生态省建设的重要组成部分，实施意见将大大促进江苏水利风景区的建设。

2. 生态文明建设助推水利风景区发展

自党的十八大报告提出要把生态文明建设放在突出地位以来，为提升生态文明建设水平，江苏省省委、省政府印发了《江苏省生态红线区域保护规划》《江苏省生态文明建设规划（2013~2022）》；2015年出台了《江苏省委省政府关于加快推进生态文明建设的实施意见》《江苏省生态保护与建设规划（2014~2020年)》等文件。水生态文明是生态文明的基础，水利风景区建设是水生态文明建设的重要组成部分。一方面，加强水源工程、河湖水系连通、乡村河道建设等工程措施，完善水系生态环境，可提高水利风景区的水资源管理水平；另一方面，加强水利风景区对节水技术和设施的应用，提高水资源利用效率，可有效缓解部分地区的水资源紧缺状况，对生态文明建设做出重大贡献。生态文明建设为江苏省水利风景区指明了新的发展方向，并将助推江苏水利风景区事业的发展。

（二）相关行业发展形势

1. 国家公园体制与水利风景区

2015年1月，国家发展改革委等13部委联合通过《建立国家公园体制试点方案》，国家公园体制改革试点工作开始启动；9月，中共中央、国务院印发《生态文明体制改革总体方案》，明确建立国家公园体制，提出加强对重要生态系统的保护和永续利用以及对我国水利风景区等9个涉及遗产地的管理体系的改革。建立国家公园体制为水利风景区的体制改革指出了新的思路，即通过合理分割并保护所有权、管理权、特许经营权，建立完善的水利资源监管体制；推动水利资源与其他风景资源的保护与整合，推进水利风景区建设的规范化，不但可保护水利资源和水文化遗产的原真性、完整性，而且可保护区域生态环境的完整性。水利风景区在维护区域水生态系统的稳定、保护水文化遗产等方面发挥着重要作用，符合建立国家公园体制的要求。

2. 旅游业与水利风景区

江苏省不仅是经济大省，而且是旅游大省。近年来，江苏省旅游业的持续平稳发展，对入境旅游市场规模扩大，增强国际、国内旅游投资者的信心十分有利。《江苏省十二五旅游业发展规划》提出，要强化资本集中、项目集聚、整体开发的集聚式开发模式，重点发展建设七类旅游集聚区。其中城市滨水空间和水乡古镇集聚区与水利风景区发展密切相关。2014年，江苏省政府发布《关于全面构建"畅游江苏"体系促进旅游业改革发展的实施意见》，提出大力发展生态旅游、乡村旅游，在三年内全省乡村旅游项目年投资额将达到500亿元。江苏省将重点打造乡村旅游增长点，这为水利风景区的发展创造了机遇与条件。为此，江苏省水利部门积极推动水利风景区与旅游、文化、体育、农业等相关产业的交叉融合，为人民群众提供更加丰富的水利生态旅游产品。

（三）水利行业发展形势

1. 江苏水利现代化试点工作

江苏省是全国水利现代化试点省份，先后出台了《关于加快水利改革发展推进水利现代化建设的意见》《江苏水利现代化规划（2011~2020）》等文件，提出到2020年建成现代化的水利综合保障体系，全省基本实现水利现代化，展现"江淮安澜，河湖健康，碧水畅流，和谐水乡"①的江苏水利现代化愿景。水利风景区的建设是江苏水利现代化的重要组成部分。《江苏水利现代化规划（2011~2020）》为江苏省水利风景区的快速发展指明了方向，为水利风景区部分基础设施建设提供了重要的资金保障。

江苏省坚持把水利风景区作为水利现代化的重要抓手，制定了一系列强有力的保障措施，以提升和塑造水利行业整体形象，有效地促进了江苏省水利风景区的建设和发展。水利风景区被列为江苏省各地市水利现代化考核的指标之一，使水利风景区的监管工作落到了实处。常州市将水利风景区建设作为重要内容，列入《常州市水利现代化规划》和《常州市水利现代化建设三年行动方案》。

2. 水污染防治计划的实施

随着经济社会发展和城镇化进程加快，水污染问题日渐突出，其中治理城市黑臭水体，改善城市河道环境已成为治理水污染的重要内容。2015年4月，国务院印发的《水污染防治行动计划》提出，到2020年地级及以上城市建成区黑臭水体均控制在10%以内，到2030年城市建成区黑臭水体总体得到消除。水利风景区在沟通水系、促进水体循环、改善水质、修复水生态等方面发挥着重要作用，与水污染防治目标相契合。近年来，江苏省积极推进水利风景区的创建工作，通过河湖清淤、水系连通、水生态修复、水资源利用等综合措施，打造了一批集水生态修复、水环境改善和水文化展示于一体的河湖型水利风景区，全面提升了城市与村镇的水污染防治水平。

---

① 江淮安澜，是江苏现代水利的安全特征。"江淮"点明了江苏地处长江、淮河流域的地域特征。"江淮安澜"放第一位，说明水安全是江苏水利的永恒主题和首要地位。河湖健康，是江苏水利现代化的基础特征。河网密布、湖泊众多是江苏水系的基本特征，也是江苏水利支撑和服务经济社会的基础。碧水畅流，是江苏水利现代化的形象特征。"碧水"即水质良好，"畅流"即水系通畅，形象表征了供水安全、生态安全以及水景观、水文化特征。和谐水乡，是江苏水利现代化的成效特征。"水乡"与"江淮"首尾呼应，再显江苏地域特征，寓意按"人水和谐"的现代治水理念，保障江苏"和谐社会"建设。

二 江苏省水利风景区发展概况

（一）规模

江苏省的水利风景区创建工作自2001年开展以来，呈现出规模持续增长、质量稳步提高、内涵不断丰富的发展态势。2001~2010年，全省稳步推进国家水利风景区建设，年均新增2家，逐渐形成了一批具有一定规模、质量和知名度的国家水利风景区。自2007年创建第一批省级水利风景区后，江苏省水利风景区建设呈现出蓬勃发展之势。尤其在2011~2015年，新增了27家国家水利风景区和58家省级水利风景区（表1）。截至2015年底，全省已建成国家水利风景区50家，省级以上水利风景区达到113家，实现了类型全覆盖，地市全覆盖。

表1 江苏省水利风景区新增数量

单位：家

时期	国家水利风景区	省级水利风景区
2001~2005年	11	—
2006~2010年	12	7
2011~2015年	27	58

注：新增省级水利风景区的数量不包括在同一时期内又晋升为国家水利风景区的数量。

（二）类型

江苏省水利风景区类型比较齐全，涵盖了水库型、自然河湖型、城市河湖型、湿地型、灌区型、水土保持型和水利工程型。其中以河湖型和水库型为主，城市河湖型比重最大，占32.7%，其次为自然河湖型和水库型，分别占16.8%和23.0%；水土保持型所占比重最少，为1.8%（详见表2）。

表2 江苏省水利风景区类型及数量变化

单位：家

时期	水库	湿地	自然河湖	城市河湖	灌区	水土保持	水利工程
2001~2005年	1	0	1	2	0	0	7
2006~2010年	6	0	3	6	0	0	2
2011~2015年	19	10	15	29	4	2	6
总计	26	10	19	37	4	2	15
比重(%)	23.0	8.8	16.8	32.7	3.5	1.8	13.3

（三）分布

江苏省水利风景区在空间分布上不均衡，其中，南京、扬州、徐州、淮安拥有水利风景区的数量较多，均占到全省总数的10%左右；连云港、无锡、常州、苏州、泰州和宿迁拥有的水利风景区数量相当，各占全省总数的8%左右；镇江和盐城的数量偏少，各占全省总数的3%左右；南通的数量最少，仅有1家国家水利风景区。从分布区域来看，苏北地区所占比重最大，为46.0%；苏南地区次之，占37.2%；苏中地区最少，占16.8%（见表3）。

表3 江苏省水利风景区类型的空间分布

单位：家

区域	市	水库	湿地	自然河湖	城市河湖	灌区	水土保持	水利工程
苏南	南京市	8	0	1	2	0	0	0
	无锡市	3	2	1	2	1	0	0
	常州市	4	1	1	2	0	0	1
	苏州市	0	0	1	5	0	1	2
	镇江市	0	0	1	2	0	0	1
	合计	15	3	5	13	1	1	4
苏中	南通市	0	0	0	1	0	0	0
	扬州市	0	4	1	2	1	0	3
	泰州市	0	0	3	3	0	0	1
	合计	0	4	4	6	1	0	4

续表

区域	市	水库	湿地	自然河湖	城市河湖	灌区	水土保持	水利工程
苏北	徐州市	4	2	4	8	0	0	0
	连云港市	5	0	3	1	0	0	1
	淮安市	2	1	0	3	1	1	3
	盐城市	0	0	1	1	0	0	2
	宿迁市	0	0	2	5	1	0	1
合计		11	3	10	18	2	1	7

江苏省水利风景区的分布与各地水利风景资源的分布基本一致，113家水利风景区中城市河湖型、自然河湖型、水库型和水利工程型，在苏北地区均占较大比重，反映了苏北地区的城市河湖、自然河湖和水利工程数量丰富。水库型水利风景区主要分布在苏南和苏北地区，湿地型水利风景区在苏中、苏南和苏北地区分布较均匀，苏南地区数量较少；灌区型和水土保持型的数量在全省范围内均较少。

（四）综合效益

1. 生态效益

（1）改善水环境，修复水生态

水利风景区通过水系连通、清淤疏浚、水源涵养、截污纳管等工程措施，改善区域水环境。根据对全省水利风景区的调查，水利风景区创建之前，仅有55.4%的景区达到Ⅲ类及以上水质，Ⅳ类水质占38.5%；创建水利风景区之后，97%的景区都达到Ⅲ类水及以上的标准，部分景区水质达到Ⅱ类或Ⅰ类水质标准。

水利风景区建设始终把水生态修复工作放在重要位置。各水利风景区通过涵养林工程、人工湿地、生态护坡、滨水生态隔离带、人工生态浮岛、沉水植物重建、生物膜技术等措施，显著提升了水体自净能力，多途径修复了景区水生态（表4）。比较典型的有徐州市丁万河、云龙湖，南京市外秦淮河，泰州市凤凰河，镇江市金山湖等国家水利风景区，已成为城市水生态工程的新亮点。

表4　江苏省水利风景区水生态修复情况

景区名称	岸线以上修复面积（平方公里）	岸坡修复长度（米）	水体修复面积（平方公里）
泰州市溱湖水利风景区	6.7	8000	1.3
江阴市双泾水利风景区	2	2000	0.2
天目湖旅游度假水利风景区	1.7	2000	0.085
宝应县宝应湖水利风景区	1	2200	0.4
张家港市凤凰水利风景区	0.12	7000	0.01

（2）改善小环境气候，保护生物多样性

水利风景区中的水体、草地、林地等对其所在区域小气候的温度、湿度、负氧离子含量等都具有调节作用，水利风景区内的小气候效应使景区气温趋于温和，具有夏季凉爽、冬季温暖的特点，提高了舒适度，可以有效调节城市生态环境，缓解城市热岛效应，提供舒适宜人的环境。据不完全统计，江苏省水利风景区内温度平均比所在区县均温低约0.7℃；多数水利风景区内负氧离子含量为1500～3000个/立方厘米，部分景区则更高，如南山竹海水利风景区内约为10000个/立方厘米，宝应湖水利风景区内约为12000个/立方厘米。

区域小气候环境的改善为生物多样性保护提供了基础条件。根据对全省水利风景区的调查，"十二五"期间，水利风景区内的动植物种类、数量均有增加，每家景区平均新增动物种类10种，数量增长7.3%；新增植物种类20种，数量增长17.3%。

2. 社会效益

（1）提升群众幸福指数

江苏省水利风景区大部分是公益性开放式景区，为游客和当地居民提供了开敞的游憩空间。以江都水利枢纽水利风景区为例，作为国家南水北调东线工程的源头，区内四面环水，站闸相连，绿荫覆盖，景色宜人，成为附近居民休闲、散步的好去处。泗阳县古汴河水利风景区、无锡梅梁湖水利风景区等已成为居民亲水乐水、放松身心、锻炼身体、陶冶情操的重要场所，极大地满足了居民对休闲空间的需求，有效地提高了居民生活的幸福指数。

(2) 增加就业机会，提高经济收入

水利风景区是一个关联性很强的产业，其建设和运营管理带动了旅游、交通、通信、建筑、餐饮、商业、住宿、娱乐等十多个产业的发展，提供了大量直接和间接的就业机会（见表5）。

表5 江苏省部分水利风景区带动就业情况

单位：人

景区名称	直接就业人数	间接就业人数
溧阳市天目湖旅游度假水利风景区	4256	20000
泰州引江河水利风景区	104	450
南京市金牛湖水利风景区	685	3000
徐州市鼓楼区丁万河水利风景区	397	1800
溧阳市南山竹海水利风景区	226	1000

水利风景区不仅提供了大量的就业机会，还持续提高了就业人员素质，改善了就业人员的待遇。以溧阳市南山竹海水利风景区为例，2014年该景区带动了300多家农户参与为景区和游客服务的经营活动，包括餐饮、住宿、旅游商品经营等，年经营收入达千万余元，为当地促进人员就业和提高居民收入做出了贡献。

3. 经济效益

(1) 促进地方经济增长

国家水利风景区对当地旅游产业的发展具有直接的带动作用，促进了其他相关产业的共同发展，带动了当地经济的全面发展。根据对全省水利风景区的调查，2013年水利风景区平均旅游收入达5933.6万元，游憩者人均花费147.1元。江苏阜宁县金沙湖水利风景区是居民休闲度假、观光旅游的胜境，现景区年接待游客量达90多万人次，带动当地近千人就业，促进了第二、第三产业的发展。溧阳市天目湖旅游度假水利风景区，在2014年中国旅游总评榜中荣获年度最受欢迎景区，天目湖水世界日均接待游客量超2000人次，日最高接待游客量达3万人次。截至2015年7月31日，溧阳市天目湖旅游度假水利风景区接待游客48万人次,旅游收入达9712万元,成为当地经济发展新的增长点,日益增长的游客量成为景区创收的有力保障。

(2)增强水管单位经营创收能力

水利风景区通过提供相应的管理和服务,创造了新的经济增长点,成为部分水管单位创收的重要渠道,改善了职工的经济待遇,稳定了职工队伍。泰州引江河水利风景区已跻身"泰州城市八景""国家水利风景区"行列,成为江苏自驾游试点单位。2014年,景区内的沃特龙大酒店成为泰州市级机关、事业单位会议定点饭店,极大地提高了单位的财政收入。江阴市双泾水利风景区,开发了农鱼馆、采摘园、中华龙舟赛道等多个景点及娱乐项目,丰富了水利风景区的旅游活动和游客体验,带来了较高的经济收入,2013年景区的经营服务收入约为300万元。

4. 文化效益

水利风景区越来越成为传承水文化、创新水文化的重要阵地。水利风景区将自然风光和人文景观紧密结合,向游客展示出景区和所在地的历史、民俗等文化内涵。通过水文化小品、水文化宣传栏等,展示出治水文明、水系变迁、水利科技、节水知识等内容。除水文化景观外,水利风景区还经常举办水文化主题活动,在活动期间集中展示和宣传水文化相关内容(见表6)。

表6 江苏省水利风景区水文化景观和水文化主题活动

景区名称	水文化景观(个)		水文化主题活动名称
	水文化小品	水文化宣传栏	
江苏省江都水利枢纽风景区	4	20	纪念"中国水周"志愿者骑行
灌南县五龙口水利风景区	2	2	世界水日、中国水周
宜兴市华东百畅水利风景区	3	3	世界水日、中国水周
新沂市黄巢湖水利风景区	8	10	世界水日
徐州市鼓楼区丁万河水利风景区	4	6	世界水日

对水文化的开发与利用比较成功的是金坛市愚池湾水利风景区,景区内文化资源丰富,拥有5项国家级非遗作为旅游互动产品,29项国宝级文物

藏品，以及金坛历史文化、蚕图腾文化和名人文化（戴叔伦、段玉裁、华罗庚等）等众多特色文化资源。愚池湾设置了以水利为主题的水文化展示区，打造了水利科技长廊，新建了展现水利知识、治水历史和水文化的"水道宫"等。愚池湾突出水主题，重视水科技、水生态和水文化的传播，提高了游客亲水爱水护水的意识，发挥了重要的文化作用，获得了较好的社会效益。

三　江苏省水利风景区发展特征

（一）发展特征

1. 注重水文化规划与产品开发

水文化建设是江苏省水利风景区发展的突出特征，在全国范围内具有示范意义。江苏省各级政府重视挖掘、保护和开发利用水文化资源，先后出台了《江苏省"十二五"水利发展规划》《江苏水利现代化规划》《江苏省"十二五"文化发展规划》《江苏省水利风景区发展规划纲要》《江苏省水利风景区发展"十三五"规划》《江苏文化建设工程实施办法》等有关规划，明确提出加强水文化建设是推动水利又好又快发展的有力支撑，率先走出了一条具有江苏特色的水文化建设之路。江苏省水利厅与省文物局、南京博物院合作开展全省水文化遗产调查研究，为彰显水利风景区文化特色奠定了基础。与河海大学合作开展《水利风景区水文化展示系统研究》，提出了江苏水利风景区水文化展示系统的总体布局和水文化展示系统建设指南，同时谋划编制了2015江苏省水利风景区蓝皮书。

江苏省水利风景区深入挖掘当地水利文化和传统文化元素，并将其融入景区开发建设之中。徐州市鼓楼区丁万河水利风景区，充分挖掘丁万河流域的水文化和地域文化，建设了丁万河水博馆、治水名贤广场、水韵诗廊、龙施雨沛水车、龟山民博馆等景观节点，丰富了景区的水利文化元素，使之成为丁万河景观带上的一颗颗"明珠"。宿迁市六塘河水利风景区，挖掘深厚独特的历史水利文化底蕴，建设水利展示馆、井头泵站、翻水站遗址、油库遗址、水利丰碑人物雕塑群、运河湾码头、亲水栈道以及水利文化广场等景观节点，其中以水利遗址公园最具典型，现已经成为市民休闲娱乐的胜境。

2. 与美丽乡村、乡村旅游融合发展

江苏省是旅游产业大省，旅游产业发展势头强劲，水利工程建设与美丽乡村建设、生态环境保护相结合，水利风景区与旅游产业相结合成为江苏省水利风景区发展的新特征。江苏丰富而宝贵的旅游资源与得天独厚的水利风景资源相融合，形成了良好的互动发展格局。南京外秦淮河、溧阳天目湖、江都水利枢纽、泰州引江河、姜堰溱湖、苏州旺山等水利风景区驰名中外，水利风景区旅游正逐步成为江苏极具国际影响力、可持续发展能力和全面合作潜力的优势产业。①

江苏省水利厅张劲松副厅长同省旅游局汤永林副局长专程就推进水利风景区建设与乡村生态游融合发展进行了联合调研，双方将签订战略合作协议，标志着江苏省在水利与旅游融合发展方面迈出了重要的一步。

（二）建设特征

1. 水利风景区建设与水利建设紧密结合

江苏省把水工程建设与水利风景区发展紧密结合起来，以工程建设带景区发展，以景区发展促进工程建设。连云港市海陵湖水利风景区以石梁河水库为依托，经除险加固后，景区南北两座泄洪闸犹如龙腾虎踞，开闸泄洪时汹涌奔泻，怒涛阵阵，激起一幕水墙，煞是好看。② 现代化的工程设施和管理设施特色鲜明，极具观赏性。

江苏省把城市防洪工程建设与改善水环境、修复水生态有机结合起来，着力建设碧水荡漾、风景秀丽的城市滨水空间。南京市外秦淮河、徐州市丁万河、宿迁市六塘河等通过整治水环境，展示水文化，使现代水利与传统文化有机结合，自然生态环境与人居环境融为一体，有效改善了人居环境，为

---

① 陈昌仁等：《江苏水利风景区旅游发展现状及战略研究》，《水利经济》2011年第3期。
② 唐善东等：《海陵湖水利风景区创建优劣势分析及对策》，《江苏水利》2012年第2期。

群众提供了良好的休闲游玩场所。

2. 水利风景区建设助推水生态文明城市的创建

江苏省列入第一批国家级水生态文明城市建设试点的徐州、苏州、无锡、扬州,在水利风景区建设方面,无论是数量还是质量均处于省内第一方阵。尤其是徐州,水利风景区创建工作成效显著,创建的数量列全省各市之首,其中金龙湖、潘安湖、故黄河等水利风景区就是百年"煤城"华丽转身的缩影。这些景区通过大力培育水生态、优化水环境、开发水资源,统筹兼顾水利工程建设与景区建设,实现了水系相连、多源互济,使徐州市被列为全国生态文明建设试点城市,也为水生态文明城市建设试点任务的顺利完成奠定了坚实的基础。此外,在江苏创建和评价水生态文明城市的过程中,国家水利风景区数量成为水生态文明城市的重要评价指标之一。

(三)管理特征

1. 严格申报管理,推行复核考评的动态监管

江苏省水利厅实行严格的申报管理制度。对多家申报国家水利风景区单位的资料进行审查,对景区规划的编制进行指导,同时组织专家开展现场考察评价和初审,然后积极推荐符合条件、具有代表性的景区申报国家水利风景区,确保了国家水利风景区的申报质量。

2014年,江苏省水利厅出台了《江苏省水利风景区复核工作方案》,明确了复核的周期、标准和程序,并启动了水利风景区的复核机制,逐步规范了省级水利风景区的批后管理,提高了全省水利风景区的发展质量。

2. 建立激励机制,落实景区管理经费

全省建立了水利风景区管理专项经费,落实了水利风景区申报奖励机制。明确了省级水利风景区管理工作专项经费每年20万元,在江苏省水利工程管理经费中列支;对申报成功的单位,省级水利风景区一次性补助20万元,国家水利风景区一次性补助30万元。南京市在全国率先建立了水利风景区生态补偿机制,对省级以上水利风景区管理单位实施水利风景区项目生态补偿,其中,对国家水利风景区补偿不超过200万元、对省级水利风景

区补偿不超过100万元的示范效应，必将推动全国各地水利风景区生态补偿机制的建立进程。

（四）发展亮点

1. 建立水利风景区生态补偿机制

南京市在全国率先建立水利风景区生态补偿机制，对省级以上水利风景区管理单位实施水利风景区项目生态补偿。2015年2月南京市政府通过《建立生态红线管理和生态补偿机制改革实施方案》，进一步明确建立水利风景区生态补偿机制，为水利风景区的发展提供政策保障。2015年10月南京市出台《南京市政府办公厅关于建立水利风景区生态补偿机制的实施意见》，对全市已创建的国家、省级水利风景区实施生态补偿，深入推进全市水生态文明建设，强化水利风景区的生态保护与管理。这对全国各地水利风景区生态补偿机制的建立起到了示范作用。

2. 加强水利风景区水文化开发

江苏省高度重视水文化建设工作，连续出台《江苏水文化发展规划纲要》《江苏水文化发展规划》等规划及相关政策，并出版发行《江苏水文化发展战略研究》，指导江苏省水文化建设，这些举措有力地推进了全省水利风景区的水文化建设，在全国处于领先地位。水利风景区既是传承和发扬历史水文化的重要载体，又是建设当今水文化的重要基地。比较典型的案例有徐州市丁万河、宿迁市六塘河、金坛市愚池湾、泰州市引江河水利风景区等。这些水利风景区不仅将弘扬和发展水文化作为景区建设与管理的重要内容，而且结合地方的历史文化与传统水文化进行因地制宜的规划，建立博物馆、档案馆、文化展厅等多种形式的水文化展示途径，大大提升了景区水文化内涵，增强了水利风景区的市场竞争力。

3. 创建水利风景区复核考评制度

为了加强对国家、省级水利风景区的管理，推动水利风景区的发展，江苏省水利厅创建了水利风景区复核机制，开展景区复核考评工作。2014年，江苏省水利厅出台《江苏省水利风景区复核工作方案》，该方案规定了复核的周期、标准和程序,并且启动了对水利风景区的复核机制,进一步加强了对全省水利风景区的动态监督管理,确保水利景区发展的生机和活力。2014年江苏省水利厅选取泰州引江河等五家景区进行复核,有力地推动了江苏水利风景区的可持续发展,改变了以往重申报轻管理和建设的格局。

四 成就与经验

(一)主要成就

1. 整合利用风景资源,促进社会经济发展

水利风景区将水利资源和周边风景资源进行整合和利用,考虑河湖、林木、绿地的协调,构建山、水、林、城交相辉映的发展格局,有力地推动了景区和周边社区的发展,实现了资源的优化利用和整合。宜兴市的横山水库水利风景区以全市重要的水源保护地横山水库为依托,以水库为中心构建生态公益林,在构建优美生态环境的同时,对水库周围气候的改善以及风景区的保护均起到了重要作用;同时,横山水库经过资源整合、精心布设,打造了大堤、绿水、青山、夕照等奇观和亮点景观资源,成为省内外居民观光休闲、旅游度假的胜地,尤其是游客的吃、住、行、游、购、娱等活动,拉动了一大批相关产业的发展,创造了新的经济增长点,为当地提供了一些就业岗位,拉动了地方经济和社会的发展。苏州市旺山水利风景区依托小流域治理,采取封山育林、修建生态护坡、整治泄洪沟等水土保持工程措施,形成了"农林水土融为一体,气势宏大景点密布,文墨深厚,科技创新,人水和谐,生态平衡"的特色,已成为集水土保持与乡村旅游、科普教育于一体的水利风景区,成为独具魅力的集约化、多功能、高效益的度假观光胜地,促进了当地社会经济的快速发展。

2. 修复水生态系统,营造优美人居环境

修复水生态系统始终是水利风景区建设的重点之一,水利风景区根据当地的河流水系、水资源条件和水利工程特点,因地制宜、因水制宜地通过工

程与非工程措施，进行生态修复、园林景观打造、文化营造等人居环境建设，稳步推进水生态修复工作，改造脏乱臭的环境，再造绿水青山、鸟语花香的良性循环生态系统。比较典型的徐州市丁万河与云龙湖、南京市外秦淮河、泰州市凤凰河、镇江市金山湖等国家水利风景区已成为优美城市人居环境的亮点。其中徐州市丁万河，昔日是一条运煤的"龙须沟"，通过综合整治水环境，疏浚河道，沿线绿化，如今水清流畅、岸绿景美，成为名副其实的景观河。金龙湖和潘安湖等水利风景区的水生态修复、水环境改善以及人居环境优化成效也十分显著。

3. 强化社会服务功能，提升管理和服务水平

水利风景区建设与管理是一项系统工程，涉及水利、生态、环境、园林、交通、旅游、市政等诸多领域，各专业人才参与水利风景区建设与管理，引进相关专业的建设与管理方法，给传统水利建设与管理注入了新的活力，促进了水利部门管理和服务水平的提升。水利建设与改革发展涉及社会公众的切身利益，离不开公众的参与和支持。通过水利风景区建设塑造水利新形象，彰显水利的观光休闲功能、生态保护功能和文化传承功能，可让越来越多的人了解我国悠久的治水历史，感受当代水利事业的巨大成就。

（二）主要经验

1. 科学规划，强调顶层设计

科学规划、顶层设计是做好水利风景区工作的起点。水利部《关于进一步做好水利风景区工作的若干意见》的出台，进一步明确了做好水利风景区工作的重要意义、总体要求、重点任务和保障措施。江苏省相应出台了《关于加快水利风景区建设的意见》，对江苏省水利风景区发展的目标任务、保障措施做出了系统性的安排部署。为此，江苏省水利厅组织专家开展了全省水利风景区资源调查，对资源的分布、现状进行全面调查，摸清家底，与南京大学联合开展了全省水利风景区"十三五"规划意见编制工作，进一步谋划好江苏省"十三五"期间的水利风景区发展战略，做好顶层设计。

2.内涵挖掘，突出水文化特色

突出水文化特色是做好水利风景区工作的关键。江苏省水利厅按照科学发展观和可持续发展治水思路，及时修订省级水利风景区评价标准，增设水文化、水科普的附加分，要求各景区创建单位深入挖掘水文化内涵和地方特色，加强水科普、水利建设成就的展示，使景区成为展现水利成就的舞台、宣传水利效益的窗口。实践证明，水文化内涵的挖掘与展示，使各景区不再千篇一律、千景一面，文化的注入赋予了景区新的灵魂。

3.规范管理，建立长效机制体制

规范管理是做好水利风景区工作的基础。江苏省以规范化管理为抓手，推动水利风景区各项工作的开展。坚持景区创建先从规划抓起，正确把握水工程安全与水利风景资源开发的关系，实行一景区一规划。严格景区审批，以评审促规范，要求工程通过达标考核，方可申报水利风景区；要求景区加强水生态修复和水环境保护，对水质不达标或水系不畅通的，一票否决；对申报材料的内容、格式、材质等细节也提出规范性要求；同时加强景区的动态监管，定期开展复核工作，建立生态补偿机制和长效管理机制。

五 对策与建议

（一）存在问题分析

1.认识水平有待提高，景区发展不平衡

部分地区对水利风景资源的潜在价值和重要性认识不足，对景区创建与管理工作重视不够；对水利风景区的创建热情不高；对景区的后期建设、开发利用和安全管理问题认识不足；对景区周边地区的风景、文化、生态等资源的整合利用程度不够，使景区建设质量不高。

到2015年底，江苏省省级以上水利风景区数量已发展至113家，但由于各种原因，总体上存在空间发展、发展类型、发展质量等不平衡的问题。从区域分布来看，苏北地区的数量最多，苏南地区数量次之，苏中地区数量最少；从各省辖市分布来看，徐州市的数量最多，有17家，而南通市的数量最少，仅有1家。从发展质量来看，部分水利风景区已经发展为国内知名的景区，取得了显著的综合效益，但少数风景区停滞不前、质量不高。

2. 景区规划仍需完善，管理水平有待提高

科学规划是水利风景区健康发展的基础。由于江苏省部分地方水管单位对水利风景区发展规划的重要性缺乏认识，景区存在缺少规划、规划不规范、开发定位不准、标准起点低、景区特色不明显等不同问题，许多景区规划管理工作仍需加强。

有些水利风景区虽然成立了景区管理机构，但其权属关系和具体职责模糊，行政执法缺乏力度，难以协调和管理。部分景区机构不完善、管理经费投入不足、管理人才队伍薄弱，影响了景区的规范化管理及管理水平的提升。

3. 投入机制不健全，人才队伍建设有待加强

当前，江苏省大部分水利风景区的建设和运营管理以政府公共财政投入为主，由于未建立稳定的投入渠道，制约了水利风景区的发展。目前，江苏省内除了南京市之外，其他地区均未建立起相应的补偿机制，水利风景区稳定的投入机制有待建立与完善。

水利风景区的建设和管理涉及水利、生态、环境、园林、旅游、工程建设和经济社会发展等诸多领域，需要大批跨专业的高素质复合型人才。然而，当前江苏省大部分水利风景区的建设与管理人才还不能满足景区的发展新要求，既缺乏水利风景区管理人才，又缺乏专业的服务人才，没有配备专门的讲解员、导游员。

（二）对策与建议

1. 提高思想认识，推动区域协同发展

应从促进生态文明建设和民生水利发展的高度来认识水利风景区建设的重要意义，树立正确的资源权属观念，有效整合各方面的资源，将风景资源的所有权、开发权和经营权分离，做到"非我所有，为我所用"。

江苏省着手实施水利风景区的分类管理，推动区域协同发展。因地制宜，突出特点，分类、分区域、有计划、有重点地建设一批有一定影响力的品牌景区，引领和带动江苏水利风景区的全面、协调和可持续发展。

2. 科学编制规划，完善管理体制

应充分认识水利风景区规划的重要性，编制科学、合理、规范的水利风景区发展规划，为水利风景区建设提供有效指导。江苏省水利厅按照"分类指导、分级负责、有序开发、稳步发展"的原则，编制《江苏省水利风景区"十三五"发展规划意见》并颁布实施。各市水利（务）局紧密结合本地实际，统筹景区布局，有针对性地编制本市水利风景区发展总体规划。各水利风景区委托具有相关资质的规划编制单位制定本景区的总体规划和详细规划，促进水利风景区持续健康发展。

应加强组织领导和协调，推行分级管理、动态管理，不断完善水利风景区管理体制。一方面，要加强组织领导和协调。另一方面，要推行分级管理和动态管理。按照"自愿申报、统一标准、分级评定、动态管理"的原则，对水利风景区进行等级划分与评定，实行分级管理。建立激励机制与退出机制，实行动态监督管理。

3. 健全投入机制，建设专业人才队伍

资金是水利风景区建设与发展的重要动力。要充分发挥政府的主导作用，把水利风景区建设与发展纳入当地经济社会发展的长远规划和年度计划，建立健全长效、稳定的投入机制和申报奖励制度，落实维护管理经费和必要的工作经费。各级财政每年要安排一定数量的水利风景区建设引导奖励资金，研究设立水利风景区生态补偿专项资金。同时，要广泛开辟资金渠道，按照"谁投资，谁受益"的原则，通过社会融资、招商引资等多种渠道广泛吸引社会闲散资金参与水利风景区建设。

高素质的人才队伍是水利风景区持续发展的重要保证。要积极引进专业人才，加大对相关人员的培训力度，为水利风景区的可持续发展提供智力支持。一方面，要加快专业人才的培养和引进；另一方面，要加大对相关人员的培训力度，将水利风景区建设与管理培训纳入水利行业年度培训计划，组织专家定期授课，开展培训工作，切实提高水利风景区建设与管理水平。

（三）发展态势与展望

1. 总量稳定增长

到2020年，建成省级以上水利风景区160家，其中国家水利风景区不低于65家，平均每年新创建9家省级以上水利风景区，确保每年至少成功申报3家国家水利风景区。

2. 结构优化组合

到2020年，在全省逐步形成以重要江、河、湖、海、库、渠为主体框架的级别分明、类型多样、结构合理的水利风景区体系，水利风景区基本覆盖全省主要区县的主要水域（水体）和水利工程。结合水生态文明城市、文明城市等创建工作，重点推进城市河湖型水利风景区发展。

3. 质量品位提升

进一步提升江苏省水利风景区的交通、卫生、安全等基础设施以及水利旅游环境和服务体系建设水平，丰富景区水科普与水文化内涵，确保水利风景区高品位、特色化发展。到2020年，依托已建省级以上水利风景区，建成"水文化宣传教育示范基地"15家，形成布局合理、功能完善、文化品位浓郁和标准化发展的精品水利风景区。

4. 区域协同发展

根据江苏省水利风景区发展现状，按照统筹发展、因地制宜、区域统筹等基本原则，确定江苏省水利风景区"十三五"发展目标。到2020年，苏南片区水利风景区将达63家，其中南京市、无锡市、常州市、苏州市、镇江市分别达到15家、13家、14家、14家、7家；苏中片区水利风景区将达29家，其中南通市、扬州市、泰州市分别达到5家、13家、11家；苏北片区水利风景区将达66家，其中徐州市、连云港市、淮安市、盐城市、宿迁市分别达到22家、12家、14家、8家、10家。

B.12
福建省水利风景区发展报告

谢祥财 李房英 陈郁敏 肖贵津 卢婧 林达里*

摘 要： 福建省认真落实党的十八大关于加强生态文明建设的要求，通过颁发《福建省水利风景区管理办法》，成立省水利风景区协会，落实省级扶持水利风景区的奖补资金，将森林风景区建设与水生态文明城市建设相结合等措施，使全省水利风景区发展成效显著。

关键词： 水利风景区 协会 资金 落实

一 水利风景区发展形势分析

水利风景区的建设与管理开拓了生态文明建设的新路径，推动了水资源的科学开发、合理利用和有效保护。"十二五"期间，在省委、省政府正确领导下，福建全面贯彻落实2011年中央1号文件和《水利部关于进一步做好水利风景区工作的若干意见》及水利风景区工作会议精神，加大工作力度，持续推进水利风景区的创建与发展工作，取得了显著成效。在迈步进入"十三五"新阶段的社会背景下，福建省水利风景区建设发展也面临诸多新形势、新情况和新要求。

---

* 陈郁敏，福建省水利厅经济管理处处长，景区办主任；肖贵津，福建省水利厅经济管理处工程师。

（一）全省宏观形势

1. 国家经济发展战略惠及福建，为福建水利风景区的发展搭建了更高的平台

一是"一带一路"战略的推进。2015年3月28日，经国务院授权，国家发改委、外交部、商务部联合发布了《推动共建丝绸之路经济带和21世纪海上丝绸之路的愿景与行动》，将福建定位为"21世纪海上丝绸之路核心区"。

二是福建自贸区的设立。2014年12月12日，国务院决定设立中国（福建）自由贸易试验区；2015年3月24日，中共中央政治局审议通过福建自由贸易试验区总体方案；2015年4月21日上午，福建自贸试验区揭牌。

"21世纪海上丝绸之路核心区"、自贸区的建设，将对福建经济社会发展产生现实而又深远的推动作用。

2. 生态文明建设不断推进，为福建水利风景区的发展提供了更好的条件

习近平同志在福建工作的时候，就明确提出了福州生态立市、建设生态福建的要求，拉开了福建生态建设的序幕，奠定了坚实的基础。党的十八大把生态文明建设纳入"五位一体"的总布局，提出必须坚持尊重自然、顺应自然、保护自然，建设美丽中国，努力走向生态文明新时代，为福建省乃至全国水利风景区的发展提供了新的发展机遇。2015年4月，中共中央、国务院印发了《关于加快推进生态文明建设的意见》；8月，中央办公厅、国务院办公厅印发了《党政领导干部生态环境损害责任追究办法（试行）》。党的十八届五中全会又明确提出，要以绿色化统领"四化"，树立创新、协调、绿色、开放、共享五大理念，为新常态下的经济社会发展提出了新要求。作为全国首个生态文明建设先行示范区，福建省各级党委政府、部门更加重视生态文明建设，认真、全面贯彻落实党中央、国务院关于生态文明建设的一系列方针政策，2014年召开了全国生态文明论坛福州年会。充分发挥生态优势和区位优势，坚持解放思想，突出抓好体制机制建设，用好国家支持福建生态建设先行先试的相关政策。规划到2020年，力争实现能源资源利用效率、污染防治能力、生态环境质量显著提升，系统完整的生态文明制度体系基本建成，绿色发展方式、生产方式和生活方式全面大力推行，形成人水和谐、人与自然和谐发展的现代化建设新格局。

3. 省委省政府的政策扶持，为福建水利风景区的发展注入了更大的动力

2012年印发的《关于加快旅游产业发展的若干意见》（闽委发〔2012〕9号），是福建省首次以省委、省政府名义出台的关于加快旅游产业发展的纲领性文件，明确提出了"十二五"乃至今后一个时期福建旅游发展的总体要求、重点任务、体制创新、组织领导和具体政策措施，要求把水利风景区建设作为全省旅游产业发展的重要组成部分。2015年，省政府转发省水利厅、省财政厅《关于开展万里安全生态水系建设的实施意见》（闽政办〔2015〕99号），启动了以实现河畅、水清、岸绿、安全、生态为目标的建设万里安全生态水系工作计划。同年9月，《福建省水利风景区管理办法》（省政府令〔2015〕169号）顺利通过省政府常务会议审议，进一步规范了福建省水利风景区的规划、建设、保护和管理工作，对科学、合理利用水利风景资源将发挥积极作用。

（二）相关行业发展形势

1. 环保事业开创新局面

2015年，是新修订的《环境保护法》的实施之年，也是全面完成"十二五"环保规划目标任务的收官之年。福建省深入学习贯彻党的十八大，十八届三中、四中全会和习近平总书记系列重要讲话及来闽重要讲话精神；认真贯彻省委九届十一次、十二次全会决策和省"两会"精神，落实全国环境保护工作会议、全省环境保护工作视频会议的要求和《福建省环境宣传教育行动纲要（2011~2015年）》提出的目标、任务；坚持围绕中心，服务大局，围绕"三个必须"的要求，主动服务科学发展跨越发展，提高环境舆论引导能力，加强面向社会的环境宣传教育，推进公众理性有序参与环境事务，提升环境宣传教育实效，全面完成"十二五"环境宣教目标任务，

为建设"机制活、产业优、百姓富、生态美"的新福建,营造了良好的氛围和舆论环境。

2. 现代农业迈出新步伐

新时期福建省着力加快发展特色现代农业,以特色促进农业转型升级,用特色提升农业现代化发展水平。全省各级领导极为重视农业转型,以科技为先导,以产业为链条,走集约化、市场化和组织化道路。一是着力发展特色产业。如三明市委、市政府先后出台《建设农业强市的若干意见》《千亿现代农业产业跨越发展行动计划》。二是着力打造特色园区。围绕加快"一县一特色农业园区"建设,强化园区用地、用电政策保障,重点推进永安市国家级现代农业示范区、三明现代农业科技园、清流县国家级台湾农民创业园、尤溪县省级农民创业园等"一区三园"项目实施。三是着力深化特色改革,持续完善集体林权等制度改革。四是着力培育特色品牌。加强农业品牌建设,抓好"三品一标"认证。

3. 城镇化建设走向新型化

福建省在城市建设上紧随时代脚步,大力推动智慧城市建设。各地按照国家旅游局、省旅游局的工作部署,积极推动智慧旅游试点城市建设,稳步发展全省旅游行业信息化。2014年福州、厦门、龙岩、武夷山四个智慧旅游试点城市建设成效初显。福州市抓住物联网、云计算等信息技术创新发展及"智慧旅游年"的有利时机,编制智慧旅游建设规划并付诸实践。厦门市以智慧旅游为主题,围绕休闲度假、商务会展、滨海旅游、海峡旅游和文化旅游五大产品体系,在智慧服务、智慧管理和智慧营销等方面不断创新发展模式。龙岩市建设了一批智慧旅游应用项目,有序推进智慧旅游试点城市建设。武夷山市围绕"国际旅游度假城市"建设目标,初步完成了17个项目的建设。

2014年,根据财政部、住房和城乡建设部、水利部等《关于开展中央财政支持海绵城市建设试点工作的通知》,全国共16个城市纳入试点,中央财政予以支持。《国务院办公厅关于推进海绵城市建设的指导意见》(国办发〔2015〕75号),对进行海绵城市建设提出了更高要求,到2020年,城市建成区20%以上的面积要达到目标要求;到2030年,城市建成区80%

以上的面积要达到目标要求。城市河湖型和湿地型水利风景区、水生态文明试点城市建设的主旨是在水资源可持续利用、水生态体系完整、水环境优美方面与海绵城市的建设目标高度统一。

4. 旅游经济提升新水平

近年来，旅游业作为综合性产业，规模不断发展壮大，已经成为战略性支柱产业，工作成效显著。福建山水林海资源禀赋好，生态环境优良，尤其是生态旅游资源独特，加上高速铁路、高速公路、港口与航空等立体化交通网络建设的同步推进，为水利风景区的持续健康发展提供了重要交通基础，也促进了旅游业的快速发展。全省旅游经济运行势头良好，2015年上半年累计接待游客1.15亿人次，实现旅游总收入1344.43亿元，各项旅游经济指标均好于全国平均水平。省政府5月份专门出台了《关于进一步深化旅游业改革发展的实施意见》，对加快推动全省旅游业科学发展、跨越发展，加快把旅游业培育成为福建国民经济的战略性支柱产业，起到了极大的推动作用。作为生态旅游重要组成部分的水利旅游，必将在共同唱响"清新福建"旅游品牌中得到提升与发展。

（三）水利行业发展形势

福建省围绕贯彻落实2011年中央1号文件、党的十八大精神，以及中央和省委省政府对水利改革发展的一系列部署要求，从"四个立足、四个着力推进""提供四水保障"到"强水利、美生态、富百姓、建队伍、保平安"，"十二五"期间治水思路不断丰富拓展、与时俱进。福建省围绕水土保持和生态修复，在节水型社会建设、水资源保护、水功能区监管、河流水质监测评价、水生态建设等方面成效明显。围绕最严格的水资源管理制度、防洪抗旱减灾管理、河湖管理、水利工程建设管理、水利行业安全监督管理、水利投融资机制改革、水资源和水利工程管理体制改革、农村水利管理体制改革、水利工程供水价格改革等方面进行总结，全省水利改革持续深化。按照《福建省人民政府关于进一步扩大有效投资的若干意见》（闽政〔2015〕29号）的精神，2015年福建省水利年度投资计划从255亿元调增

到332亿元,增长30%。投资重点主要包括万里安全生态水系、重大水利项目和面上水利项目建设领域。截至2015年10月底,332亿元的水利投资计划已完成294亿元,完成率为88.4%,总体进展顺利。

二 水利风景区发展概况

(一)发展规模

自2001年水利部启动国家水利风景区评审以来,福建省水利厅按照水利部《水利风景区发展纲要》《水利风景区管理办法》《水利风景区评价标准》以及2015年省新出台的《关于开展万里安全生态水系建设的实施意见》《福建省水利风景区管理办法》等要求,进一步加强了水利风景区的建设与管理。在积极争取政府主渠道投入的同时,注重运用市场手段,广开门路,招商引资,多层次、多渠道增加对水利风景区建设的投入,建成了一大批高品位、有价值的水利风景区。从发展规模来看,2015年福建省新增国家水利风景区6家,新增省级水利风景区13家,截至2015年底,全省共有国家水利风景区27家、省级水利风景区58家。

表1 福建省国家水利风景区名录

序号	地区	景区名称	备注
1	福州市	福清东张水库石竹湖水利风景区	第一批
2		永泰县天门山水利风景区	第六批
3	厦门市	厦门天竺山水利风景区	第十五批
4	宁德市	宁德东湖水利风景区	第十四批
5		柘荣青岚湖水利风景区	第十五批
6	莆田市	莆田市木兰陂水利风景区	第十三批
7		仙游县九鲤湖水利风景区	第三批
8	泉州市	德化县岱仙湖水利风景区	第八批
9		泉州市山美水库水利风景区	第十三批
10		泉州市金鸡拦河闸水利风景区	第十四批
11		永春桃溪水利风景区	第十五批

续表

序号	地区	景区名称	备注
12	漳州市	华安县九龙江水利风景区	第十一批
13		漳州开发区南太武新港城水利风景区	第十三批
14		南靖县土楼水乡水利风景区	第十四批
15	龙岩市	龙岩市梅花湖水利风景区	第九批
16		永定县龙湖水利风景区	第十一批
17		漳平市九鹏溪水利风景区	第十二批
18		连城冠豸山水利风景区	第十五批
19		漳平台湾农民创业园水利风景区	第十五批
20	三明市	三明市泰宁水利风景区	第十三批
21		永安市桃源洞水利风景区	第六批
22		尤溪县闽湖水利风景区	第九批
23	南平市	南平延平湖水利风景区	第五批
24		顺昌县华阳山水利风景区	第十三批
25		武夷山市东湖水利风景区	第十三批
26		邵武市云灵山水利风景区	第十四批
27		邵武天成奇峡水利风景区	第十五批

（二）发展类型

从景区类型来看，全省国家水利风景区包括水库型、自然河湖型、城市河湖型、灌区型、湿地型五种形态，其中水库型18处，占福建国家水利风景区总数的66.7%；自然河湖型5处，占总数的18.5%；城市河湖型1处，占总数的3.7%；灌区型2处，占总数的7.4%；湿地型1处，占总数的3.7%。省级水利风景区包括水库型、自然河湖型、城市河湖型、灌区型及湿地型，其中水库型32处，占省级水利风景区总数的55.2%；自然河湖型20处，占景区总数的34.5%；城市河湖型2处，占景区总数的3.4%；灌区型2处，占景区总数的3.4%；湿地型2处，占景区总数的3.4%。水库型水利风景区是福建水利风景区的主要形态，河湖型水利风景区建设近几年也得到了较快发展，为水生态文明城市建设提供了支撑。

（三）区域分布

从区域布局来看，福建省各地的水利风景区建设基本做到了均衡布局、协调发展。国家水利风景区的分布情况为：福州市2处、厦门市1处、宁德市2处、莆田市2处、泉州市4处、漳州市3处、龙岩市5处、三明市3处、南平市5处。省级水利风景区的分布情况为：省属2处、宁德市7处、莆田市10处、泉州市8处、漳州市5处、龙岩市4处、三明市6处、南平市15处、平潭综合实验区1处。

（四）综合效益

党的十八大提出生态文明建设，福建省水利厅按照省委、省政府统一部署和水利部关于水生态文明建设的要求，积极开展以水利风景区为支撑的水生态文明示范县和以"河长制"为抓手的"美丽河流"试点建设活动。各级政府及水利部门将水生态文明和水利风景区创建纳入责任目标考核内容，并结合"美丽城镇"和"美丽乡村"建设，统筹"治水"与"造景"，使水工程与水环境、水生态、水景观、水文化、水经济等精神内涵在水利风景区的创建中得到充分彰显。

此外，福建省水利厅通过会议宣传、走出去宣传等途径，着力扩大水利风景区的影响力和知名度，同时积极参与福建省"十三五"旅游规划、福建省水利发展"十三五"规划中水利风景区部分的制定工作，以水利促进经济社会可持续发展、创造人水和谐的生态环境。目前，福建省水利风景区发展总体呈现出结构优化、品质提升、投入增加、管理加强、服务提高、效益增长、社会影响日益扩大的良好态势，为促进水生态文明建设，实现"强水利，富百姓，美生态"目标做出了积极贡献，达到了经济效益、社会效益、生态效益的有效统一。

三 水利风景区发展特征

（一）发展特征

1. 助力美丽乡村、新型城镇化建设

按照省委、省政府统一部署和水利部关于水生态文明建设的要求，福建省水利厅积极开展以水利风景区建设为支撑的水生态文明示范县和以"河长制"为抓手的"美丽河流"试点建设活动。各级政府及水利部门将水生态文明和水利风景区创建纳入责任目标考核内容，并结合"美丽城镇""美丽乡村"建设，统筹"治水"与"造景"，使水工程、水资源与水生态、水景观、水管理、水文化的内涵在水利风景区创建中得到充分彰显。全省共创建省级以上水利风景区58处，形成各地竞相创建的良好局面。

2. 强化水利风景区行业管理职能

按照《水利风景区管理办法》（水综合〔2004〕143号）规定，水利风景区管理单位在水行政主管部门和流域机构的统一领导下，负责水利风景区的建设、管理和保护工作。福建省积极探索，创新水利风景区管理机制，充分发挥水利风景区协会的作用，坚持市场导向、行业自律、服务会员的协会宗旨，积极推动水利风景区发展。福建省水利风景区管理单位与水利工程管理单位、水资源管理单位间，做到产权清晰，责任明确，风险共担，利益共享，在保证工程安全的同时，共同承担了促进水利风景区水资源和生态环境安全的责任。

3. 融入当地水生态、水文化建设

根据水利部关于加强水生态、文化建设的要求，福建省将水生态修复、水文化展示作为水利风景区建设的一个重要内容来抓。结合贯彻落实2011年中央一号文件及《水利部关于进一步做好水利风景区工作的若干意见》的精神，福建省将水利风景区建设与民生水利、生态水利建设一同部署，全面贯彻"水安全、水环境、水景观、水生态、水文化、水经济"六位一体的建设理念，按照"点、线、面"相结合的工作思路，立体治水，追求人与自然和谐统一，扎实推进水生态文明建设。

（二）建设特征

福建省水利风景区的建设得到了各级政府和各有关部门的重视和支持，呈现出如下特征：一是分布更广。福建山清水秀，生态环境优美，基础较好，水利风景区建设的自然资源丰富，水生态条件独特。自2001年启动水利风景区建设，经过多年实施，全省水利风景区从无到有，分布范围不断扩展，配套设施日益完善。二是规模更大。水利风景区品牌效应的扩大，也调动了管理单位加大投入力度、扩大景区规模的积极性，有的景区投入从数百万元增加到上千万元、上亿元，实施景区改造扩建工程，景区经营档次和规模得到有效提升，营运效益也同步提高。三是品位更高。水利部门按照"项目打捆、资金整合、打造精品"的要求，统筹整合水务、移民、旅游、国土、交通、农业等部门的项目资金，精准发力、定向施策，合纵连横推进水利风景区加快建设。积极推动"精品工程"建设，与省旅游局开展水利风景区与A级景区联评联创活动，评选3A以上水利旅游景区10家；与住建部门共同打造"美丽乡村"，创建美丽水乡和美丽河流；与林业、海洋渔业部门联手，创建"水上人家"和"森林人家"等景区，深得群众好评与喜爱。四是投融资渠道更多。水利风景区按照"政府主导、市场运作、企业经营、群众参与"的开发经营模式，实行"低门槛"进入和"高标准"建设，多渠道引进社会资本，提升景区发展活力。在资金投入方面，一靠政府及有关部门的大力支持，大搞植树造林、绿化景区等活动；二靠管理单位投入，招商引资，增加景点建设；三靠景区经营公司的自我滚动发展，逐年改造、提升旅游项目的档次与水平。

（三）管理特征

1. 制度建设有创新。全省上下致力于建立长效机制，以保证水利风景区工作持续、健康发展。在依法治国、依法治水的大背景下，酝酿多年的《福建省水利风景区管理办法》，于2015年9月6日经省人民政府第46次常务会议通过已发布，自2016年1月1日起施行。这为规范水利风景区规划、建设、申报、认定和管理运营，以及实现水利风景资源的有效保护和合理开发利用，提供了法律和制度保障。

2. 激励机制有亮点。多年来，福建省努力协调各方，建立水利风景区激励机制。2015年，省级财政首次安排水利风景区专项资金1000万元，用于景区范围内的水工程景观改造、水生态修复、水环境治理、水科普教育和水文化展示，以及安全护栏、导览标识、标牌设施建设等。同时，泉州市对国家、省级水利风景区给予了一定的资金激励。激励机制的建立，进一步促进了水利风景区的建设与发展。

3. 景区布局有优化。严格按照相关标准，抓好景区创建工作，不但景区数量继续保持快速增长，而且进一步优化了景区布局，实现了国家水利风景区在各设区市的全覆盖。同时，全省水利风景区建设内涵进一步彰显，社会影响进一步扩大，景区创建步伐加快。2015年共创建国家、省级水利风景区19处，其中国家级6处，比上年增长50%；景区质量进一步提升，2015年获批准设立的6处国家水利风景区，有3处已获得国家4A级旅游景区认定。

4. 部门协作有突破。福建省水利部门主动将水利风景区工作融入全省旅游产业发展大格局，与有关部门务实协作，积极承担、落实省旅游产业领导小组分解的任务，努力提升水利风景区品质，完成创建A级景区5家，打造十项重点水利风景区旅游项目。此外，积极与福建农林大学协作，配合国家水利风景区研究中心开展相关工作。

5. 宣传培训有实效。结合世界水日、中国水周，开展水利风景区宣传活动；省景区办建立了水利风景区网站、微信平台，制作了《水秀八闽美如画——走进福建水利风景区》专题片。专门举办公务员培训班，组织160人次参加了2015年的水利风景区培训活动。

6. 提供服务有特色。充分发挥福建省水利风景区协会的作用，积极支持协会参与景区有关工作，服务行业、服务景区、服务企业。水利风景区协会参与了《福建省水利风景区管理办法》的制定和《福建省水利风景区十三五发展规划》的编制；参与宣传、培训等工作；组织水利风景区相关单位开展交流合作，提供相关服务。

（四）发展亮点

1. 提升水利风景区行业管理水平

近年来，福建水利风景区行业管理主要有四个方面的特色与亮点：一是

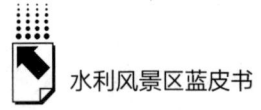

做好顶层设计。编制了《福建省水利风景区发展规划》，指导全省水利风景区实现科学发展、跨越发展。二是注重法规建设。在全国率先由省政府出台了《福建省水利风景区管理办法》，从法规层面建立了保障水利风景区健康发展的长效机制。三是积极争取财政资金支持。2015年，省级财政安排水利风景区专项资金总额1000万元，对国家、省级水利风景区管理单位实施以奖代补。四是成立福建省水利风景区协会。创新思维，努力探索社会组织参与水利风景区行业管理、提供服务、促进发展的新路径。

2. 促进水生态文明建设

水利风景区是水生态文明建设的重要抓手。实践证明，凡是重视水生态文明建设的地方，水利风景区工作就有起色，而景区创建取得较大成效的地方，对当地水生态文明建设也产生了积极的促进作用，两者相辅相成，互相促进。如福建莆田、南平、长汀对创建水利风景区工作十分重视，是全省水利风景区创建"大户"，平均每个县（市、区）拥有水利风景区1.75个，是全省平均0.82个的2倍多。同时，这些地方也是水生态文明建设走在前列的地区，都是水利部确定的水生态文明建设试点市（县）。在福建拥有的4个国家级、9个省级生态旅游示范区中，分别有3个和7个同时也是水利风景区，各占75%和78%。

3. 带动当地经济社会发展

福建省有丰富的茶文化、世界文化遗产福建土楼、海上丝绸之路重要起点等独特的人文景观，更有闽南红砖、漳州云水谣、朱子文化、闽都文化、妈祖文化以及闽南文化等民俗景观，多层面展示了福建独具特色的旅游资源与产品。这为水利风景区的运营和水旅游的开展，提供了有利条件。据初步统计，截至2015年7月31日，全省27个国家水利风景区共接待游客1041万人次，创造旅游产值291392万元，累计收入531636万元，带动就业85116人，其中直接就业19865人，间接就业65251人。水利风景区的建设发展，不仅为当地创造了税源，解决了就业，为当地百姓增加了收入，而且为唱响"清新福建"旅游品牌、生态旅游业态的形成与发展、推进当地生态文明建设、改善人们生活与居住环境、促进人水和谐，都做出了积极贡献。如南靖土楼水乡和泰宁国家水利风景区，都在自身发展的同时，对当地经济社会发展产生了积极的影响。

4. 融入水利中心工作

水利风景区是展示水利改革发展成果的重要窗口，是弘扬水文化的重要阵地。通过建设、宣传水利风景区，引导公众知水、节水、护水、亲水，拉近了水利与公众的距离，为水利建设创造了良好的社会氛围。同时，水利风景区发展也提高了水利的地位，扩大了水利的影响，树立了水利的良好形象，增强了水利人的自豪感和责任感，提高了水利人投身现代水利事业的自觉性。永春县、漳平市、邵武市等坚持水利风景区建设与水利中心工作两结合，两促进，相得益彰，有声有色。

5. 保护水生态环境

水工程、水生态环境的保护，是贯穿水利风景区建设与管理始终的基本理念。设立水利风景区，既是对水工程、水生态环境保护所取得成效的认可，也是一种压力和责任。如福清市石竹湖，泉州山美水库、金鸡拦河闸等水利风景区，担负着重要的供水任务，保护水资源、水环境任务繁重。设立水利风景区后，管理者他们变压力为动力，变责任为奉献，水利风景资源及水生态环境的各项保护制度日趋完善，保护措施得以落实，使水利风景区所在区域天更蓝、山更绿、水更清、景更美，工程更安全，综合效益不断提升。

四 成效与经验

（一）建设成效

1. 综合利用各方资源，培育新的增长点

水利风景区成为经济发展新的增长点，有效提高了区域资源的综合利用价值，带动了当地的交通、商贸、旅游、生态农业等相关产业的发展，促进了居民的就业和收入增加。同时扩展了水利服务职能，推动了水利与农业、加工业、服务业等产业的协调发展，拉长了水利产业链条，形成了以水资源

利用为核心、水利旅游为纽带,多种产业协调联动的平台,促进了不同产业在同一区域的有效整合以及更多新型业态的产生和发展。国家和省级水利风景区的建设,有利于改善当地民生、打造景区周边中心城市的新品牌、促进当地旅游跨越式发展、构造生态环境保护的新平台,从而实现生态效益、经济效益和社会效益的有机统一。

2. 保护改善水生态,营造优美人居环境

福建省创建的水利风景区,尤其是城市河湖型水利风景区,对水生态环境的保护改善作用显著。城市河湖型水利风景区的作用,一是为保护城市水系水源,对各水系上游流域进行综合生态修复。通过植树种草,增加拦蓄水设施,控制水土流失,涵养、补充水源,防治水污染,为城区水系提供充足、优质的水源,美化城区水环境,提高居民幸福指数。二是对城区内自然沟渠进行生态修复。城市在发展中侵占了河道沟渠,造成水系不畅,水质恶化,有的成了污水沟、垃圾沟。通过水利风景区建设、生态修复等综合治理措施,可提升河流水质。三是适度建设梯级拦水、拦沙工程,推进污水分流等,形成连绵不断的溪流、跌水、瀑布等景观,形成优美的人居环境。

3. 创新水利风景区体制、机制,促进水利改革和发展

水利管理体制改革难度大、情况复杂,既要实现管养分离,又要稳定基本队伍,推进规范化管理,还要进一步提高水利行业职工的生活待遇。发展水利风景区,大力带动当地相关产业的发展,提供一定的就业机会,增加了群众的收入,水管单位也是一举多得,特别是水利风景区管理体制、机制的创新,有力促进了水管单位的体制改革,增强了水管单位的经济实力,增强了水利发展的活力。

(二)经验总结

1. 坚持创新体制机制,促进景区良性发展

福建省水利行业和相关部门高度重视水利风景区的建设与管理工作,积极培养和引进水利风景区建设与经营管理专门人才。2012年,福建省成立了水利风景区建设与管理领导小组及办公室,为推进水利风景区工作提供了组织保障。在景区管理上，坚持"独立经营，统一管理"的原则，按照旅游业营运的标准，结合水利工程管理的需要，制定了一系列景区管理制度，包括景区工程保护、水资源保护、环境、卫生、安全等多个方面，有效地保证了景区安全健康全面发展，为今后水利风景区的开发与可持续发展提供了宝贵经验。

2. 坚持政府主导，科学编制规划，搞好顶层设计

福建省水利部门在对全省水利风景区资源进行调查评价的基础上，编制了福建省水利风景区发展规划，同时各景区管理单位也组织力量，认真编制景区规划。在规划落实过程中，与新农村建设、美丽乡村建设、新型城镇化建设等工作紧密结合。明确工作目标，增加旅游投入，以"可持续发展"和"再现自然"为宗旨，分步实施。切实搞好水利旅游资源与水环境的保护工作，正确处理开发与保护的关系，着力保护、培育、优化生态系统，构建以生态系统保护、水资源保护、污染源防治为主的环境保护体系。根据水利旅游的特色和得天独厚的条件，把水利风景区建设成为生态环境优良、生物种群多样、可持续发展的复合人工生态系统，有效推动了水利风景区的可持续发展。

3. 坚持多层次多元化，拓宽投融资渠道

在水利风景区建设过程中，一方面积极争取国家和各级政府投入，一方面积极招商引资，同时建立了多元化投资体系。采取独资、合资、租赁、股份合作等多种方式，拓宽投融资渠道，逐步构建多元化、可持续的投融资体制，为水利风景区建设提供资金支持和保障。

五 对策与建议

（一）存在问题分析

1. 法律法规体系不健全

2004年，水利部制定《水利风景区管理办法》；2006年，水利部印发

《水利旅游项目管理办法》，对水利风景区的建设与管理发挥了重要指导作用。但面对新形势、新任务、新要求，原有办法还不适应实际需求，亟须进行修订。同时，对处理好水利风景资源保护与开发利用的关系、划定水利风景区的生态保护红线，以及对公益性的水利风景区建立生态补偿机制等，还缺少相关的法律政策支撑。

2. 规划落实不到位

一些地方对规划的重要性认识不够，存在擅自改变规划或者违反规划开展项目建设等问题，导致水工程、水环境、水资源安全遭到威胁甚至破坏。有的景区规划与交通、环保、住建、旅游等方面的规划脱节，从而难以落地，甚至发生矛盾冲突。

3. 资金渠道不通畅

水利风景区建设是水生态文明建设的重要组成部分，其主要功能是维护水工程、保护水资源、改善水生态、弘扬水文化、发展水经济等，属社会公益性事业，但各级政府层面的建设与管理资金渠道还不通畅，不少景区主要靠自己"找米下锅"。

（二）发展建议

一是抓紧修订《水利风景区管理办法》《水利旅游项目管理办法》等法规，研究制定景区资源保护与利用等新的法律法规。规范水利风景区的建设和管理，在切实保护好的基础上，开发利用好水工程、水资源、水环境、水生态、水文化等重要的水利风景资源。

二是切实做好顶层设计，科学编制水利风景区发展规划，并督导严格执行，确保在规划指导下进行水利风景区的建设与管理活动。

三是积极探索不同部门、不同行业、不同区域、不同经济成分的多种合作方式，创新发展模式，增强水利风景区发展的活力与后劲。

（三）发展态势与展望

今后将重点围绕以下几方面开展工作。

1. 大力宣传、认真贯彻落实《福建省水利风景区管理办法》

一是通过多种形式大力宣传《管理办法》，引起各级政府、各个部门及社会力量对水利风景区工作的重视，营造氛围，形成共识合力，共同推进福建水利风景区工作不断向前发展。二是认真研究、制定相关配套政策，如水利风景资源等级评价标准、水利风景区（省级、县级）认定标准等，使《管理办法》有关规定能落到实处，真正发挥作用。

2. 积极谋划、科学编制水利风景区发展规划

未来五年是全面建设小康社会的攻坚阶段，也是加快推进水生态文明城市建设的关键阶段。福建省水利部门计划结合编制（修订）福建水利"十三五"发展规划，落实生态省建设要求，谋划、编制好福建省"十三五"水利风景区发展规划。

3. 加强监管，努力推动水利风景区工作再上新台阶

针对国务院取消非行政许可审批的新情况，应研究加强水利旅游项目事中事后监管新机制；积极探索建立水利风景区动态监管机制；加强检查执法，将水利风景区执法纳入水政综合执法体系。

4. 主动对接，积极融入水生态文明城市建设

福建省长汀县、莆田市和南平市已被列入水利部水生态文明城市建设试点，全省在水利风景区建设与水生态文明城市融合方面仍有广阔的发展空间。已被列入试点的城市，要注重水生态文明建设与水利风景区的相互融合，努力打造精品水利风景区，在有条件的景区内，积极开发涉水旅游项目。

B.13
湖北省水利风景区发展报告

王学峰 李俊辉 孙义福 邱艳 李默*

摘 要: 2001~2015年，湖北省已经建成省级以上水利风景区62个，其中国家级16个，省级46个。在建设与管理方面取得了较好成绩，成效明显，特色鲜明，为今后开展工作积累了宝贵经验，但是，全省水利风景区的发展仍然存在诸多问题，亟须解决，有待进一步提高思想认识、完善管理体制、增加经费投入、加强人才队伍建设，提高全省水利风景区建设与管理水平。

关键词: 水利风景区 发展 特征 问题 对策

一 水利风景区发展形势分析

（一）全省宏观形势

2015年，湖北省继续推进"五个湖北"（富强湖北、创新湖北、法治湖北、文明湖北、幸福湖北）建设，实施"让千湖之省碧水长流"发展战略，经济社会发展取得了显著成效，有力地推动了全省水利风景区的建设和发展。

1. 深入实施"一元多层次"发展战略

以构建"支点"（打造促进中部地区崛起的重要战略支点）为一元，实

---

* 李俊辉，湖北省水利经济管理办公室副主任，高级工程师，主要从事水利工程管理、水利风景区建设与管理工作；邱艳，水利部综合事业局工程师；李默，新华水利控股公司工程师。

施"两圈两带"（武汉城市圈、鄂西生态文化旅游圈；长江经济带、汉江生态经济带）、"一主两副"（武汉；宜昌、襄阳）等战略；打造大别山革命老区和武陵山少数民族经济社会发展试验区、荆州"壮腰工程"等工作平台。抢抓长江经济带建设重大历史机遇，优化经济发展的空间格局，形成了多点支撑、多极带动、各具特色、竞相发展的区域发展新格局。高起点高水平建设综合交通运输体系，推进武汉长江中游航运中心、三峡翻坝综合运输体系、洞庭湖生态经济区等重大工程，提升长江黄金水道功能。依托沿江国家级开发区、高新技术园区、承接产业园区、汉孝临空经济区，打造具有全球影响力和竞争力的沿江工业走廊、现代服务业集聚区、现代农业示范区和新型工业化示范区，打造长江中游全产业链高地。推进汉江生态经济带与长江经济带协同发展，促进产业配套衔接和资源整合利用，推进汉江沿江主要港口与长江港口对接。开展江汉运河生态旅游城镇带建设，形成"两江对接、两带共赢"的发展格局。十堰、宜昌、神农架林区进入全国首批生态文明先行示范区，武汉"海绵城市"建设试点稳步推进。

2. 出台促进旅游发展地方政策

2015年3月19日，湖北省政府出台《关于促进旅游业改革发展的实施意见》（鄂政发〔2015〕17号），推出了一揽子旅游改革方案：强化旅游资源整合和资本运作，组建湖北旅游集团公司，设立湖北省旅游产业基金；将研学旅游、夏令营、冬令营等纳入中小学生日常德育、美育、体育教育范畴，建立高等学校寒暑假调整和中小学放春假、秋假制度；将带薪年休假制度作为劳动监察和职工权益保障的重要内容；大力发展乡村旅游，在大别山、武陵山、秦巴山、幕阜山四大连片特困地区开展旅游扶贫攻坚工程，推进旅游与农业、贫困地区特色优势产业的融合，开发历史文化、民俗风情、地质奇观、乡村风貌、田园风光等旅游资源，同时实施"富美乡村"旅游扶贫工程和"乡村旅游富民工程"等，公布了31项重点任务分工及进度安排的时间表。

3. 举办第十届中国国际园博会，盛装迎客

2015年9月15日，武汉隆重主办了第十届中国国际园林博览会。武汉园博会是华中地区的首次大型园艺博览会，市场前景广阔；便利的区位交通条件确定了湖北作为中国中心枢纽的优势；强大的经济产业基础构筑了武汉国家特大城市的地位；密集的科技教育资源造就了湖北的智力优势；以首义城市和黄鹤故里为特色的城市文化品牌正逐渐成为武汉城市核心竞争力的重要方面之一，为湖北水利风景区建设和水利旅游发展带来了新的发展机遇。

（二）相关行业发展形势

环保方面。湖北省致力打造"生态湖北"，围绕"绿色决定生死、市场决定取舍、民生决定目的"的三维纲要，全省生态县、生态乡镇、生态村创建活动扩面提质，10个县（市、区）获得省级生态县命名或通过技术评估，100个乡镇获得省级生态乡镇命名，1000个村获得省级生态村命名。对环境违法行为、环保"土政策"、环保不作为及乱作为实行"零容忍"，对辐射环境、固废危废、环境应急实行三个"强化"，保持高压态势，严厉查处一切环境违法行为。

城建方面。2015年4月，武汉市正式获批全国首批海绵城市建设试点城市。海绵城市是指城市能够像海绵一样，在适应环境变化和应对自然灾害方面具有良好的"弹性"，雨水多的时候吸水、蓄水、渗水、净水，干旱少雨需水的时候将蓄存的水"释放"出来并加以利用。10月，武汉市政府通过《武汉市海绵城市建设试点工作实施方案》，规划2015~2017年为三年试点期，在青山和汉阳建设示范区，实施逾400个项目。计划到2017年，两大示范区内涝防治标准将提高到20年一遇，所有湖泊水质达Ⅳ类及以上标准。海绵城市建设既是提升城市规划建设水平的一个机遇，也是推进城市河湖型水利风景区建设与管理的一个良好契机。

林业方面。大力实施"绿满荆楚"活动，2015年完成人工造林300万亩，封山育林110万亩，退耕还林33万亩，中幼林抚育600万亩，义务植树1.2亿株。征占用林地面积、森林采伐限额、林业有害生物成灾率、森林火灾受害率均控制在规定指标以下。

旅游方面。为贯彻落实《国务院关于促进旅游业改革发展的若干意见》（国发〔2014〕31号），充分发挥旅游业的积极作用，把旅游业建设成为省战略性支柱产业，湖北省颁发《省人民政府关于促进旅游业改革发展的实施意见》，要求牢固树立大旅游、大产业的观念，按照"大策划、大宣传"的要求，大力推进旅游全域化、现代化、国际化和信息化，加快项目建设和品牌培育，制定和实施有利于旅游业持续健康发展的产业政策。力争把旅游业培育成为湖北省国民经济的战略性支柱产业和人民群众更加满意的现代服务业，把湖北省建设成为国际知名、国内一流的旅游目的地，率先在中部地区建设成为旅游强省。[①] 全年开展"超快感·慢生活"高铁旅游和滑雪、温泉等专项旅游产品促销，向海内外市场大力推介"灵秀湖北"旅游精品。成功举办第八届华中旅游博览会暨长江国际旅游博览会、第六届长江三峡国际旅游节和鄂渝长江三峡轮值主席会、世界华人炎帝故里寻根节等节庆活动。完成2个旅游强县创建，实施旅游扶贫工程，以"旅游强县名镇富美村建设"为主要抓手，推动县域经济发展。

（三）水利行业发展形势

2015年，湖北省全力推进"布局科学、功能完善，工程配套、管理精细，水旱无忧、灌排自如，配置合理、节水高效，河畅水清、山川秀美，碧水长流、人水和谐"的水利强省建设，让千湖之省碧水长流。实施《深化水利改革三年（2014~2016）行动要点和责任分工方案》，创新水生态文明建设模式，启动5个全国水生态文明城市建设试点、13个省级水生态文明城市建设试点。依法加大湖泊保护管理力度，贯彻实施《湖北省湖泊保护条例》和《省人民政府关于加强湖泊保护与管理的实施意见》。2015年4月，省政府印发《湖北省湖泊保护行政首长年度目标考核办法（试行）》，把水利风景区创建工作纳入考核范围。推进江（河）湖水系连通工程建设，启动湖泊确权划界工作，努力办好湖泊水利综合治理项目建设试点和湖泊水生态修复项目建设试点。推进以生态清洁型流域为重点的综合治理示范工程建设，全年治理水土流失面积2000平方公里。

---

① 湖北省人民政府门户网站，http://gkml.hubei.gov.cn/auto5472/auto5473/201504/t20150403_635717.html。

二 水利风景区发展概况

（一）发展规模

2015年，湖北省已建成省级以上水利风景区62个，其中国家级16个，省级46个。国家水利风景区年均增长1个，省级水利风景区年均增长3个。按地区划分，武汉城市圈水利风景区居多，包括武汉、黄石、鄂州、黄冈、孝感、咸宁、仙桃、天门、潜江等9市，自2001年启动水利风景区建设以来，共计建成31个水利风景区，其中国家级7个。鄂西北和鄂西南地区虽起步较晚，但不甘落后，近几年大力度不断追赶和兴建，鄂西北的襄阳、十堰、随州、神农架4市（林区），已认定12个水利风景区，其中国家级2个；鄂西南的宜昌、荆门、荆州、恩施4市（州）已认定19个水利风景区，其中国家级7个。其分布见图1、表1。

图1 湖北省水利风景区空间分布（截至2015年12月）

表1 湖北省水利风景区地区分布情况（截至2015年8月）

地区	包含市、州、林区	市、州、林区数量(个)	国家水利风景区(个)	占全省比重(%)	省级水利风景区(个)	占全省比重(%)
武汉城市圈	武汉、黄石、鄂州、黄冈、孝感、咸宁、仙桃、天门、潜江	9	7	43.8	24	52.2
鄂西北	襄阳、十堰、随州、神农架	4	2	12.5	10	21.7
鄂西南	宜昌、荆州、荆门、恩施	4	7	43.8	12	26.1
合计	—	—	17	16	—	46	—

从全省每年获批的水利风景区数量看，武汉城市圈省级水利风景区增长平稳，2009年增加最多（6个）。鄂西北、鄂西南地区省级水利风景区增加波动较大，鄂西北地区自2007年之后仅在2015年增加3个，鄂西南地区2007年后仅2012年增加1个、2015年增加2个（详见图2）。国家水利风景区发展情况见图3。

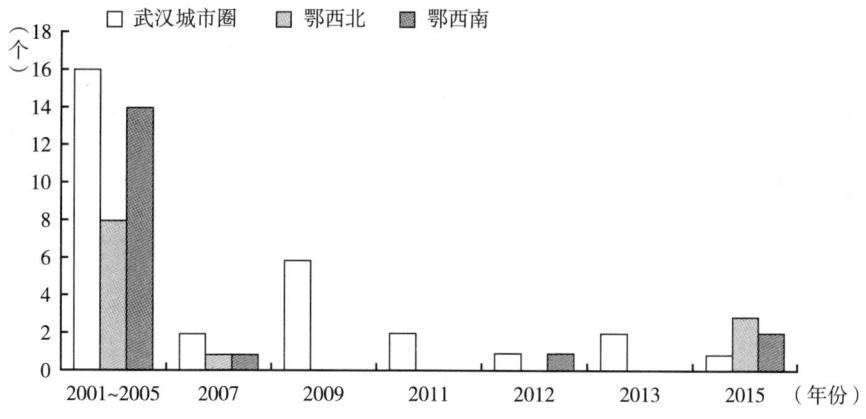

图2 湖北省省级水利风景区发展轨迹（2001~2015年）

（二）空间分布

按照行政区域划分，分布最多的为黄冈市，共有国家和省级水利风景区

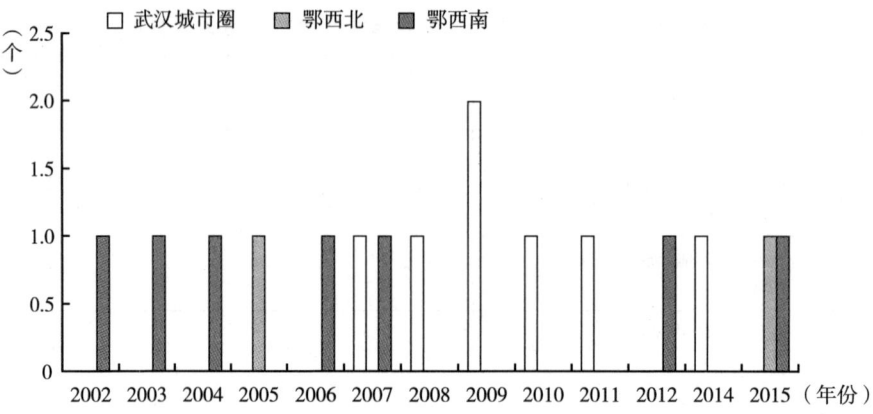

图3 湖北省国家水利风景区发展轨迹（2001~2015年）

17个；其次是荆门市和十堰市，分别以10个和6个位居第二位和第三位；鄂州市、仙桃市、天门市和神农架林区水利风景区空缺。国家水利风景区最多的为黄冈市和荆门市，各3个，武汉市和荆州市各有2个国家水利风景区，居第二位（见表2）。

表2 湖北省水利风景区地区分布

行政区划	水利风景区总数(个)	国家水利风景区数量(个)	省级水利风景区数量(个)	行政区划	水利风景区总数(个)	国家水利风景区数量(个)	省级水利风景区数量(个)
武汉市	3	2	1	黄冈市	17	3	14
黄石市	1	0	1	咸宁市	4	1	3
十堰市	6	1	5	随州市	3	0	3
襄阳市	3	1	2	恩施州	1	1	0
宜昌市	5	1	4	仙桃市	0	0	0
荆州市	3	2	1	天门市	0	0	0
荆门市	10	3	7	潜江市	3	0	3
鄂州市	0	0	0	神农架林区	0	0	0
孝感市	3	1	2	合计	62	16	46

注：该表将省直管水利风景区纳入所在行政区划统计。

（三）发展类型

我国水利风景区分为水库型、自然河湖型、城市河湖型、湿地型、水土保持型和灌区型六类。从湖北省情况看，已有的62个水利风景区以水库型为主，共有50个，占总量的80.7%；自然河湖型6个，占9.7%；灌区型2个，占3.2%；城市河湖型2个，占3.2%；湿地型1个，占1.6%；水土保持型1个，占1.6%。其中，16个国家水利风景区中，水库型共有12个，占总量的75%；自然河湖型2个，占12.5%；城市河湖型2个，占12.5%。

三 水利风景区发展特征和亮点

（一）发展特征

1. 成效与问题同在

湖北省号称"千湖之省"，省水利部门抢抓水利建设大发展的机遇，依托水利工程资源的突出优势，以培育生态、优化环境、保护资源、实现人与自然和谐相处为目标，大力开展水利风景区的建设与管理工作。2015新建国家水利风景区2个、省级水利风景区3个，有效地促进了水利工程的安全维护、水源涵养和生态保护等，促进了区域经济发展和水利建设进程。水利风景区建设虽然取得了可喜的成绩，但是仍然存在不少问题亟须解决。

2. 挑战与机遇共存

由于水利风景区建设投入大、收效慢、竞争性强，又与景区水资源保护、水利工程维护等方面关系复杂，全省水利风景区建设与管理一直面临着认识不到位、体制不顺畅、投入不充足等发展难题。2015年，全省面对挑战，抢抓机遇，认真贯彻中央大力推进生态文明建设和国务院、省政府关于促进旅游业改革发展实施意见，大力推进水利风景区建设，取得了明显成效。

3. 压力与动力并存

2015年，在水利风景区建设与管理面临诸多压力的情况下，湖北省以水生态系统保护与修复工作为切入点，通过一系列工程与非工程措施，实现

了水系连通、河畅其流、水复其动，推动恢复了河湖生态系统及其功能，构建了稳定、健康的水生态系统。同时，注重提升文化品位，注重美化亮化，实现了水生态修复与水利风景区建设的有机结合。

（二）建设特征

1. 建立"十三五"水利风景区建设项目储备库

省水利部门在全省开展了水利风景资源调查工作，全面掌握了水利风景资源现状，摸清了资源类型、规模和空间分布，编制了《湖北省水利风景区资源开发与保护调查报告》，分析存在问题，提出了措施建议，汇总形成了304个湖北省已建、待建水利风景区项目库。省水利厅水利风景区建设与管理领导小组各成员单位结合部门工作实际，研究确定了2016～2020年水利风景区分年创建具体安排，整合资金予以支持。

2. 水利风景区建设与水利工程建设有机融合为一体

各景区所在地政府及相关部门积极支持水利风景区建设，努力将景区建设融入工程建设中，实现工程绿化美化与生态文明建设相结合，大力推进水文化建设及水利科技知识普及，提升水利工程的文化品位。黄冈市推行以奖代补的景区建设激励机制。麻城市政府明确水利风景区项目建设有关行政性收费一律减免。咸宁、黄石等地在进行淦河、磁湖污染治理的同时，注重沿岸景观和绿化带建设，努力把每项治理工程都建成景点。

3. 水利风景区建设与当地旅游发展结合起来协同发展

旅游产业发展为水利风景区建设提供了良好的契机，增加了建设资金的投入，提升了景区的社会吸引力和美誉度。以漳河水利风景区为例，漳河工程管理局每年拿出近百万元对景区岛屿、水库岸线进行绿化美化。漳河水利风景区自成立以来，共投入资金5000多万元，用于道路交通和旅游项目建设，重点开发观音岛、观音寺景区，建设了森林攀爬、网箱垂钓、晃晃桥、飞天走索、滑索、参禅祈福、水上乐园等一批生态旅游项目。在鄂西生态文化旅游圈投资公司的大力支持下，投资8000多万元，新建漳河旅游码头、太一阁、游客中心和漳河阳光沙滩等生态旅游项目，进一步完善了景区的旅游设施和接待服务设施。迄今为止，全省已成功打造13条精品线路，其中漳河水库—当阳长坂坡三国游、天堂水库—天堂寨大别山红色旅游、毕升湖（詹河水库）漂流、恩施龙麟宫（恩施高桥水库）民族风情游等一批与水利风景区紧密相连的旅游项目已成功进入省级旅游精品线路。

（三）管理特征

1. 水利风景区管理体系不断完善

湖北省水利厅成立了水利风景区建设与管理领导小组，由分管厅领导任组长、分管湖泊水库工作的副厅级领导任副组长，各相关处室、单位为小组成员。建立了水利风景区建设与管理成员单位联络员制度。每逢年初岁首，专门召开两次水利风景区专题会议，如有特别议题，则临时召开会议，及时研究解决水利风景区建设与管理的问题，妥善安排部署工作。出台了《湖北省省级水利风景区评定办法》和《湖北省水利风景区评审复核管理办法》。将国家和省级水利风景区建设情况纳入省政府每年公布的湖泊保护白皮书范围，作为省政府对地方政府湖泊保护行政首长年度目标责任考核的依据。建立了省级水利风景区评审专家库，涵盖水利、林业、环保、农业、经济、旅游等多个领域的数十位专家。成立了湖北省水利学会水利风景区专业委员会，主要负责组织水利风景区建设与管理领域内的科学研究、学术交流、科普宣传和技术咨询活动，组织评议、审定相关学术论文，推荐优秀论文和科普作品，组织开展继续教育与技术培训，发现并推荐优秀科技人才等。

各地成立水利风景区建设与管理工作领导机构，不断健全水利风景区管理体制。全省从上到下建立了水利风景区建设与管理成员单位联络员制度。通山县政府还与湖北省富水水库管理局建立了富水湖水利风景区建设与管理联席会议制度，推进整合相关部门的职能，加强对富水湖水利风景区的规划、建设与管理。

2. 开展水利风景区评定复核

湖北省水利厅切实加强全省水利风景区的动态监管，强化考评引导，建立优胜劣汰机制，对已建景区的安全管理、水资源保护、综合效益发挥、运

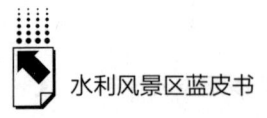

营管理等逐一进行检查，提出评价意见。出台《湖北省水利风景区评定及复核办法》，组织专家对国家和省级水利风景区进行全面复核，凡达不到相应级别标准的，责成景区管理单位于1年内进行整改，届期仍不能达标的，将实行摘牌处理。

3. 成立水利学会水利风景区专业委员会

为推动全省水利风景区发展，湖北省水利厅专门成立了水利学会水利风景区专业委员会，专业委员会主要负责组织水利风景区建设与管理领域内的科学研究、学术交流、科普宣传和技术咨询活动，组织评议、审定相关学术论文，推荐优秀论文和科普作品，组织开展继续教育与技术培训，发现并推荐优秀科技人才等，为全省水利风景区建设与管理提供了技术支撑和优质服务。

4. 加强水利风景区宣传推介

2015年，湖北省水利厅联合荆楚网实施为期三年的"水润荆楚·走进水利风景区"系列活动。已经完成全省11个国家级、7个省级水利风景区的资源调查、文稿采编和美景摄影工作，并在有关网站发布水景观图片近千张，制作了"水润荆楚"PC端活动专题。举办"湖北省水利风景区摄影大赛"，参加中国水博览会水利风景区展览。编印《湖北省水利风景区名录》《水利风景区资料汇编》《水利风景区创建实务》等书籍资料。建设水利风景区专业网站，着力打造"网上景区办"，并制作典型水利风景区视频短片循环播放，提高了景区的社会美誉度和知名度。

各景区借势做好宣传推介，先后组织一系列旅游宣传促销活动，使水利旅游的辐射力、凝聚力、吸引力不断增强。2015年9月，首个以"同饮清江水，共护母亲河"为主题的"清江保护日"系列宣传教育活动在清江水利风景区举办，提高了清江水利风景区的美誉度，让保护水资源和水环境的理念深入人心。漳河水利风景区采取"立足本地市场、拓宽周边市场、延伸省内市场"的营销策略，制作旅游精品线路，加入中国自驾车旅游联盟网，与荆门英博金龙泉啤酒有限公司联合举办"金龙泉感恩漳河日暨金龙泉啤酒祭水大典"，与荆门市政府成功举办五届中国荆门漳河游泳节活动；2015年10月4日至6日，荆门爱飞客飞行大会在漳河机场举行，彰显往届航展国际顶级特技飞行表演特色，数架水上飞机在漳河水面上浮水滑行，使体验者在畅享飞行魅力的同时，将漳河山水美景尽收眼底。汉口江滩办公室积极开展"武汉国际横渡长江""低碳婚礼""芦花文化节"等系列文化活动，联合主流媒体、携手社会力量打造江滩文化品牌。2015年"十一"黄金周，上述三个国家水利风景区接待游客近百万人次，同比增长5%。

（四）发展亮点

1. 湖泊保护实行政府行政首长负责制，促进水利风景区创建

2015年湖北省人民政府颁发《湖北省湖泊保护行政首长年度目标考核办法（试行）》，湖泊保护实行政府行政首长负责制，县级以上地方人民政府是本级行政区域湖泊保护的责任主体，政府主要负责人对本行政区域湖泊保护工作负总责。要求建立和完善湖泊保护投入机制、生态补偿机制、部门联动机制和举报奖励等制度。湖北省将国家和省级水利风景区建设情况纳入省政府每年公布的《湖泊保护白皮书》范围，作为省政府对地方政府湖泊保护行政首长年度目标责任考核的依据。每年初将按照省政府印发的《湖北省湖泊保护行政首长年度目标考核办法（试行）》，对各涉湖市进行年度目标考核，进一步促进湖北省河湖型水利风景区的创建。

2. 水利风景区审核评定列入省级权责清单

在全国全面清理行政权力、推行行政权力清单制度的大背景下，省政府保留"国家水利风景区审核转报"和"省级水利风景区评定"两项省级行政职权，作为89项省级涉水行政职权中的"其他类"职权事项，为水利风景区发展提供了"法治"保障。

四 成效与经验

（一）建设成效

1. 有序促进了水生态文明建设

水利风景区的重要功能是维护水工程安全、修复水生态、改善水环境、

保护水资源、弘扬水文化、发展水经济。湖北省水库型水利风景区居多，不仅保障了防洪安全、饮水安全、粮食安全和经济安全，而且以其优美的滨水景观为人们提供了宜居环境，创造了休闲、观光、旅游和度假的空间。以漳河水利风景区为例，核心景区面积100余平方公里，周边森林面积150平方公里，生态系统保持完好，动植物种类丰富，是一个集水域观光、垂钓、休闲、商务于一体的综合景区，成为众多游客回归大自然、享受绿色生活的目的旅游地。2011~2015年，湖北省先后开展了五轮"三万"活动，将水生态文明建设融入新农村建设工作中，让群众"看得见水，望得见山，记得住乡愁"。同时，在水利风景区和水生态文明城市创建中，湖北省通过实施河湖连通，使水在城市中活起来；通过打造景观，使城市靓丽起来；通过落实最严格的水资源管理制度，使城市水环境好起来；通过挖掘和积累水文化，使城市的文化底蕴厚起来。水利风景区综合功能的完善和提升，为水生态文明城市建设树立了典范，成为推进水生态文明建设的重要载体、抓手与平台。以武汉江滩水利风景区为例，景区在1998年全流域大洪水后，将江滩建设提上了城市发展日程。2001年，经水利部长江水利委员会、省水利厅批准，在汉口江滩率先启动防洪及环境综合整治工程。汉口江滩水利风景区以江滩亲水、亲绿、亲民的特色，为市民和游人提供了一个休闲旅游、健身娱乐的良好空间。现在汉口江滩景区，集城市防洪、景观、旅游、休闲、体育健身于一体，年均接待游客超过1000万人次，成为全国滩地水生态建设和水生态文明展示的示范性工程。

2. 全面改善了水生态环境

水利风景区建设与管理促使各地更加注重水生态环境的改善，统筹协调水利建设与生态建设，把水利工程建成水资源保护工程、水生态提升工程。湖北省通过工程、生物、管理等措施，努力疏浚河湖水系，改善水环境，提高林草覆盖率、控制水土流失、改善净化水质、营造生态景观、保障工程安全和水生态系统，做到了建设一个水利工程，塑造一处景点，美化一片环境，造福一方百姓。以漳河水利风景区建设为例，景区将水库水源地保护范围划分为一、二、三级保护区，禁止推挖鱼池、筑坝拦汊和投肥养殖，在水库消落区开展生态修复工程建设，在景区岛屿、库岸、水库滩涂地栽植池杉、芦苇等湿地植物净化水质、防止水土流失，对景区古树名木，实行挂牌建档，实施重点保护，将漳河周边森林纳入重点公益林保护范围。经过多年的封山育林和严格的环境保护，水土流失综合治理率提高到80%、绿化率达到90%。漳河工程管理局还与长江大学合作开展了水库水生态健康的消涨带植被修复技术研究与示范工作，实施小水电代燃料工程，完成了景区4个村500多户农户的供电线路改造，积极预防和打击盗伐林木、违章建筑等行为，使景区资源得到了有效保护，各种污染源得到了有效控制。经环保部门检测，水库水质一直保持在Ⅱ类，漳河水库连续六年发现"桃花水母"，水质优良无污染，水中含有0.22毫克/升的微量元素锶等，有益人体健康。

（二）经验总结

1. 坚持以科学规划引领全省水利风景区发展

湖北省水利厅将水利风景区规划列入《湖北省水利"十三五"发展规划思路》，列为子规划项目，编制完成了《湖北省水利风景区"十三五"发展规划任务书》，落实了规划编制经费。2015年4月初，组织开展了全省水利风景资源调查工作，主要采取电话问询、实地访问、现场测量和综合分析等方法，全面掌握了全省水利风景资源的数量、类型、规模、级别、特点、质量、空间分布及开发利用、管理保护等现状。各市县对水利风景区建设管理工作重视程度日益加大，主动抓好水利风景区规划编制工作。以漳河水利风景区为例，先后编制完成《漳河风景区旅游总体规划》《漳河风景区控制性详细规划》《漳河风景区保护与利用总体规划及重点区域控制性详细规划》《湖北荆门漳河国家湿地公园总体规划》《漳河风景名胜区总体规划》等，推动了漳河水利风景区的建设进程。

2. 以水利工程建设为契机推动水利风景区的发展

根据水生态文明建设理念，湖北省实施江河湖库水系连通、中小河流治理、水资源保护、水土流失防治、河湖生态修复、灌区工程改造等工程建设，将水利风景区建设与水利工程的规划、设计、建设、施工与改造等有机结合起来，从而形成了水利景观独具特色、生态环境良好、文化内涵丰富的水利风景区，为人们提供观光、休闲、娱乐、度假以及科普、文化教育活动空间，打造出"山青、岸绿、水美、人乐"的美丽景区，为"美丽湖北"新名片增添了亮丽的色彩。以汉口江滩水利风景区为例，景区在建设过程中结合防洪保安工程对沿江两岸违章建筑物和阻水物进行清除，提升了河道行洪能力；采用长江粉质细砂吹填整治方案，既疏浚了河道，又加固了堤防，防洪功能显著增强。江滩综合整治工程根治了历史险工段，使百年水患变成百代水利。防汛成本大大降低，仅按防洪保证水位测算，每年直接减少防汛资金数百万元。同时，实施了水土流失防治工程，林草覆盖率达90%以上，水土流失控制比达93%。景区面貌焕然一新，获得了全国人居环境奖。

3. 发展水利旅游，增创经济收入

水利风景区建设的重要功能之一就是发展水利旅游，增创经济收入，解决景区建设资金不足、改善工作环境和提高职工福利等问题。在"商、养、学、闲、情、奇"六个新的旅游要素驱动下，水利风景区围绕吃、住、行、游、购、娱等商业活动，逐渐促进了水利风景区相关产业链的发展，增加了景区周边百姓的经济收入，也增加了当地财政收入。2015年，湖北省水利风景区产生的旅游收入约300亿元。漳河水利风景区着力发展生态观光农业，打造多元化产业链，增加了当地农民农副业的经济收入，加快了库区群众奔小康的步伐。汉口江滩水利风景区自建成以来，年均接待游客逾千万人次，成为国内外游客来武汉的必游之地。景区为群众性文化体育活动提供了广阔的舞台，各种文艺活动、体育比赛、集体游园等都选择在江滩水利风景区举行，年均举办各类活动260次以上。同时，江滩景区提升了城市的综合功能，改善了城市投资环境，带动了区域经济的快速发展。沿江地价上扬，房地产升温，滨江区段"寸土寸金"价值翻番，商贸、旅游、餐饮等行业生意兴旺，收入持续上升，各大宾馆的入住率由过去的30%上升到70%，酒吧、餐馆、娱乐经营场所爆满成为常态，沿江服务行业呈现快速发展的势头，形成了武汉市最具活力的沿江经济商贸圈。

五 存在问题与对策建议

(一)存在问题分析

1. 思想认识不到位

部分景区管理部门和单位,对水利风景区市场需求的快速增长认识不够,对水利风景资源的珍贵价值认识不深,对水利风景区的经济效益与社会效益缺乏认识,因此,没有进一步挖掘水利风景区的文化潜质和提升旅游产品的附加值及其吸引力,缺乏具有地域特色的旅游产品的开发,缺乏对休闲度假、文化体验、生态旅游产品和科技教育等主题的开发,不能满足日益个性化的旅游消费需求。反过来,有些景区的粗放式开发和经营活动,导致山水林岛资源过度开发,环境受到严重破坏。有个水利风景区自20世纪七八十年代开始毁林开荒,导致库区森林覆盖率直线下降;近些年来的森林火灾,又使经过多年封山育林蓄积的大量林地成为光秃秃的山头。沿岸无序的劈山建房、开山修路、平岛建园,使山体和湖面岛屿破坏严重;上游污水排放和面源污染,严重影响了湖区的水体质量。诸如此类问题,皆由相关管理部门对水利风景区建设与管理认识不到位所致。

2. 管理体制不顺

个别水利风景区的经营管理与水资源或水工程的管理一体化,机构不健全,分工不明,责任不清,机制不活。有的水利风景区机构不全,人手不足,职能不强,权责未定,专业人才匮乏,无力推动管理开发。个别水利风景区确权划界不清楚,所涉乡镇、部门各自为政,多头管理,基本处于无序状态,湖区乱象严重。有的水利风景区跨流域、跨行政区划,涉及林业、土地、城建、环保、旅游、航运、文物等多个部门,虽有管理机构,但头绪繁多,权责不清,造成景区管理混乱,服务难以规范,严重影响景区形象。

3. 资金投入不足

各地限于财力和民生需求较多,对水利风景区缺乏应有的经费支持。各

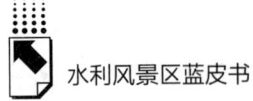

景区单位的投融资渠道不畅通，没有把有关政策用足、用活、用实。由于缺少资金投入，景区建设和管理运营滞后，有些景区主要靠门票和服务设施经营收入来维护日常管理，难以继续投入大额资金来严格保护和合理开发利用水利风景资源。

4. 专业人才缺乏

水利风景区建设管理人员应具备相对较高的科学文化和管理素质，景区的规划、保护、经营、管理和建设需要大量的专业人才，涉及水利、规划、工商、管理、旅游等相关专业知识。但是，从现实情况看，大多数景区管理人员都是水利系统自身的职工，不具有规划、管理、旅游等专业背景而且学历层次普遍较低，建设视野狭窄，管理思路有限，亟待通过教育学习和培训来提高专业素养。

（二）发展建议

1. 提高思想认识

思想是行为的先导，提高思想认识是搞好水利风景区建设的前提条件。水利风景区建设是水生态文明的重要载体，是现代水利、民生水利、生态水利发展的重要体现。加强水利风景区顶层设计是推进水生态文明建设、推进水利现代化和加快旅游产业发展的重要途径。在全面开展水利风景资源调查、摸清水利风景资源开发利用与保护现状的基础上，应科学编制水利风景区"十三五"发展规划，推动全省水利风景区协调发展。科学分析水利工程运行安全与开展水利旅游的关系，正确处理水利风景资源开发利用与科学保护的关系，明确水利风景区建设与生态环境保护的关系，掌握景区市场开拓与环境容量的关系，统筹协调景区近期与长远、局部利益与整体利益的关系等，做到科学规划，合理布局，有序开发，促进水利风景区建设与管理的健康有序发展，开创水利风景区发展的新局面。

2. 加强制度建设

按照加快推进生态文明建设的要求，应尽快制定和修订与水利风景区建设相关的法规、标准和办法，将水利风景区的建设与管理纳入法规中，明确水利部门在水利风景资源开发、利用、保护和涉水旅游项目监管中的主体地位和职责权利；建立有利于推进生态文明建设的法规体系。重点在发展水利生态旅游、实施清洁生产、资源保护开发利用和环境保护等方面出台配套的规章及标准，探索建立水利风景区的生态补偿机制与水权交易机制。建立健全水利风景区内部各项规章制度，使管理者有章可循，经营者依法经营，旅游者文明出行，把水利风景区建成文明健康、生机勃勃的现代化生态园区。探索创新有利于水利旅游开发的管理体制与地方各部门间的协调机制，及时跟进水利风景区的社会经济与生态影响评估工作，以确保其发展符合生态文明建设要求。

3. 创新投入机制

应鼓励各地充分利用市场配置资源的优势，发挥政府与市场两个方面的积极性，逐步建立"政府主导、市场运作、多元投入、社会参与"的水利风景区建设投入机制。将公益性水利风景资源开发、水生态环境保护纳入公共财政投入名录，积极争取国家专项资金，或从各级水利建设基金中划出一定比例用于水利风景区建设与管理的奖励与补助，保障水利风景区公益性功能的正常发挥。制定景区建设投入长效机制，统筹考虑水利风景区建设的需要，做到水利风景区建设与水利工程建设统筹安排，同步推进。

4. 强化人才队伍建设

应加强水利风景区管理机构建设，保障工作经费，稳定管理队伍，完善用人机制，包括人才使用、评价、流动、激励的机制，造就一批水利风景区专业人才。坚持"请进来"与"走出去"相结合，有针对性地举办业务培训，开展省市交流学习，加快水利旅游专门人才的培养和引进。充分发挥水利科研院所和高校的作用，加强水利风景区理论研究，编写、出版一批成熟的教材和具有学术价值与实用价值的专著，提升水利风景区建设管理工作水平。

（三）发展态势与展望

1. 加强合作协调

加强与省发改、财政、环保、林业、交通运输、农业、旅游等行政主管部门的沟通协调，把水利风景区建设摆上重要位置，搞好顶层设计，统筹规划布局。建立合作机制，整合资源，争取政府对水利旅游项目基础设施建设的投入，争取国家项目和政策支持，加快水利风景区的建设进程。充分发挥水利部门的作用，协调相关处室、单位，从政策、项目、资金、管理等方面更好地支持水利风景区发展。促进信息共享，建立涉景区部门的联动机制，形成工作合力。

2. 提高建管能力

举办各种形式的培训班，提高建设与管理水平。组织专管人员调研考察，学习有关方面的好经验、好做法。坚持两手发力，争取各级财政加大支持力度，加大招商引资力度，吸引有实力、会经营、懂旅游的大客商参与水利风景区的开发建设与管理。深入贯彻落实《中共中央　国务院关于加快推进生态文明建设的意见》和有关要求，加大保护力度，严格景区管理，把生态修复、环境治理、水质保护作为工作重点，确保工程运行安全、生态安全、饮水安全、旅游安全。加大水利风景区创建力度，着力推进水土保持型、灌区型、湿地型景区建设，从而实现整体推进，重点突破。推进水利风景区复核工作，促进景区提档升级，提质增效。

3. 强化宣传推介

围绕"维护水工程、保护水资源、修复水生态、改善水环境、弘扬水文化、发展水经济"的总体要求，充分利用网站、报纸、微信、微博等平台加大宣传力度，广泛宣传水生态文明建设的重要意义，重点推介水利风景区建设成果，传播、弘扬水文化。鼓励更多志愿者参与水环境和水生态保护行动；引导教育民众节约用水，保护水资源，爱护水环境，成为水生态文明建设的参与者和主力军。持续开展"水润荆楚·走进水利风景区"活动，积极参加世界水日、中国水周活动，扩大辐射面，增强水利风景区创建工作的凝聚力、感召力和吸引力。

B.14
贵州省水利风景区发展报告

赵 敏 陈志强 徐 娇 廖梦均*

摘 要: 2015年,贵州省在经济社会呈现出良好发展态势,水利行业实施水利建设"三大会战""小康水"行动计划和最严格的水资源管理制度的背景下,全省水利风景区发展有了新的起色,初步呈现出综合效益显著、发展态势良好的显著特点,成为打造民生水利、生态水利、和谐水利的有生力量。在取得成效与经验的同时,仍然存在诸多制约和影响水利风景区发展的因素。因此,贵州水利风景区的发展应进一步理清发展思路,积极落实相应的对策措施,为加快推进全省水生态文明建设、打造人水和谐的美丽贵州做出应有的贡献。

关键词: 水利风景区 发展 特征 问题 对策

一 水利风景区发展形势分析

(一)全省宏观形势

2015年,面对世界经济复苏不及预期和国内经济下行压力加大的困难

---

* 陈志强,贵州省水利水电建设管理总站副主任兼总工,高级工程师;徐娇,贵州省水利水电建设管理总站业务四部负责人,经济师;廖梦均,水利部综合事业局经济师。

局面，贵州全省紧紧围绕"全面建成小康社会、全面深化改革、全面推进依法治国、全面从严治党"的战略布局，坚决贯彻中央宏观调控政策和省委、省政府决策部署，积极应对经济发展新常态，守住发展和生态两条底线，坚持主基调主战略，着力稳增长、促改革、调结构、惠民生，精准分析、精准施策、精准发力，经济运行呈现出总体平稳、稳中有进、稳中趋好的良好发展态势。

2015年，贵州省三次产业共同发力，三驾马车协同拉动，三个收入同步增长。特别是随着结构调整的深入推进，新产业、新业态不断培育壮大，传统产业增长缓中趋稳，加之改革红利和创新红利进一步释放，全省经济发展已形成了多点拉动、多力支撑的新格局。综合分析贵州省经济发展态势，2015年全省地区生产总值增长速度在2位数以上。

（二）相关行业发展形势

1. 环境保护发展形势

2015年，贵州省坚持发展和生态两条底线，牢固树立绿水青山就是金山银山的理念。紧紧围绕建设生态文明先行示范区，着力加强环境治理和生态建设，把"多彩贵州、拒绝污染"记在心头、落在实处，着力在"治"上下狠劲、在"建"上求突破、在"管"上出实招。一是加快推动生产方式绿色化，大力发展"绿色经济"；二是坚持生态建设和环境保护并举，不断扩大生态环境的"绿色优势"；三是坚持抓生态就是惠民生的理念，不断增加人民群众的"绿色福祉"；四是在生态文明建设体制机制改革方面先行先试，加快形成"绿色机制"。作为全国生态文明先行示范区，贵州坚持顶层设计与地方实践相结合，以生态文明理念引领经济社会发展，把提出的行动计划扎扎实实落实到行动上，积极探索有贵州特色的可复制、可推广的经验做法，生态文明建设取得了新的成效。

2015年11月9日，贵州省委、省政府印发出台了《生态文明体制改革实施方案》，就全省推进生态文明体制改革、加快生态文明先行示范区建设做了系统安排。《实施方案》要求，在加快经济社会发展的同时，守住良好生态环境，走出一条有别于东部、不同于西部其他省份的发展新路。

2. 农业发展形势

2015年，贵州省主动加快转变农业发展方式，坚持以增加农民收入为核心，以结构调整为主线，以园区建设为平台，以改革创新为动力，大力培育特色优势产业，积极推进产业化经营，稳步提升质量安全水平，推进现代山地高效农业发展再上新台阶。粮食生产获得丰收，农民收入增幅在2位数以上，明显高于GDP的增长幅度。围绕贵州省农业发展目标，主要开展了以下工作：一是坚持结构调整这条主线，大力发展特色优势产业；二是夯实园区建设这个平台，强化示范引领效应，三是稳固质量安全这个基础，提高农产品核心竞争力；四是抓住市场流通这个关键，提升产业化经营水平。

为进一步理清发展思路，明确主攻方向，推进贵州省现代高效农业示范园区建设再上新台阶，2015年4月3日，贵州省人民政府印发了《贵州省现代高效农业示范园区建设2015年工作方案》。方案明确，2015年贵州省现代高效农业示范园区建设，坚持推进农业园区开放式发展，坚持整合资源协同推进，坚持效益优先与产业联动发展，省级农业园区数量发展到350个以上，完成投资800亿元以上，实现总产值1000亿元，总销售收入800亿元。

3. 城乡建设发展形势

2015年是贵州省实施城镇化带动战略的关键一年，城镇化发展的思路、目标、路径和方法清晰，依山就势、生态优先、产城融合、文化多元和城乡统筹的贵州山地特色新型城镇化政策效应初显。2015年底，全省城镇化率达42%左右，与全国平均水平的差距进一步缩小。初步形成了以黔中城市群为主体，以贵阳市和贵安新区为龙头，以市州政府所在地城市为重点，以小城市和县城为支撑，以小城镇为基础，新型农村社区为补充的现代城镇体系格局。

2015年，全省城市建成区面积超过1315平方公里，市政基础设施建设力度加大，城镇综合承载能力进一步提高。广大农村群众拍手叫好的"四在农家·美丽乡村"六项行动计划，加速推进了公共服务设施和基础设施向乡村的延伸，有效改善了农村的生产生活条件，城乡生活水平和公共服务水平差距逐步缩小，城乡统筹发展的能力不断增强。城镇化带动战略已成为贵州加速发展、加快转型、推动跨越的强劲引擎。

4. 林业发展形势

2015年，贵州省抢抓机遇，乘势发力，林业各项工作取得了积极进展，"十二五"规划的目标、任务圆满完成。全省森林覆盖率达到49%，全省到处青山绿水，林业产值快速增长。截至2015年9月初，贵州省完成林业产值573.29亿元，较2014年同期的423.67亿元增长了35.32%。

林业产值的快速增长得益于以下几个方面：一是《绿色贵州建设三年行动计划（2015~2017年）》得到贯彻实施；二是在安排人工造林时，以群众增收为出发点，加大了油茶、刺梨等经济林种植比例，加快了林业产业结构调整的步伐；三是发挥林业产业发展资金、林业贴息贷款等项目"四两拨千斤"的作用，积极吸纳和引导社会资金投入林业生产建设中，取得了积极成效；四是依托保护区、湿地公园、国有林场、森林公园等林业优势资源，积极开展森林旅游与休闲，促进了林业第三产业的发展。

5. 旅游产业发展

2015年，贵州省以提高旅游发展质量和效益为中心，贯彻落实全国旅游业发展"515战略"，加快构建"快旅慢游"服务体系，培育旅游经济新的增长点，着力推进旅游产业化，与时俱进打造旅游发展升级版，全面完成"十二五"旅游规划目标，建成旅游大省并向旅游强省迈进。

贵州认真落实习近平总书记提出的守住发展和生态两条底线、推动产业转型升级的要求，把旅游作为发展的战略重点来抓。一是着眼发展乡村旅游业，实施小康水、小康电、小康路、小康气、小康讯、小康寨六项行动计划，新建、改造、提升了一大批村庄，绘就了一幅幅百姓富、生态美的精致画卷。二是立足市场多元化需求，推出了一批以自然气候为吸引物的避暑度假型、以生态景观为载体的城郊休闲型、以特色农作物采摘为主导的乡村体验型、以民族村寨为特色的民俗陶冶型等乡村旅游产品。三是依托自然生态、特色农业、民族村居、文化遗产，打造了雷山西江、平坝天龙屯堡、贵定音寨、黎平肇兴、丹寨石桥、余庆松烟、桐梓九坝等一批知名乡村旅游品牌，吸引了越来越多的海内外游客慕名而来。乡村旅游的蓬勃发展，有力带动了美丽乡村建设，促进了农业增效、农民增收、农村繁荣。

（三）水利行业发展形势

2015年，贵州省坚持以全面深化水利改革为统领，以实施水利建设"三大会战""小康水"行动计划和最严格的水资源管理制度为主抓手，全面推进水利改革发展。全年完成水利投资220亿元，再创历史新高。

1. 加快推进水利建设"三大会战"

重点实施黔中、夹岩水利枢纽工程和在建的105座中小型水库项目建设。黔中水利枢纽工程已于2015年汛前蓄水，总干渠和桂松干渠2015年底完工，具备向贵阳、安顺输水的条件。全年新开工骨干水源工程40个，马岭、黄家湾两座大型水库完成前期工作并开工建设，新开工引提灌工程68处，新打机井2125眼，实施中小河流治理项目50个。

2. 深入实施"小康水"行动计划

为确保与全国同步全面建成小康社会，加快推进城镇供水管网向农村延伸和规模化集中供水，2015年完成"小康水"行动计划投资53亿元，解决了300万农村人口及学校师生的饮水安全问题，增加灌溉面积92.68万亩。

3. 积极落实最严格的水资源管理制度

2013年12月，贵州省人民政府出台了《关于实行最严格水资源管理制度的意见》，提出了全省水资源管理目标任务，要求到2015年末，初步建立全省用水总量控制、用水效率控制、水功能区限制纳污"三条红线"和控制指标、实时监控、考核评估"三个体系"框架；万元工业增加值用水量和2010年相比降低35%，农田灌溉水有效利用系数提高到0.446；重要江河湖泊水功能区水质达标率达到78.2%。为此，2015年主要采取了以下几个方面的措施：一是切实将水资源管理作为重要任务来抓，把实行最严格水资源管理制度纳入全省经济社会发展大局统筹考虑，确保经济社会发展与水资源承载能力相适应。二是加强督查，大力推进最严格水资源管理制度考核与问责。三是加大投入，省级财政明确将各级征收的水资源费的60%用于水资源的节约、保护和管理工作，保障水资源管理工作的资金需求。四是夯实基础，加快提升水资源管理科学化水平。五是深化改革，不断激发水资源管理的动力与活力。

二 水利风景区发展概况

（一）发展规模

2015年，贵州省水利系统秉承以人为本、人水和谐的发展理念，在加快推进水利改革发展的进程中，依托水资源和水利工程，积极探索建设与管理水利风景区、发展壮大水利旅游业的新路子，取得了新的成效，成功申报了4家国家水利风景区。全省目前共有国家水利风景区26个（见表1）。

（二）景区类型

在全省26个国家水利风景区中，水库型11个，占总数的42.3%；自然河湖型7个，占总数的26.9%；水土保持型3个，占总数的11.5%；城市河湖型4个，占总数的15.4%；灌区型1个，占总数的3.8%。

表1 贵州省的国家水利风景区

序号	名称	批准设立时间
1	镇远舞阳河水利旅游区	2001年
2	织金恐龙湖水利旅游区	2001年
3	岑巩龙鳌河水利风景区	2002年
4	三岔河水利风景区	2002年
5	舞阳湖水利风景区	2002年
6	杜鹃湖风景区	2002年
7	贵州省毕节天河水利风景区	2003年
8	松柏山水利风景区	2004年
9	龙里生态科技示范园	2004年

续表

序号	名称	批准设立时间
10	贵阳市金茫林海水利风景区	2007 年
11	六盘水市明湖水利风景区	2011 年
12	关岭布依族苗族自治县木城河水利风景区	2011 年
13	遵义市大板水水利风景区	2011 年
14	贵阳市永乐湖水利风景区	2011 年
15	沿河土家族自治县乌江山峡水利风景区	2011 年
16	罗甸县高原千岛湖水利风景区	2011 年
17	惠水县涟江水利风景区	2012 年
18	剑河县仰阿莎湖水利风景区	2012 年
19	铜仁市锦江水利风景区	2012 年
20	施秉县阳河水利风景区	2013 年
21	织金县织金关水利风景区	2013 年
22	龙里莲花水利风景区	2014 年
23	锦屏三江水利风景区	2015 年
24	思南乌江水利风景区	2015 年
25	绥阳双门峡水利风景区	2015 年
26	大方奢香九驿水利风景区	2015 年

（三）景区分布

贵州省下辖贵阳、六盘水、遵义、安顺、毕节、铜仁 6 个地级市和黔西南布依族苗族、黔东南苗族侗族、黔南布依族苗族 3 个自治州。全省 26 家国家水利风景区分布为：贵阳市 5 个，六盘水市 1 个，遵义市 1 个，安顺市 1 个，毕节市 4 个，铜仁市 3 个，黔西南布依族苗族自治州 1 个，黔东南苗族侗族自治州 6 个，黔南布依族苗族自治州 4 个。从布局看，国家水利风景区遍布贵州全省，但区域分布尚不均匀。

（四）综合效益

1. 生态效益

贵州省创建设立的水利风景区，对水生态环境的保护改善作用显著。在

水利风景区建设中注重水功能区划分和水域保护，注重水源涵养和水生态修复，对各流域内水系进行综合生态修复，保护了全省的水系水源。通过在水利风景区植树种草，增加拦蓄水设施，控制水土流失，涵养、补充水源，防治水污染。对自然沟渠进行生态修复，促进水系畅通，水质净化，形成溪流、跌水、瀑布等水景观，形成优美的人居环境。松柏山水库水利风景区以创建一流水环境为目标，积极筹措资金打造库区生态屏障，为贵阳市留住了一汪清水。

2. 社会效益

国家和省级水利风景区的建设，改善美化城区环境，提高居民幸福指数，取得了较好的社会效益。通过水利风景区建设，打造亲水平台，改善人居环境，促进人水和谐，有利于改善当地民生，构造生态环境保护的新平台，打造景区周边中心城市的新品牌，加快当地旅游产业发展。以贵阳市开发的近郊型水利休闲娱乐项目为例，花溪十里河滩景区融人文居住、休闲度假于一体；天河潭、情人谷等景区，以自然山水陶冶情操，成为市民们生态游的好去处。

3. 经济效益

水利风景区成为贵州经济发展新的增长点，带动了当地的交通、商贸、旅游、生态农业等相关产业的发展，壮大了水利服务，并推动水利与农业、加工业、服务业的协调互动发展，形成了多种产业协调联动的平台。拉长了水利产业链条，拓展了水管单位的经营领域，通过反哺水利工程，促进了水利工程综合效益的发挥和可持续利用，促进了区域经济的发展。

三　水利风景区发展特征和亮点

（一）发展特征

水利与旅游融合，良性互动，体现了贵州水利风景区的管理特征。

水是生态之基，贵州旅游要转型升级离不开水旅融合。在强调以文化为引领的前提下，纵横交错的河流、星罗棋布的水利工程及千百年来积淀的水文化，已为贵州省旅游开发注入了活力。在实现由观光游向休闲度假游转变的进程中，水利旅游的开发具备了得天独厚的条件，填补了贵州省旅游市场的空白。

对此，贵州省委、省政府一直高度重视水利资源的开发利用，《贵州省生态文化旅游创新区产业发展规划》（以下简称《规划》）中就提出了"水旅融合发展"的思路。《规划》明确提出，要充分利用水利风景资源，开发水利旅游，通过旅游发展促进水利资源的保护，通过水生态环境的改善促进旅游业的可持续发展，形成良性互动。并加快推进水利风景区建设，打造以水为载体的生态文化型旅游产品；结合江河治理、生态建设、水利水电项目建设，建设一批水利风景资源较为密集的河湖型旅游产品。通过植入景区理念、环境理念、生态理念、文化理念，把水利工程建设成为水利风景区，以此推动贵州省生态文明建设，推动民生水利发展方式转变，促进水利与旅游等相关产业的融合发展。

水利旅游已成为贵州省生态文化旅游创新区产业发展的重要组成部分，2015年4月，贵州省水投（集团）公司与贵州省旅游局共同签署了合作备忘录，水利与旅游两大产业逐步实现了深度融合。

（二）建设特征

得天独厚的水资源利于发展水旅游，体现了贵州水利风景区的建设特征。

贵州雨量充沛，河流众多，水库星罗棋布，山水相映自成一景，水利风景资源极其丰富。细数贵州大大小小景区，开展涉水旅游的占据了大部分。水利旅游是以水利风景区为主要载体来开展的旅游活动。贵州省水利资源禀赋良好，建一座水库就能塑造一个新景区，治理一段河道就能新增一道亮丽风景线。在贵州省大批水利工程建设如火如荼、方兴未艾的同时，可以利用好、开发好、建设好这一大批水利风景区、风景带。因此，将大江、大河、大库构成大旅游产业带，小河、小溪、小库形成小旅游产业园和旅游点，以此激发"水"活力、做足"水"文章倍显重要。当前，贵州省旅游业正迎来千载难逢的黄金机遇期，内生原动力、外部推动力形成了对旅游发展的强力支撑。

一是习近平总书记关于发挥资源优势、提升贵州旅游发展水平的重要指示，使贵州省有了新的更高追求。贵州省委、省政府与时俱进，打造旅游发展升级版的顶层设计，为贵州旅游发展描绘了清晰路径。

二是贵州省"旅游局"改"旅游委"的工作加快推进，必将为贵州省旅游业跨越式发展提供制度保障和体制支撑。

三是贵州省2015年高速公路通车里程达到5100公里，实现了县县通高速，形成了1干10支的航空机场布局，贵广高铁、沪昆高铁建成通车，交通新格局的形成使贵州省构建"快旅慢游"服务体系的后劲加速释放。

四是国家和贵州省出台的一系列政策措施为旅游业改革发展提供了新动力。2015年全国两会期间，汪洋副总理明确贵州举办世界山地旅游大会并表示将配套出台支持性政策。

五是大集团、大企业携手贵州旅游渐成趋势，必将加速贵州省旅游产业结构和产品供给结构的进一步优化。这一系列的措施和政策，为水利风景区的发展营造了良好的环境。

（三）管理特征

体制创新，打造投融资平台，体现了贵州水利风景区的管理特征。

2014年12月，贵州省水利厅监管的水投（集团）公司，注资5亿元成立了贵州水文化旅游有限责任公司，为贵州省的水利风景区投融资提供了很好的平台。公司的主要业务就是开展水利风景区的建设与经营，具体包括水利风景区的景区、景点建设，酒店建设管理，旅游规划设计，资产管理咨询和水文化传媒等几大板块的相关工作。公司以创造显著的经济效益和社会效益为己任，以整合贵州省水利旅游资源为起点，积极参与旅游产业链建设，通过多元化投资、集团化管控、产业化经营和专业化运作，全面盘活水利旅游资产，实现资源优势向产业优势的转化；通过不断壮大公司实力，增强投融资能力，更好地发挥省级国有投资公司服务贵州科学发展、后发赶超、同步小康的作用。该公司的成立，是贵州水投（集团）顺应旅游业与相关产业深度融合大发展的趋势，充分履行贵州省政府赋予水投集团"全省水利风景区投融资、建设及经营管理"的职能，实施"以公益性项目做大、以经营性项目做强"战略的又一项重大决策，是全面落实骨干水源工程建设、水务一体化、水能资源开发和文化旅游产业拓展多轮驱动战略的重大部署。

2015年1月，通过机构改革，贵州省水利厅原水利旅游管理中心被撤销，合并到贵州省水利水电建设管理总站，宗旨职责都不变，单位性质由原来的自收自支转变为一类公益事业单位，为今后的水利风景区工作开展提供了体制保障。

（四）发展亮点

借力大健康养生产业，助推水利风景区建设，体现了贵州水利风景区的发展亮点。

蓝天白云大健康，贵山秀水新未来。2015年4月，贵州省政府发布了《关于印发贵州省医药产业、健康养生产业发展任务清单的通知》，贵州省水利部门也承担了新任务，成为大健康养生产业温泉开发项目推进的牵头单位。文件提出要着力发展休闲养生、滋补养生、康体养生和温泉养生，水利风景区的建设发展与大健康养生产业有很多共同之处，比如大健康产业中提到要着力发展的生态文化养生体验、避暑度假养生、健康养老、山地户外运动、水上户外运动等，都可以通过水利风景区的建设来实现。因此，可以借助省委省政府大力推动大健康养生产业的良好契机，积极推动贵州省的水利风景区建设。

四 成效与经验

（一）建设成效

贵州省内利用水库、河流开展旅游服务的景区还很多，但多数尚未设为

水利风景区。虽然目前贵州省水利风景区建设规模相对偏小，但已经初步呈现出综合效益显著、发展态势良好的特点，成为打造民生水利、生态水利、和谐水利的有生力量。

一是在水利风景区建设中注重水功能区划分和水域保护，注重水源涵养和水生态修复，取得了较好的生态效益。如松柏山水库，以创建一流水环境为目标，积极筹措资金打造库区生态屏障，为贵阳市留住了一汪清水。

二是通过开发水利旅游，打造亲水平台，改善了人居环境，促进了人水和谐，取得了较好的社会效益。如贵阳市开发了近郊型水利休闲娱乐项目，花溪十里河滩景区融人文居住、休闲度假于一体；天河潭、情人谷等景区，自然山水陶冶情操，成为市民们生态游的好去处。

三是拓展了水管单位的经营领域，通过反哺水利工程，促进了水利工程综合效益的发挥和可持续利用，促进了区域经济的发展。

（二）经验总结

1. 坚持保护开发并重，走可持续发展之路

独特的资源禀赋和自然条件，决定了贵州旅游与兴水治水的关系源远流长，而且相得益彰。在处理保护与开发关系的过程中，贵州始终坚持在保护中开发，在开发中保护。在水资源开发中保护好水资源，注重兴利除害与山水风光、文化传承相结合，开发与保护并重成为贵州省许多宝贵的水利旅游资源得以保存的关键所在。荔波小七孔风景名胜区就是贵州省水利资源开发与水资源保护的成功典范。在20世纪70年代，荔波县水利局一群拓荒者将小水电开发的目标投向了荒远的小七孔河。值得庆幸的是，强烈的生态环境保护意识，让他们在成功开发小七孔梯级电站的同时，有效地保护了当地的水土资源环境，并积极申报水利风景旅游项目，为2007年成功申报"世界自然遗产地"做出了不可磨灭的贡献。

2. 坚持"但求所用"，走共同开发之路

水是贵州生态建设和旅游开发的核心资源要素，全省1300余家旅游景区中，约有80%主要以生态良好的水资源、水生态、水环境为载体。但是，不同的风景区分属不同的部门建设和管理，一定程度上形成了资源分割、各自为政的局面。贵州省在开展水利风景区创建工作中，坚持"不求所有、但求所用"的原则，打破行业和体制的束缚，着眼于打造贵州水文化旅游的品牌，走共同开发与建设的路子，在全社会形成了贵州水利风景区品牌效应，创造了品牌价值。如贞丰县三岔河水利风景区积极融入极具潜力的"双乳峰"核心景区，使"双乳峰"母亲文化和三岔河自然风光相融合，较好地解决了基础设施投入不足和景点单一、吸引力差等问题，成功地打造了世界性的观光旅游胜地，为该县实现"旅游活县"战略目标提供了强劲动力。

3. 坚持规划先行，走资源整合之路

贵州省于2010年编制完成了全省水利风景区总体发展规划。以水利风景区总体发展规划为引导，积极整合区域性旅游资源，建设精品景区和旅游线路，推动水利风景区做大做强。如镇远县舞阳河水利风景区整合了镇远古城的旅游资源，提升了景区文化含量，扩大了景区规模，使景区得到了较好发展。再如长顺县杜鹃湖水利风景区整合了长顺县境内许多景区景点，形成了规模较大的景区，并以此作为融资平台，解决了景区发展资金短缺问题。

4. 坚持公益为主，走生态文明之路

坚持以人为本的价值取向，走生态文明发展之路。贵州省水利部门充分发挥治水与管水的体制、资金和技术优势，打造公益性、生态性的亲水平台，促进人与自然的和谐。在工作实践中，贵州省水利部门更加注重以生态文明的理念统领水利风景区建设和水土保持、水电开发、防洪保安、饮水安全等各项工作，积极探索创新保护与发展双赢的有效途径，坚持尊重自然规律、尊重科学，转变水利发展模式，实现水利发展与生态保护的双赢。如锦屏县通过中小河流治理项目，在提高县城防洪标准的同时，让三江汇流之处河水更清、岸线更绿，结合当地苗侗风情，成功打造了县城河道亲水景观平台，带动了县城河段两岸的开发和河道休闲旅游项目的发展。

五 对策与建议

（一）存在问题分析

1. 认识不到位

在水利规划与建设中，有关部门对水文化理念、水景观理念、水生态理念和可持续发展理念的认识不到位，在一定程度上制约了水利风景区的开发、建设与管理。

2. 政策不配套

如何结合贵州省的实际，出台关于水利风景区建设与管理的相关配套政策，把中央关于生态文明建设和水利部关于大力发展水利风景区的一系列政策和要求落到实处，还有相当长的路要走。

3. 资金投入不足

贵州省水利风景区往往是"养在深闺人未知"，一个重要的原因就是用于主体景观、配套设施和宣传策划等方面的资金投入不足。

4. 专业人才缺乏

水利风景区的管理人员大多具备了水利工程建设与管理技术知识，但缺乏涉及工程美学、生态美学、旅游美学、景观学及水文化、地域文化、旅游经济、市场营销等学科的专业知识，而专业技术人才的缺乏已经成为制约贵州省水利风景区建设与管理的一个重要原因。

（二）对策建议

1. 提高认识层次

要以系统思维来统筹谋划贵州水利风景区发展，把水生态文明理念融入水资源开发、利用、治理、配置、节约和保护的各个方面，融入水利风景区规划、建设和管理的各个环节，统筹考虑防洪、供水、生态、景观等方面的功能需求，按照以水定需、量水而行、因水制宜、科学规划、系统建设的原则促进贵州水利风景区的发展。

2. 完善管理制度

要结合贵州省经济社会发展以及水利风景区建设的实际，依据中央关于生态文明建设和水利部关于大力发展水利风景区的一系列政策要求，尽快出台关于水利风景区建设与发展管理体制与运行机制的相关配套政策，并且将其落到实处，保障水利风景区的健康发展。

深化改革是建设与壮大贵州水利风景区的必由之路。要清醒认识全省水利建设的历史欠账和现实需求，深入查找制约水利风景区建设与发展的体制机制问题，有针对性地提出改革措施。全面推进水行政管理、水资源管理、水利投融资、水利工程建设管理、水利工程运行管理、基层水利服务体系、水资源费及供水水价、水权制度和水权交易八个方面的改革，以此促进贵州水利风景区的建设与发展。

3. 拓宽融资渠道

水利风景区建设和水利旅游项目对于贵州省而言还是新兴产业，项目数量少、经营规模小、投入不足是水利风景区建设的基本现状。但贵州省水利旅游发展的潜力很大，破解投入不足难题是关键。今后应从以下三个方面加大对水利风景区建设的投入。

一是充分利用水利投融资平台引进信贷资金投入。目前贵州省正在抓紧组建各级水利投融资平台，各级水利投融资平台公司已经明确把发展水利旅游作为重要投资渠道，通过水利旅游产业的发展回馈公益性水利基础设施建设。

二是积极引进社会资金开发水利风景资源。以最大限度实现水利风景资源的公共利益为追求目标，积极引进社会资金，开办水利风景区，盘活水利旅游经营性资产，实现生态效益和社会效益最大化的目标。

三是依托水利建设投资带动水利风景区建设与发展。把水利风景区开发与水利工程建设结合起来，通过实施病险水库除险加固、灌区改造、水土保持、水生态修复、水环境治理等工程建设，实现兴修水利和景区建设双重目标，带动水利风景区建设与发展。

4. 加强队伍建设

通过"走出去"和"引进来"的方式,积极培养和引进水利风景区建设与管理人才,加强水利风景区建设与管理队伍培训,逐步建立起与水利风景区发展目标相适应的建设与管理人才队伍。

(三)发展态势与展望

贵州省地处长江和珠江上游地带,丰富的水资源和良好的水生态环境,为贵州省建设水利风景区提供了得天独厚的自然条件。全省980余条中小河流穿行在崇山峻岭之间,2400余座水库和1600余座水电站如同颗颗明珠散落在高原大地。独特的地形地貌,让贵州省山势磅礴、层峦叠嶂,河谷深切、瀑美洞幽。

贵州省风景名胜资源丰富,素有"公园省"之美誉,自然风光神奇秀美,山水景色千姿百态,自然风景和古朴浓郁的民族风情交相辉映,红色文化资源丰富,这为发展旅游业提供了得天独厚的条件。贵州省旅游的一大特色在于山水,瀑、洞、漂、泉、酒都以水为母体,黄果树、荔波、施秉漂流等景区都是典型的水利景观,尤其是近年贵州省大力实施水利"三大会战",建设了一批大中型水库,催生了一批湿地公园、水上游乐等新景区和新项目。水利风景区建设现在是风生水起,让人们在乐山乐水的同时,感受到上善若水、厚德载物的博大情怀,人水和谐、水利万物的精神境界。

大自然赋予贵州独特的生态资源,成为贵州后发赶超的先天优势。但是,受多种因素的制约和影响,贵州生态相对脆弱,特别是水利基础设施落后,工程性缺水问题突出,水资源和水环境受破坏较大,水体污染、水土流失、生态退化等问题日益凸显,水生态问题已经成为贵州经济社会发展的主要"短板"。为此,加快推进水生态文明建设、打造人水和谐的美丽贵州已成为当务之急,而发展水利风景区则是水生态文明建设的具体体现。

1. 以落实水利项目为基础

当务之急是要举全省、全行业之力,坚持打赢水利建设"三大会战",

全面实施好"四在农家·美丽乡村"小康水行动计划，通过水利项目的建设与完善，进一步提高水利工程供水能力和水资源开发利用率，使全省的蓄水保水能力显著增强，科学合理的水资源配置格局基本形成，以此扎实推进贵州水利风景区发展总体规划的实施。

2. 落实最严格的水资源管理制度

要围绕"节水优先、空间均衡、系统治理、两手发力"的治水思路，落实最严格的水资源管理制度，严格控制用水总量、用水效率，将节约用水贯穿于经济社会发展和群众生产生活全过程，全面优化用水结构，改变用水方式，降低水资源消耗，以此促进贵州水利风景区建设宗旨的实现与基本功能的提升和拓展。

3. 加强河湖管理体系建设

要建立严格的河湖管理与保护制度，建立健全河湖管理、采砂管理、岸线保护等相关法规，理顺河湖管理与保护的体制机制，维护河湖的健康生命，进一步为贵州水利风景区的建设与发展提供必要的制度保障。

4. 重视顶层设计，探索跨越式发展之路

针对当前贵州省水利风景区建设与管理中存在的困难和问题，要重点解决好以下几个问题：一是摸清贵州省水利风景区建设的资源禀赋及其水文化定位；二是明确生态文明建设的具体内涵及其对水利风景区建设与管理工作提出的新要求；三是探索加快推进水利风景区建设与管理的思路及对策，破解资金、人才和管理等方面的瓶颈制约。

要认真贯彻水利部相关文件精神，充分发挥好贵州水利风景区资源的优势，开拓创新，强化管理，建好水利风景区，促进水利工程的可持续运行、水资源的可持续利用和水利旅游业的可持续发展。

要通过开展水利风景区发展的制度研究、规划研究、管理研究、生态水利研究及水利旅游项目管理研究等课题调研，从理论上、制度上、技术上尽快成熟，探索出一条适合贵州特色的水利风景区跨越发展之路。

5. 加强规划管理，引领水利风景区健康有序发展

水利风景区建设投资主体多，涉及的管理部门多，如果标准不一、各自

为政，会导致环境破坏、资源浪费，甚至引发安全事故。因此，规划管理是水利风景区建设的"牛鼻子"，只有牵好"牛鼻子"，才能引领不同类型的水利风景区形成发展合力，走向共同发展和可持续发展。

当前，贵州省正在按照联合体的模式组织开展水利旅游规划工作。水利风景区规划联合体模式，即由具有水利规划资质和旅游规划资质的单位联合开展水利风景区及水利旅游项目的规划设计，使水利风景区的规划在尊重水科学的前提下，更加科学合理。贵州省将在2010年全省水利风景区发展总体规划的基础上，结合"十三五"水利规划，编制全省"十三五"水利风景区发展专项规划，下一步还将组织开展各地水利风景区发展规划及景区建设规划。

6. 加大宣传力度，提升水利风景区影响力

一是积极争取各级党委、政府及有关部门对水利风景区建设与管理的认同、关注和支持，着力营造良好的发展环境。抢抓当前各级党委、政府领导高度重视水利改革发展工作的契机，争取各级各有关部门把水利风景区建设纳入当地水利改革发展及经济社会发展规划，统筹安排部署，在水利工程规划、设计、建设、管理等各个环节充分考虑和体现水生态、水文化因素，体现以人为本、人水和谐的价值取向，引领水利改革发展走上生态文明之路。

二是加大媒体宣传力度，向社会宣传生态水利、民生水利、景观水利、人居水利等重要理念，宣传水利风景区建设进展情况、综合效益及其重要意义，努力营造亲水近水、人水和谐的社会氛围。

三是开展形式多样的评选活动，提高水利风景区的社会地位。贵州省计划开展"全省最美的水利风景区""最美的河流""最美水景园林""最美的山水景观""最美的水工建筑""十佳水利风景区"等评选活动。通过活动的开展，扩大影响力，促进水生态环境的保护，推动贵州水利风景区的发展。

7. 增强工作力度，积极推进景区精细化管理

紧紧围绕做大做强水利风景区、形成旅游资源品牌的目标，进一步加大

国家水利风景区的申报力度,发展壮大省级水利风景区,力争在"十三五"期间实现省内县县都有水利风景区的目标。

积极推进风景区精细化管理,实现由工程管理到景区管理、由计划管理向市场经营管理的转变。建立健全水利风景区建设管理制度,推进精细化管理和制度化管理,降低管理成本,提高管理效率,提升市场竞争力。

案 例 分 析

Case Studies

B.15
黄河小浪底水利枢纽水利风景区发展报告*

陈庚寅　汪升华　张　蕾　王学峰　孙兴国　廖　波　刘　奔**

黄河小浪底水利枢纽水利风景区依托小浪底水利枢纽工程而建,属于水库型水利风景区,2003年被水利部批准为国家水利风景区。经过十多年的持续开发建设,现已形成水利特色鲜明、园林景观优美、文化氛围浓郁、经营管理规范的著名水利风景区。

一　景区概况

黄河小浪底水利枢纽水利风景区地处河南省洛阳市和济源市交界地段,

---

* 本文是国家社会科学基金项目"社会学理论的流变与方法论意义研究"（12CSH002）的阶段性成果。
** 孙兴国,黄河小浪底旅游开发公司经济师;廖波,黄河小浪底旅游开发公司总经理,教授级高级工程师;刘奔,黄河小浪底旅游开发公司副总经理,高级工程师。

倚凭秦岭太行山脉，扼守黄河中游最后一段峡谷出口，总面积7.5平方公里，其中水域面积3平方公里，包含6个游览区30多个景点，是一处以水利工程文化为主要特色，以厚重的黄河文化和悠久的历史文化为内涵，集科普价值和文化体验于一体的水库型水利风景区，享有"北方千岛湖""中原北戴河"之美誉。

小浪底水利枢纽位于三门峡水利枢纽下游130公里、河南省洛阳市以北40公里的黄河干流上，控制流域面积69.4万平方公里，占黄河流域面积的92.3%，是黄河干流三门峡以下唯一能够取得较大库容的控制性工程。小浪底工程由拦河大坝、泄洪建筑物和引水发电系统组成。工程以防洪、减淤为主，兼顾供水、灌溉和发电，蓄清排浑，除害兴利，综合利用。

1991年4月，七届全国人大四次会议批准小浪底工程在"八五"期间动工兴建。小浪底工程1991年9月开始前期工程建设，1994年9月主体工程开工，1997年10月截流，2000年元月首台机组并网发电，2001年底主体工程全面完工，工程建设历时11年。该工程既可较好地控制黄河洪水，又可利用其淤沙库容拦截泥沙，进行调水调沙运用。

2003年11月，小浪底景区被评定为国家水利风景区。同时，小浪底景区还被评为"国家4A级旅游景区""中国最具吸引力的地方""河南十大旅游热点景区""河南十大最美丽的湖"等，2011~2014年先后三次被水利部和共青团中央授予"全国青年文明号"荣誉称号。

二 发展历程

黄河小浪底水利枢纽水利风景区的发展经历了基础开发、稳步发展、品牌提升三个阶段。

（一）基础开发阶段

1998~2003年是小浪底水利枢纽水利风景区的基础开发阶段。黄河小浪底水利枢纽工程是黄河干流上一座集减淤、防洪、防凌、供水灌溉、发电等为一体的大型综合性水利工程。1998年，一座包括大坝、导流洞群、地下发电厂在内的宏伟水利工程已矗立在黄河上，主体工程建设即将完成之时，为了将资源开发和保护生态环境更好地结合起来，小浪底工程建设管理局修改了环保规划，提出不光要保护好环境，还要绿化美化，再造更好的生态环境。在此理念指导下，废弃石料场栽植了一百多万棵树木，连同大坝东侧2500多亩坝后空地改造成了花园式生态区。小浪底生态工程建成后，小浪底工程区呈现出水光山色交相辉映的美景，不但发挥了防洪、防凌、减淤、供水、发电、灌溉等功能，还成为兼具休闲、游憩、观光、旅游、教育等功能的高品质水利风景区。景区自20世纪90年代末开始尝试发展旅游业，于1998年对外开放，2001年景区封闭，进行全景区生态涵养。2003年开发大坝和发电厂房景点，水利风景区基础设施基本配套，服务功能逐步完善，同年取得"国家水利风景区"称号。景区秉承"依托国际化工程，建设国际化景区"的宗旨，严格按照5A级景区的管理和服务标准进行升级完善，逐渐从"粗放式"向"精细化"转变。小浪底水利枢纽工程闻名遐迩，每年都接待多家海内外机构团体开展各种科学研讨和教育实践活动，使小浪底的知名度在较大范围内产生了广泛影响。

（二）稳步发展阶段

2004~2011年是小浪底水利枢纽水利风景区稳步发展阶段。这一时期，该景区强化规划引领，加强项目策划，完善硬件设施，提升软件设施，实施资源整合，注重科学发展。2005年，该景区实施"打造核心景点，提升景观水平"工程，进一步完善基础配套设施，举办首届"观瀑节"。2006年，明确统一的管理机制，先后邀请中国城市规划设计院、中国社会科学院、中国科学院地理科学与资源研究所、北京达沃斯巅峰旅游规划设计院、北京大学、暨南大学、河南财经学院等科研院所著名专家教授对小浪底的旅游发展进行整体规划，形成了《黄河小浪底水利枢纽风景区总体规划方案》，为小浪底的旅游发展指明了方向。并且规划改造游览线路，优化标识系统。景区在重视硬件建设的同时，更加注重软件建设，引入人性化服务理念。为了使景区管理持续改进、服务质量持续提升，2006年引入ISO9001、ISO14001、GB/T28001标准化认证管理，从景区的"质量、环境、安全"三方面按照国际标准化管理体系创建管理平台，重点提升小浪底旅游管理服务质量。2008年，该景区通过"管理、质量、安全"三项体系认证，并获得"国家4A级旅游景区"荣誉。

（三）品牌提升阶段

从2012年开始，小浪底水利枢纽水利风景区进入品牌提升阶段。景区在狠抓服务质量的同时，不断加强资源整合和项目策划能力，坚持"常游常新"的发展理念，有针对性地举办各种节、庆、会活动，在消费者中赢得良好口碑，进一步提升了景区的美誉度。2012年，进一步实施生态优化建设，启动国家5A级旅游景区创建工作，景区门票收入突破1500万元。2012~2013年，洛阳市及济源市旅游局先后在黄金周期间面向社会开展了3次专项满意度调查，游客满意率达到96.2%。2014年，建设完成鸟类标本馆，小浪底文化馆正式开放，跨河大型交通桥建成运行。

景区深入拓展旅游资源厚度，进一步丰富文化内涵，充分突出景区个性与特色，强调差异化发展，使水利景区的品牌形象脱颖而出，契合广大旅游消费者观光游览、休闲度假、科考等心理诉求。观瀑节、樱花节、摄影节、观鸟节等已经发展为景区固定成熟的旅游节事活动，活动期间，受到众多新闻媒体的广泛关注和宣传，进一步提高了小浪底水利风景区的市场知名度。自2005年举办首届观瀑节以来，景区被中央和各省级媒体连续报道，观瀑节以它独特的魅力跻身洛阳旅游四大著名节庆之一；小浪底樱花节被人民日报、人民网评为"最负国际盛名休闲旅游节庆"；小浪底系列风光宣传片在各大视频网站的点击率也居高不下。凭借独特的工程景观文化和自然山水名片，小浪底景区的知名度得到迅速提升。

经过十多年的发展，景区实现了从初期的公务接待型向目前的产业集聚型的转变，逐步完善了"吃、住、行、游、购、娱"的旅游服务体系。目前，小浪底景区正积极开展国家5A级旅游景区的创建工作，正在对各种硬件设施和软件环境进行升级改造，以产品特色、环境特色和服务特色为有力支撑，全力打造"世纪工程、山水经典、寻根问祖、美食之旅"的主题形象（见图1）。

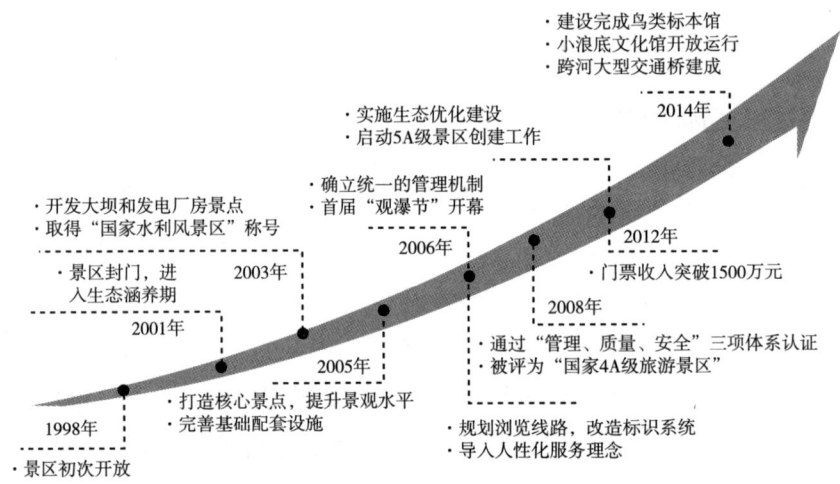

图1　小浪底水利枢纽水利风景区发展路线

三　主要成效

小浪底工程是治理开发黄河的关键性工程。该工程投运以来，发挥了巨大的社会效益、经济效益和生态效益，为保障黄河中下游人民生命财产安全、促进社会经济发展、改善生态环境做出了重大贡献。小浪底水利枢纽水利风景区建成和对外开放后，陆续取得了良好的综合效益。

（一）生态效益成效显著

小浪底工程把环保生态建设同工程设施建设放在了同等重要的地位。为了给质量一流的工程配上一流的生态环境，小浪底工程建设管理局统筹安排工程建设，充分利用上亿元国家预备费，进行大规模生态环境建设。小浪底水利枢纽坝后保护区原地貌条件极差，主要为沙砾石覆盖层，周边区域植被覆盖率不足30%。1997年工程截流以后，小浪底建管局委托上海园林设计院对坝后保护区进行了地表整治、防护和设计规划工作。

保护环境和资源是旅游开发建设的大前提，在发展过程中，景区严格按照总体规划要求，坚持"开发与保护并重、有步骤开发、有重点保护"的方针，经过多年的综合治理和建设，坝后保护区的环境面貌得到了很大改善。景区环境优美，灌木、乔木、绿地相间布置，绿化率达到92%，植物种类达106种，四季常青。景区内严禁建设工业项目，污水集中处理，达标排放；空气质量达一级，噪声质量达到一类标准。

（二）社会效益取得丰收

一是积极开展精神文明建设。景区自对外开放以来，共接待社会各界人士达千万人次，景区的工程文化和黄河文化无不给参观者留下了深刻印象。小浪底是弘扬爱国情感、培育民族精神的重要阵地，也是青少年开阔视野、陶冶道德情操的重要课堂。景区坚持优惠政策，定期开展主题丰富的爱国主义教育活动，取得了良好的社会效益。

二是主动实施帮扶政策。景区建设前，周边村民生活用水条件很差，为解决村民实际困难，景区出资50万元，分别为大屿镇、河清村、双堂村、泰山村修建了蓄水池，有效保障了村民的饮水健康。修建小浪底专线公路40多公里，公路修建后，不但方便村民出行，而且带动了农村经济的快速发展。以官庄村为例，道路交通的改善，促动了该村发展旅游产品的积极性，特色种植的薄皮核桃和无籽石榴为村民带来了更多经济效益。2012年，景区还与大屿镇养老院结成帮扶对子，定期组织慰问，开展爱心活动。

（三）经济效益日益凸显

2014年，小浪底景区接待游客30.5万人次，门票收入达1609万元，拉动了当地相关产业发展，实现综合效益上亿元。

一是带动当地产业升级转型。依托小浪底景区的龙头带动作用，近年来，孟津县和济源市旅游业发展势头强劲，旅游业的GDP占比逐年提升，实现了由"工业城市"向"优秀旅游城市",由"黑色印象"向"绿色主题"的成功转型。

二是促进当地农民增收。景区发展起来以后,依靠旅游业的带动,使当地经济步入了发展的快车道。目前,景区自有员工100余人,带动当地1000余人从事旅游相关行业,实现了旅游促进发展、发展反促旅游的良性循环。

三是带动乡村旅游产业发展。孟津县位于小浪底景区南岸,在深入推进"小浪底大旅游"战略的同时,把目光投向了周末休闲游,大力发展接地气、短平快的乡村游,草莓园、石榴园、玫瑰园等一批生态旅游庄园快速发展,以节促旅是近年来当地推动特色农业与生态旅游相融合的重要抓手。

四 经验启示

(一)依托水利工程和生态工程"双工程"联建筑基础

黄河小浪底工程利用部分世界银行贷款实行国际招标建设,在十多年的建设期中,不光工程建设管理上与国际惯例接轨,环保也逐渐向国际标准看齐。小浪底的水利工程及相应工程建设中把生态工程项目列入成本,一并考虑,分期分步建设。1994年外国承包商建小浪底营地时,为了保护树木,多次修改建筑图纸。其生态建设成果来之不易,因此在景区开发过程中,相关部门始终坚持保护优先的原则,出台各种措施手段,全力维护良好的生态环境。

一是加强周边环境综合整治。通过调整用地、拆除违章建筑、绿化周边湖岸等措施加强对景区范围内环境的整治建设,从源头上治理和预防点源、面源以及空气的污染。建立景区生态环境检测系统,及时发现问题,及时采取应对措施,使生态环境得到长期有效的保护。

二是加强水体保护。实施截污设施建设,同步配套建设景区及其周边的截污排污管网,将收集的污水通过污水处理系统,严禁直排。制定了有效的生物综合净化水质措施，引入芦苇、菖蒲、睡莲等适宜的水生植物，发挥水生植物改善水质的功能。

三是维护生物多样性。最大限度地保护原有生态，通过人工适度干预，修复或重建生态景观。加大植被特别是水生植物的种植和保护力度，同时考虑其景观性和生物多样性的要求。加大水生动物的保护，整治和改善野生动物的栖息地。据观察，每年在小浪底越冬的候鸟数量达到了万只以上。

（二）依附水利元素与景观元素"双元素"联姻拓空间

水利风景区以区域内的水体和水利工程为依托，如何实现景观元素和水利元素的有机融合是水利风景区建设的重要研究课题。通过多年运行，小浪底水利枢纽水利风景区在这方面做出了积极的探索和实践。

一是凸显水利文化特征。景区工程文化广场地理位置紧邻坝下，该片区设置有佩尔里尼大型装载车、钢模台车以及大坝模型，这些留存的设施不仅营造出了非常浓郁的工程文化氛围，还成为别具一格的景观符号，基于眼前实物的深度体验感往往能够引起游客的强烈共鸣。另外，像雕塑广场、建设者纪念碑、水利移民旧址等景点也都凝聚着丰富的水利文化元素，它们默默地向参观者"诉说"着水利工程建设背后动人的故事。

二是因地制宜改造景观环境。景区核心区域分布着众多枢纽工程配套设施，承担着水、电等基本运行功能，设施物外观形象与周边环境基调格格不入会影响整体景观效果。本着旅游让步工程管理的原则，无法对现有设施和布局进行调整，只能因地制宜地对部分设施进行安全隔离和景观美化。为此，景区在实践中采取了很多举措，例如对大坝主体梯级平台覆土增加植被；将山体渗水引流至河道，改造成瀑布溪潭；狭长的排水洞内养殖大鲵；渗水池养殖观赏锦鲤；配电房和泵站房外观改造成园林式建筑景观；污水处理设备用绿植遮掩等。

三是注重使用功能与景观规划的结合。枢纽管理大门建筑采用了汉代阙楼造型，整体风格浑厚大气；连接坝后东西区域的跨河交通桥采用索道式结构，在满足水文观测工作的同时，也为游览过程增添了休闲情趣。

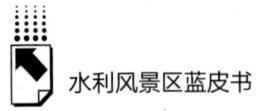

（三）依赖水利部门与旅游部门"双部门"联动谋双赢

在特定历史条件下，初期在景区管理的架构方面形成了由小浪底建设管理局，河南省小浪底旅游管理局，以及济源市和孟津县旅游管理局四方共同参与的景区管理体制，景区门票收入采取比例分成的办法。在运行前期，多头管理的种种弊端暴露出来，曾一度出现各自为政的现象，在相当程度上制约和阻碍了小浪底的旅游发展。

2006年，借鉴云台山景区实行的大部门管理体制模式，小浪底景区管理各方达成共识，确立了以小浪底建设管理局为主导的景区一体化管理体制。同时，建立了与省、市、县旅游主管部门定期召开旅游联席会议的机制，商讨并解决景区管理中存在的问题；确立统一宣传营销模式，形成市场合力。另外，公务接待采用工作票形式，一律按流程操作，留案备查。透明的体制和科学的机制，为景区持续、快速、健康、有序发展奠定了坚实基础。

（四）依靠水利景区与旅游景区"双景区"联创助提升

为提升综合管理水平，景区以创建国家5A级景区为契机，紧紧围绕"保护水资源、改善水环境、修复水生态、维护水工程、弘扬水文化、发展水经济"的六大核心理念，努力打造最具有水利特色的旅游景区。

一是大力整顿旅游市场环境。景区会同小浪底公安局、孟津旅游促进局执法队等机构展开联合行动，先后对无证经营、欺客宰客等不文明行为进行整治；对车辆乱停、黑车拉客等问题进行处理。安全有序的市场环境不仅为广大游客提供了和谐舒畅的游览氛围，也为小浪底赢得了良好口碑。

二是完善基础建设，提升服务功能。景区按照5A级标准建立完善了景区的标识系统；景区内建设生态步游道50余公里，布局合理，景景相连，并在游览线路上设立了多处游客休闲设施；完善无障碍化服务措施，开设绿色通道，为特殊群体提供游览方便；景区配备了11辆观光电瓶车，为游客提供便捷快速的游览服务。

三是打造优美整洁的公共卫生环境。景区现有的保洁人员数量、垃圾箱数量、公厕数量和分布严格按照5A级景区卫生管理标准要求和ISO14001：2004标准要求配备充足，对垃圾进行分类管理、日产日清、集中处理。景区保洁人员50余人，垃圾箱90个，公厕13座，其中水冲式10座，无水生态环保厕所3座，各座公厕都设置了无障碍通道和残疾人厕位。

四是增加旅游购物体验。景区设立了多处购物服务站点，除为游客提供简单饮食用品外，还特别推出具有小浪底特色的旅游纪念品，如黄河奇石、小浪底风光文化牌、小浪底纸皮核桃等具有地方特色的商品，备受广大游客的喜爱。"黄河鱼宴"也成为景区响亮的餐饮名片。

五是注重软环境建设。关注游客需求，从"微笑服务"再到"标准化、差异化、亲情化"的服务方针，使景区服务水准不断提升。在全体员工中形成"人人都是环卫员、人人都是安全员、人人都是导游员、人人都是服务员"的服务氛围，为游客提供及时周到的服务。景区将"精细化管理"理念"植入"日常工作的全过程，抓好服务细节。景区从导游讲解服务入手，以提高讲解水平为重点，全面提升旅游业管理水平和服务质量。

六是智慧景区建设卓有成效。2013年6月，景区启动"数字小浪底"建设工程。两年来，景区按照数字化建设的统一部署和要求，立足于"智慧管理、智慧服务、智慧营销"三方面着力打造"指尖上的小浪底"智慧旅游景区，设计开发了小浪底旅游景区官方网站，实现了线上、线下门票同等出售，在线网银购票等功能，景区管理效率显著提升。

2015年，小浪底景区高规格完成了提升规划，良好的基础与不懈的追求迎来了景区发展的新机遇。在这古老而年轻的黄河岸边，小浪底水利风景区这颗璀璨的明珠正在冉冉升起。

专家点评

小浪底工程是治理开发黄河的关键性工程，依托小浪底工程建设的国家水利风景区在景区开发过程中，始终坚持保护优先的原则，出台各种措施手

段,全力维护良好的生态环境;以区域内的水体和水利工程为基础,实现景观元素和水利元素的有机融合,以小浪底建设管理局为主导的景区一体化管理体制为景区持续、快速、健康、有序发展奠定了坚实基础;以创建国家5A级景区为契机,努力打造最具有水利特色的旅游景区。小浪底水利枢纽水利风景区建成和对外开放后,取得了良好的综合效益。

B.16 安徽合肥滨湖水利风景区发展报告

谢祥财 李玮 林达里 卢婧 冯冲 方伟*

一 景区概况

合肥滨湖水利风景区位于合肥市包河区南端，地处合肥市上风口，北至大圩镇迎河村，南至巢湖包河区边界，东至科技园路与南淝河交接处，西至玉龙路派河大桥，距合肥市主城区18公里。合肥滨湖水利风景区依托巢湖、巢湖大堤、南淝河、派河、塘西河、农业灌排水系等水域（水体）、水利工程而建，属于城市河湖型水利风景区。景区规划面积124.05平方公里（其中水域面积70.59平方公里），约占全区总面积的1/3，是省会合肥的重要生态屏障（见图1、图2）。

合肥滨湖水利风景区内目前已建成东大圩4A农业生态旅游景区、合肥滨湖国家森林公园、安徽包河区滨湖省级湿地公园、岸上草原、牛角大圩农业生态风情园、方兴湖公园及渡江战役纪念馆等生态、文化旅游项目，另规划有图书馆、博物馆、科技馆等十大文化场馆，芝泉湾（苏拐）风情街等项目。景区总体布局结构为"一心""三带""五区"，其中"一心"即十大场馆文化旅游服务中心。"三带"即南淝河农耕文化展示带、滨湖休闲游憩带、派河生态风光带。"五区"即东大圩生态农业旅游区、森林生态体验区、滨湖湿地风光区、北纬三十一度农业风情区和巢湖生态保护区（见图3）。

---

* 李玮，福建农林大学园林学院博士研究生；林达里，国家水利风景区研究中心工程师；卢静，国家水利风景区研究中心工程师；冯冲，福建农林大学硕士研究生；方伟，合肥市包河区农林水务局工程师。

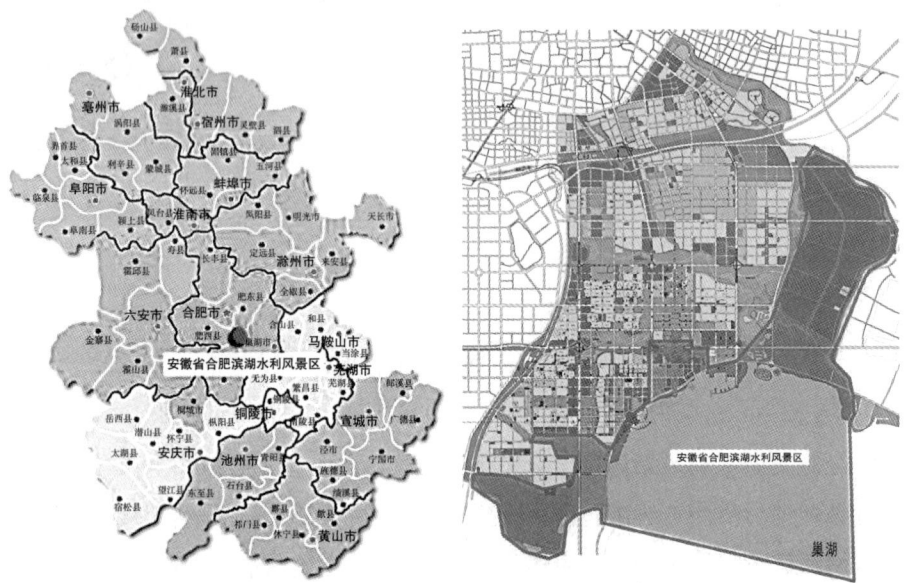

图1 合肥滨湖水利风景区在合肥市的位置　　图2 合肥滨湖水利风景区在包河区的位置

图3 合肥滨湖水利风景区总体布局结构

二 发展历程

从1999年开始,包河区东大圩累计投入农发资金近亿元,实施了国家级农业综合开发,形成了田成方、林成网、路相通、渠相连、旱能灌、涝能排的"七纵三横一环"格局。

自2007年底开始,巢湖沿岸生态环境综合治理工程、南淝河下游河道整治工程、塘西河综合治理工程、十五里河综合治理工程、派河左岸一期工程相继实施,累计投资超过20亿元,治理工程集防洪保安、水土保持和生态环境建设于一体。这些工程的建设有效提高了巢湖及入巢河河道的防洪能力,并为美化城市沿河、环湖环境,提升现代化大城市品位提供了契机。

2008年,牛角大圩被确定为省级现代农业综合开发示范区,该区后于2013年被正式确定为国家级生态农业科技示范园,先后引进现代农业企业11家,整合各级农发、土地整理、企业投入等资金约4.2亿元。

2011年,随着区划调整,合肥市独拥巢湖。市委、市政府审时度势,顺势而为,提出了"大湖名城、创新高地"构想,由此开启了合肥拥湖发展、城湖共生的大城时代,环巢湖生态文明示范区建设拉开序幕。

2012年,包河区积极响应市委、市政府号召,率先行动,提出"生态立区"战略,加大水生态修复和水治理力度,着力把包河区打造成合肥的"中央花园"和"会客厅",努力构建水绿交融、人水和谐的城市空间。

2013年,合肥成为首批全国水生态文明城市建设试点,水生态文明建设被提上更加重要的位置。

2014年,巢湖生态文明先行示范区建设提升为国家战略,进一步推进了合肥滨湖水利风景区的建设步伐。

2015年2月,全长155公里的环巢湖大道全线贯通,就像一条项链串联起了环巢湖周边的山、岛、泉、洞、园,形成了"水上有景,景中有水"的山水画卷,而合肥滨湖水利风景区就是这条项链上一颗璀璨的明珠。同年6月,合肥滨湖环湖景区申报国家水利风景区,专家们对创建合肥滨湖水利风景区所做的工作给予了极大的肯定,景区在管理体制、规划设计等方面体现了人与自然和谐可持续发展的理念,建议继续修改、完善、补充、提炼各方建议,将合肥滨湖水利风景区建成巢湖生态治理中的精品工程,起到全国示范、安徽名片的作用。2015年11月,合肥滨湖水利风景区成为合肥市城区首家、安徽省第30家国家水利风景区(见图4)。

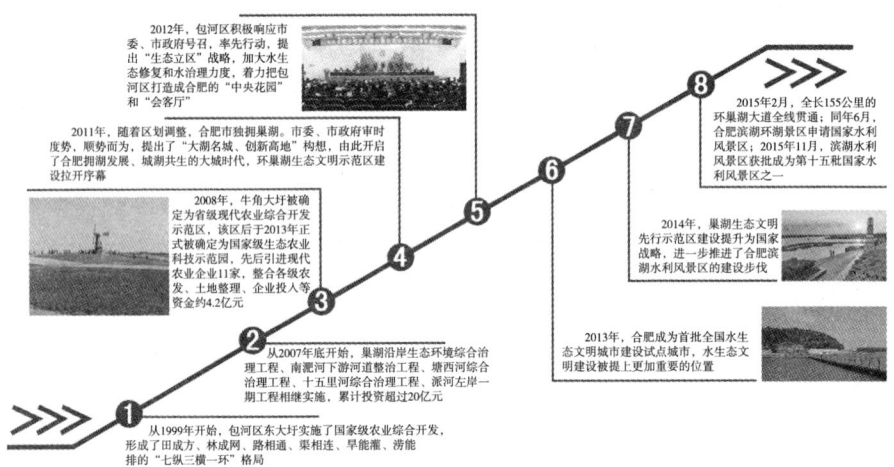

图4 合肥滨湖水利风景区发展路线图

三 建设成效

作为合肥环巢湖生态示范区建设的核心区和主阵地,包河区始终坚持"生态立区"战略,努力构建水绿交融、人水和谐、鸟语花香、品质生活的城市空间。合肥滨湖水利风景区,既有全国最现代化的滨湖新区,也有最优美的生态农业田园;既有全国最高端的文化旅游项目,也有最壮阔的大湖美景,具有独特的优势。合肥滨湖水利风景区的建立,已经取得以下成效。

(一)生态环境明显优化

合肥滨湖水利风景区以环巢湖旅游开发为契机,突出做好林业水源涵养、水土保持、生态修复和保护等几大"绿""水""气"生态文章，初步形成了林水相映、水绿交融的生态景观格局。目前，景区内河道堤防均按照百年一遇的防洪标准实施，水土流失综合治理率达到95%，水域水质由建设前的劣V类提高到V类，部分达到Ⅳ类标准；通过河渠清淤、塘坝扩挖、沿岸绿化等措施，畅通了农村灌排水系，提高了洪水调蓄能力，改善了水环境质量，打造出"河畅、水清、岸绿、景美"的沿河靓丽风景；大力推进环巢湖水环境治理及生态修复工程，广泛开展巢湖岸线综合治理工程、巢湖沿岸水环境治理及生态修复工程、入湖河流治理工程、清沟清渠专项行动等生态治理工程，并已取得显著成效；现有植物205种、动物173种，其中国家二级保护动物6种、省重点保护动物26种；林草覆盖率达到97%，负氧离子含量最高达3700个/立方厘米。合肥滨湖水利风景区成为合肥主城区与巢湖之间的重要生态屏障，更好地保护与修复了巢湖及周边的生态环境，发挥了防风抗洪、改善环境、改良土壤、净化水质、防治污染、调节生态平衡等作用。

（二）旅游经济迅速发展

合肥滨湖水利风景区拥有全国首个人工林国家森林公园、全省面积最大的人工草原，以及万达文旅城、环巢湖16.8公里黄金湖岸线、"三颗明珠"、华谊电影小镇、全省第一个体育小镇、全省"十大文化场馆"等优质生态旅游资源。据统计，自2012年10月至2015年5月初，景区总接待游客量约达1000万人次，旅游收入达到2613万元。景区通过打造现代产业高地，促进旅游消费和旅游业发展，加快自然生态、文化遗存、人文景观等旅游要素集聚，提升环巢湖旅游品牌效应，成为推动区域经济发展新的增长极。

（三）生活品质明显提升

合肥滨湖水利风景区被纳入合肥城市发展战略，特色十分鲜明。2015年7月，在由合肥市委宣传部联合市旅游局、市规划局举办的首批环巢湖最美旅游景区景点评选活动中，评选出了12个集聚环巢湖旅游精华的景点

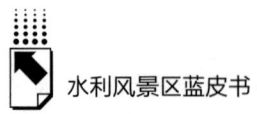

(区)。这些景区景点在本地乃至省内外都具有较高的知名度和美誉度，突出反映了环巢湖"望得见山、看得见水、记得住乡愁"的最美景区景点主题。其中，合肥滨湖水利风景区范围内的渡江战役纪念馆、岸上草原、牛角大圩农业科技示范园景区、滨湖国家森林公园、环巢湖五桥（南淝河大桥、派河大桥）等5个景区景点入选，各景区景点工程均具较强的带动作用，专业规划比较齐全，受到了民众的好评，成为都市休闲新热点。合肥滨湖水利风景区在社会中形成了"环绕立体声"，每当提起合肥滨湖水利风景区，市民都赞不绝口，社会效益尤为显著。

（四）文化效应明显增强

安徽省人杰地灵，人才辈出，合肥历史文化积淀深厚，水文化资源丰富，涉水的历史人物和古代的水利工程也比较多。围绕打造"全国文化改革发展先行区"目标，合肥滨湖水利风景区抓住机遇，整合创作力量，推出文艺精品，加快渡江战役纪念馆、安徽名人馆、安徽省城乡规划展示馆暨合肥市规划展示馆等文化场馆的建设，注重挖掘历史水文化（如古圩文化）、近代的治水文化、水科学的普及展示、水利科技的展示（如蓝藻治理、治污截污科技展示）、水情教育、水生态文明教育等地域文化内涵，有效促进了地区水文化建设档次，构建起城区15分钟文化服务圈，且有效健全了与省市文化机构、文化活动场所共建共享机制。合肥滨湖水利风景区建立后，成为合肥市历史文化及民风民俗的展示和保存载体，对增加城市内涵、留住城市记忆、提升城市品位，促进地区弘扬水生态文明，提供更多更好的旅游产品和景区管理服务等均具有重大意义，为广大市民游客创造了一个了解自然、亲近自然的好去处。

四 经验启示

合肥滨湖水利风景区的建成以及殊荣的取得，是坚持以发展旅游促进生态环境保护、以自然资源的合理利用及环境保护来保障旅游业可持续发展的结果。合肥滨湖水利风景区在水生态保护、水文化建设、基础设施完善、管理制度建立等工作中积累了丰富的经验,对今后各地同类型水利风景区的建设与发展具有重要的启示和借鉴意义。

(一)发展经验

1. 坚守底线,严格水资源管理,强化生态保护与改善水环境

景区建设坚持"生态保护、以人为本、资源互补、人文凸显、统筹协调、可持续发展"的理念,坚持"治湖先治河,治河先治污",源头治理,标本兼治,做美"绿文章",做活"水文章"。一是落实"三级"河长制管理。推行"河长制"管理工作,坚持"一河一策",建立三级河长制及河长承诺金制度,治理水污染,取得明显成效,主要污染指标大幅下降,最低降幅达20%以上,最高降幅达80%以上。二是开展清沟清渠行动。结合美好乡村建设,以畅通"微循环"为目标,在环湖街镇设立"沟渠长",实行包保责任制,通过岸坡护砌、河道疏浚、垃圾清理等方式,提高沟渠的排水功能,累计投入近3000万元,清理沟渠500多条400多公里。三是推进巢湖蓝藻治理。按照预警、打捞、处理、利用一体化方向,重点突出蓝藻打捞效率和能力建设,在环巢湖率先建成塘西河藻水分离站,2014年共打捞藻浆14.7万吨、藻泥7150吨,削减氮磷含量143吨。目前,第二座派河站即将投入运营,与塘西河站形成连通互补,基本实现包河区环湖岸线无明显臭味、无规模性聚集暴发。四是加快水生态治理项目建设。通过生态补水、管网建设、湿地保护等途径,实施国开行二期项目6个,申报三期项目6个,谋划四期项目16个,加快水生态治理项目建设,水生态环境逐年改善。五是退出传统的农业种植机制。采取测土配方,控制限制化肥农药的使用量,鼓励使用有机化肥、有机农药,减少面源污染,使区域内岸绿水清。

2. 以水文化为魂,积极推进水利工程与景观工程协同建设

目前的合肥滨湖水利风景区在地域上主要包含包河区的东大圩、牛角大圩、大张圩(国家级森林公园)及沿湖的小圩区组织,这片区域地势低洼,经常积涝成灾,同时由于维护的圩堤防洪标准低(低于20年一遇),往年经常受洪水威胁。随着生态环境日益受到重视，合肥市包河区生态建设高歌猛进，在"大湖名城，创新高地""生态立区"等战略方针被相继提出后，安徽省合肥市大手笔、大投入地进行了生态环境的规划与建设。其建设重点主要是对河道、湖泊的堤防进行整治，提高防洪标准，同时对圩区内的水网进行整治，新建、改造排涝设施，提高排涝标准。

自 2011 年以来，包河区综合运用国开行、亚行和市大建设等项目资金，于巢湖沿岸建设环湖北路，以路代堤，对南淝河、派河、十五里河、塘西河等河道进行了综合整治，将堤防原先不足 20 年一遇的防洪标准提高到 100 年一遇防洪标准，完成了巢湖大堤、南淝河大堤、塘西河闸站枢纽等 3 大水利工程，确保这片区域的防洪安全。项目在建设的同时对圩区内部的排灌设施进行了新建、更新改造，疏浚、沟通、整治了各类沟渠的水网，畅通水流，通过农田水利设施建设、农业综合开发、土地整理等项目进行了大规模的农田水利建设，提高了排灌标准，确保区域内不再受涝受淹。另外，在提高防洪除涝标准、清沟清渠、畅通水流的同时，包河区于河道、水渠等两地进行大范围的生态园林开发，相继建成了塘西河公园、方兴湖公园、沿岸防波堤、围堰湿地公园及沿巢湖 16.8 公里环湖生态景观带，规划建成了岸上草原、牛角大圩生态农业风情园、国家森林公园等景点。同时积极推进水岸绿廊工程建设，公园游客服务中心、百花园百草园、森林小火车等项目的投入运营，72 公里三级绿道体系的建成，使景区的整体形象和功能达到了新水平。

水，成就了这片区域的生态景观，既是独特优势，也是这里的灵魂所在，而高标准的水利工程和水利设施为这片区域的可持续发展提供了最坚强的保障。通过水的曲折环绕，水工程的呼应贯通，水生态的不断改善，这片水利风景区生机盎然。

3. 大力发展生态农业精品工程，水利+的品牌效应凸显

合肥滨湖水利风景区在其建设过程中充分利用所具有的水利风景资源，整体部署，准确定位，立足差异化、生态化、滚动化、精品化，力求建设一批独具特色的生态农业精品工程，重点打造"三圩"景观。

大张圩着重体现自然生态和历史人文两大主题，高起点规划，突出生态修复，实行可持续经营管理，成功把 1.5 万亩于 2002 年退耕还林形成的人工林区成功地打造为国家级森林公园，荣获"中国人居环境范例奖"，其三级绿道和三级驿站体系的建设经验亦在全国得到广泛推广。牛角大圩北纬 31°生态农业园以生态农业和绿色田园为载体，以发展"徽派风格、水乡特色、生态果园、都市农庄"为特色，先后启动现代农业综合开发、土地整理、生态农业园建设等项目。景区以鱼塘、河流湿地和田园风光为主体，与云南世博集团合作推进"云苗北上"，精心打造四季花海景观，形成了以花卉、园艺和果品为主的生态旅游品牌，将昔日易涝贫瘠之地蜕变成了一个集采摘体验、观光休闲、生态旅游于一体的都市农业示范区。目前，牛角大圩北纬 31°生态农业园已成功跻身国家现代农业科技示范区之列，生态旅游资源富集，是久负盛名的"水上洲岛、生态田园"。东大圩着重体现经济与生态并重，发展与保护同步，已跻身国家 4A 级农业生态旅游景区之列。景区以农业采摘和自驾游为特色，大圩葡萄已成为国家农产品地理标识，随着游客接待中心、美食村等基础设施的相继建成、开放，圩内道路、绿化、管理亦均有提质，景区先后荣获"国家 4A 级旅游景区""全国文明村镇""国家级生态乡镇"和"国家级无公害农产品生产基地"等称号。

4. 水文化与城市内涵深度融合，相映生辉，魅力尽显

包河区因"包河"而得名，因"包公"而闻名，人文荟萃，享誉四方。合肥包公园是研究包公文化的重要载体；包公祠是全国各地祭祀包拯的专祠中存续时间最长的；包公墓考古发现开创了包公文化的新纪元；抗日名将卫立煌家族的遗存建筑群享誉全省，卫立煌故居蕴藏着珍贵的文物价值；宋氏故居是合肥唯一一处民国时期中西合璧的老建筑；巢湖民歌、包河乡村门歌等非物质文化遗产全国知名。此外，包河区更有巢文化、淮军文化和红色文化等历史故事传说口口相传，东大圩、大张圩、牛角大圩等建圩围田的水文化遗产彰显了先辈们的治水智慧。自然生态和历史人文两大主题，成为合肥滨湖水利风景区水文化发展、水科普展示、水利旅游开发的重要契机。包河区在滨湖水利风景区建设过程中，依托万达文旅

城、恒大中心、宝能城、"全省十大文化场馆"、滨湖国际会展中心等重大项目，充分利用地域底蕴深厚的文化资源，挖掘地区自然和人文内涵，整合巢湖、包公、卫立煌、乡村旅游、农业文化、滨湖新区等文化主题元素，重点打造包公文化主题公园、包公园国家5A级旅游景区、民国文化园等旅游景区，以及以徽州古民居、乌镇水街风情为特色的苏拐项目、以画家村和艺术馆为特色的塘拐项目，形成集吃、住、行、游、购、娱等多项目于一体的城市河湖型水利风景区，成为同类型水利风景区生动展示城市文化内涵的典范。

5. 完善景区配套设施，旅游综合服务能力得到提升

合肥滨湖水利风景区注重服务质量和服务体系建设。在重要景点处，安装了大型导游牌，清楚标明景区内的重要景点和位置；大量安置文明提示牌、温馨提醒牌、安全警示牌，提高游人保护环境意识，共同维护景区良好环境。此外，景区结合美好乡村建设，做到水、路、林、村和谐协调，吃、住、行、游、购、娱等服务设施齐全，旅游交通、经营管理、综合服务等功能完备，具备接待大规模团队的能力。目前，景区内森林公园（一期和二期）、牛角大圩、渡江战役纪念馆已经建成并对外开放，内部交通完善，设施齐全；森林公园有安徽省内首个三级绿道交通体系和三级服务驿站系统；0.83平方公里的巢湖沿岸湿地水上游坚持"城湖共生、人水和谐"的理念，建成观湖塔、观城塔、观鸟塔和旅游驿站，推出捕鱼节日，展示渔民文化；开敞式岸上草原景区投入8000万元，堆山造景理水，配套观光绿道、滑草场、热气球、平衡车、游客服务中心、停车场等设施。景区开放以来，旅游活动广受欢迎，已成为合肥市民及周边游客观光、娱乐、休闲、健身、度假、亲近大自然、放松身心、放飞心情的美好去处，深受群众的喜爱，为合肥市的生态文明建设写下了多彩的一页，在省内享有较高的社会知名度和美誉度。

6. 贯彻创新协同开放绿色共享新理念，积极探索管理新模式

为了加强景区的管理，包河区委批准成立了"合肥滨湖水利风景区管理委员会"，以包河区林业、国土、水利、旅游、环保、农业、建设、电力等相关部门为成员。办公室设在区农林水务局，由区委书记任管委会主任，区长任管委会副主任，农林水务局局长任办公室主任。管委会代表区政府主管风景区的规划、建设与管理等工作，负责整个风景区的保护管理工作；通过合理运营规划，从资源管理、资本投入及智力支持等方面提高景区在计划实施、工程、资金、物资、信息、科技、项目监管等方面的管理水平，将管理层次精细化、规范化、科技化；建立组织管理保障、游客教育及管理保障、资金筹措与保障、社会保障、技术保障等机制。景区采用社会化管理模式。合肥滨湖国家森林公园、滨湖明珠码头、牛角大圩国家农业生态示范园、渡江战役纪念馆湿地游船码头、塘西河码头、马家渡码头及岸上草原等景区的运营交由合肥印象包河旅游开发管理有限公司负责管理（由滨投公司成立），东大圩景区日常管理工作则由大圩镇成立的旅游管理公司负责。

合肥滨湖水利风景区在建设过程中，实施"管理兴区"工作，推行"3+1"城市管理分类模式，打造城市管理的核心区和样板区。一是景区管理一体化。参照城乡环卫一体化的模式，按照城市标准推进水利风景区管理。在景区内推行市政、环卫、绿化养护"大综管"模式，实现"无缝隙、无死角"覆盖。二是景区管理标准化。对合肥滨湖国家森林公园等核心景区，创新建管模式，实施封闭式管理，按照国家5A级旅游景区标准，引入国企实行物业化管理，实现"垃圾落地不超过15分钟"管理标准。三是景区管理长效化。针对景区内及周边的水面漂浮物、道路沿线垃圾等，结合目前在全省开展的"三线三边"环境整治行动，与属地街道、社居协作，设立监督岗位、监督热线和生态守护公示牌，划定包保责任区，综合运用员工巡查、群众督察、热线受理、集中清理等多种方式，实现景区环境整治长效化。

（二）主要启示

经过一番经验梳理，整体来看，合肥滨湖水利风景区在景区规划、产品开发、品牌营销、管理服务的能力和水平等方面对于相关景区都有重要启示。

1. 明确战略定位，高水平的景区规划是根本

只有编制科学合理的景区规划，才能形成完善的景区发展策略和形态，保证水利风景区资源被最大化、最合理、最有效地使用。合肥滨湖水利风景区建设的丰硕成果，得益于景区规划的科学制定和认真执行。景区在生态优先的前提下，结合滨湖现有丰富的水文景观、自然景观和人文景观资源，针对近期规划区域完善阶段（2015～2020年）、中期规划品质提升阶段（2021～2025年）、远期可持续发展阶段（2026～2030年）等不同阶段层次目标，制定了科学的规划和详细的可行性研究报告。通过对滨湖水利旅游项目的开发，力争将合肥滨湖水利风景区建设成为一个生态修复到位、自然生态环境优美、文化底蕴深厚、旅游产品丰富且特色突出、旅游功能分区合理、设施系统完善的观光、旅游、休闲、度假胜地。因此，水利风景区的规划应做到既考虑结合近期、中期目标，又谋划长远目标，通过引进一流的规划设计专家队伍高起点做好各类规划，突出规划的战略性、长期性和连续性，避免重复建设。

2. 凸显景区品牌，做足魅力亮点是关键

品牌是一种向往的力量，往往比一般意义上的营销更加有力，在某种程度上甚至可以理解为景区旅游者"以偏概全"的认知。倘若某些水利风景区由于荣获批准一时声名鹊起，而其又没有相应产品与之匹配，一旦旅游者不满意，再想提升它的知名度，使其深受顾客追捧将变得异常困难。合肥滨湖水利风景区案例的成功之处，在于其围绕深入实施"大湖名城、创新高地"城市战略，以水资源及水利工程为依托，以生态保护为宗旨，突出了景区资源特色与市场的对接，聚焦品牌建设，重点开发规划了牛角大圩农业生态风情园、东大圩生态农业旅游区、大张圩景区等生态农业观光工程，以及名人馆、科技馆、博物馆等文化旅游项目，为人们提供了休闲放松的场所和适宜空间，彰显了社会公益性，成为安徽省城市河湖型水利风景区的示范样本。因此，水利风景区在建设中应及时开发符合实际，体现地域人文、自然文化特征或休闲度假特色的旅游产品体系，使产品形成对游客的吸引力，让品牌影响力深入人心。

3. 确保景区持续发展，优化景区管理和服务功能是保障

合肥滨湖水利风景区的管理主要通过政府主导、社会化管理模式得以实现，相关的水利风景区在强化景区管理及服务功能中可从以下几方面加以借鉴：一是明确管理机构的职能和功能定位。景区企业在与地方政府打交道的过程中，应理顺政府、景区企业各职能部门的行政管理体制与职能，要学会因时、因地、因情况变化，正确处理政府、企业和个体间的关系。二是促进景区由门票经济向产业经济转变。合肥滨湖水利风景区目前并未对游客收取门票，除部分项目外，景区均为公益性开放景区，通过销售旅游产品、推广特色体验及提供有偿旅游服务取代门票收入。各景区企业应结合实际，研究和配置景区营利性经营项目的开发布局和赢利模式的创新设计，投入能够尽快形成效益的景区旅游产品，构建景区经济持续发展模式。三是制定景区管理机制，提高服务水平。建立完善的管理与服务机制，按标准建成功能齐全、设施完善的服务机构，形成景区水资源保护、水生态修复、交通与游线组织、配套基础设施、土地利用、安全保障等管理与服务的一体化。

专家点评

安徽省合肥滨湖水利风景区建设，比较有效地解决了水利工程、水质处理、防洪安全等问题，从规划设计到项目落地，挖掘景区文化内涵、打造特色旅游品牌，一直到产品细节，均获得了市场的高度认可。其成功之处在于：一是高水平规划与设计，突出水文化与地域标志景观的核心吸引力；二是聚焦品牌亮点，开发多元产品，凸显生态农业与文化魅力；三是着力进行旅游产业链整合，打造和组合旅游产品，成为都市周边的休闲观光胜地。本案例表明，水利风景区旅游产品开发，一是要实施最严格的水资源保护，加强水环境和景观建设，有效弘扬水文化是发展旅游水利的前提。二是景区发展规划与项目策划要并重，对于旅游来说，文化是灵魂，产品是核心。景区产品要突出水文化体验，符合地方特色和市场需求。

B.17 黑龙江哈尔滨金河湾水利风景区发展报告

钟林生 杨珏* 张蕾 冯冲 李灵军

一 景区概况

哈尔滨市是黑龙江省省会、我国东北北部的中心城市，享有"东方小巴黎""东方莫斯科"的美誉。松花江流经哈尔滨，孕育了早期文明，推动和促进了哈尔滨市的建设和发展，松花江河道内诸多以滩地和沙洲形态出现的湿地，为哈尔滨市提供了丰富的自然资源，成为调节周边生态环境的主要载体。但是伴随着城市规模的扩大、经济的快速发展，松花江的湿地承载了越来越沉重的负担，大面积的水土流失、植被退化，破坏了多种生物群落赖以存在的环境，造成食物链缺省，影响了河流整体的健康与稳定，松花江湿地功能已经出现了严重衰退的迹象。因此哈尔滨市委、市政府开创性地提出了"以水定城"理念，开启了哈尔滨发展的松花江时代，着力推进水生态系统保护与修复并依托松花江和松江湿地资源，全力打造"万顷松江湿地，百里生态长廊"，构建"一江居中，两岸繁荣"的城市发展新格局。而哈尔滨市金河湾水利风景区是哈尔滨市开展水生态系统保护与修复，以广袤城市湿地资源特色，全面实施"万顷松江湿地，百里生态长廊"生态工程的重要组成部分。

金河湾水利风景区地处松花江哈尔滨主城区左岸，三环桥与四环桥之间的滩地上，东西长3800米，最宽处1500米，总面积3.5平方公里。滩地内

---

* 杨珏，亿利生态修复股份有限公司水生态修复院院长。

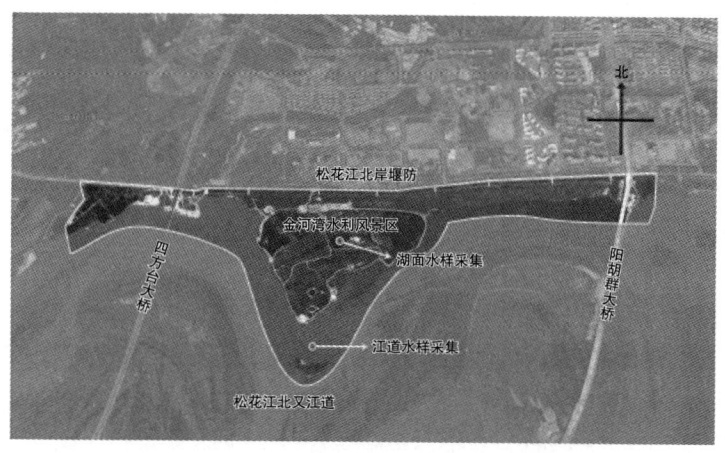

图 1　地理位置区划图

鬃岗、沙丘、泡沼、牛轭湖等特征明显，属于洪泛平原湿地、河川湿地类型。随着经济社会的不断发展和人为的过度干扰，自然环境已支离破碎，湿地出现严重萎缩，生态退化。金河湾水利风景区在建设过程中按照水利部的治水新思路，通过退耕还湿、疏通水系、生境修复、景观建设、基础配套等措施，形成了近似自然景观的相嵌布局以及和包括人与自然、城市与水、名人与水在内的水文化主题相融合的21个景观斑块、6个功能区、6个亲水广场和10个亭廊组成的景观格局（见图2）。

金河湾水利风景区经过一期、二期工程建设，已成为主题景观分布、"三野文化"贯穿、特色餐饮相辅的湿地旅游佳处（见图3）。景区三面环水，河湖相通，水陆相连，生境各异，物种丰富，在人工辅助措施和自然演替下，已恢复陆生、砂生、湿生、水生植物240多种，其中珍稀植物有野大豆、野韭菜、睡莲、桑树、粉柳、赤杨等十余种，并形成百亩塔头、千亩柳条通、万米荷花的景观，具有十余种水生植物镶嵌水岸、芦苇和牛毛草分布林间的自然植物群落，自然景观与人文景观互相交融，初步构成自然起伏、岛中有水、水中有岛、丰水过流、枯水成池、曲路环水相通、和谐有序、有利于动植物繁衍生息和人们亲近自然并独具北方滨水特色的生态旅游区，是融生态保护、观光旅游、休闲度假、文化展示、科普教育为一体的多功能且

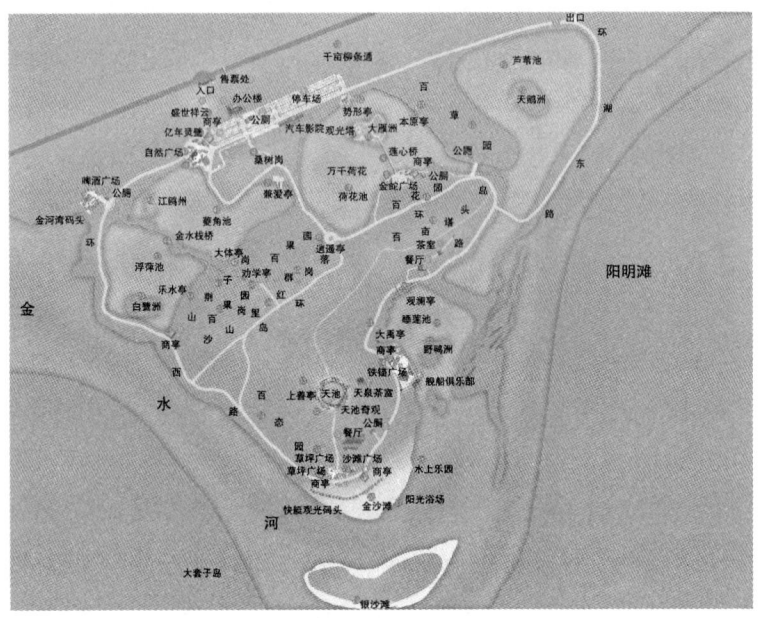

图 2　金河湾湿地植物园功能区规划图

具有北方滨水特色的旅游目的地。先后荣获"黑龙江省 100 个值得去的地方"、黑龙江省旅游行业"文明窗口示范单位"、"哈尔滨湿地旅游先进企业"等称号，并于 2012 年被黑龙江省水利厅评为省级水利风景区。截止到 2013 年底，金河湾湿地公园已累计接纳国内外游客 50 万人次。

图 3　美丽的金河湾

二 发展历程

自20世纪80年代以来，由于多种原因，哈尔滨市段松花江河道的滩地被大量占用，如开荒种地、毁林烧炭、挖塘养鱼等，导致湿地资源被严重蚕食。2002年，哈尔滨市政府结合优化前进堤防工程，实施了"开发江北，两岸繁荣"的战略。前进堤防建设采取了就地取土吹填的施工方式，在新建堤防外的滩地上遗留了大面积数米深的取土坑，坑边寸草不生，而且存在严重的不安全因素。随着市委、市政府提出"开发江北，两岸繁荣"的城市发展战略，哈尔滨市水务局按照水利部的治水理念，将松花江左岸边滩西四环路至西三环路段的滩地沙洲规划成为金河湾水利风景区，以水环境保护为主线，以滩涂资源的合理利用为衬托，以水文化为内涵，打造集自然景观、水文景观、人文景观于一体的生态风景区。2008年由哈尔滨水务投资有限责任公司投资2000万元，进行了金河湾一期建设，通过清滩造岛、改良土壤、加固滩岸、恢复植被、引水入滩等手段，逐步恢复已呈现衰退和萎缩态势的湿地生态系统和其原有功能，使景区初步形成了一岛、二滩、三岗、四园、五池、六洲的景观格局。恢复陆生、砂生、湿生、水生植物240多种，野大豆、野韭菜、睡莲、桑树、圣柳、赤杨等珍稀植物10余种，形成了百亩塔头、千亩柳条通、万米荷花的景观及镶嵌水岸、树间的芦苇和牛毛草等典型植物群落。

2009年景区对社会公众实行免费开放和试运行，受到了社会各界的广泛好评，也为哈尔滨开展水生态系统保护与修复，全面打造"万顷松江湿地、百里生态长廊"起到了示范作用，成为哈尔滨沿江湿地景观重要的组成部分。

2010年8月至2011年5月，水务部门后续投资1.2亿元，进行金河湾二期建设，计划通过政府支持、社会参与、企业建设、市场化运作等方式，将金河湾打造成为以"原生态保护为主，近自然景观镶嵌布局"的以水文化为主题，由6个功能区、6个亲水广场、10个生态长廊组成的景观格局。

景区30万平方米道路全部采用环保透气的青石砖铺设，近水平台及湖岸铺设木制栈道，共计2万余延长米。建设完成后，金河湾先后荣获"黑龙江省100个值得去的地方"、黑龙江省旅游行业"文明窗口示范单位"、"哈尔滨湿地旅游先进企业"等称号，并于2012年被黑龙江省水利厅评为省级水利风景区，批复后景区完善了烧烤区、游乐区、垂钓区、休闲区、运动区等特色景区的设施；引进双人自行车、电动车出租、登山赏鱼、喂饲温顺动物等新颖项目；利用网络平台与各团购网站建立了良好的业务伙伴关系，先后推出健身卡、亲子卡、全家福卡和门票打折团购；与《新青年》、《新晚报》、《生活报》、《哈尔滨日报》、《哈尔滨晨报》及旅游卫视、省市电台、黑龙江信息港等新闻媒体合作，举办了万人徒步大赛、采桑节、六一亲子节、感恩母亲节邀父母游湿地、风筝大赛、湿地风光摄影大赛、赏荷节、沙滩婚礼、爱情运动会等互动经营活动，以及智障儿童亲近自然和癌症尿毒症患者游湿地、莘莘学子游湿地等多项公益活动。同时，进一步强化园内泊车和交通线路管理，提高设施的使用效率，并与公交公司和轮渡公司洽商，分别开通和完善了陆路、水路旅游交通路线，有效地提高了客流量。

2013年经水利部批复为第十三批国家水利风景区，批复后景区在不破坏湿地生态环境的前提下，增设了沙滩足球、沙滩排球等项目，举办了沙滩烧烤、篝火文艺晚会，修缮了破损烧烤亭，接通电缆，增设商亭，利用景区水边沙滩，扩大了经营区域，利用菱角池、荷花池、芦苇池天然水域养鱼，秋冬季捕捞出售，增加了鸟类放飞表演等活动。同时在管理上，努力推进景区基础管理标准化、规范化建设。进一步理顺各个层次的工作关系，明确职责，优化流程，落实责任，不断提高管理层次、管理水平和工作效率，努力建立科学、规范、标准化的基础管理工作体系，提升景区管理的层次，保证各项工作顺畅运行。严格计划管理机制，落实到岗、责任到人。加大计划执行情况的监督和检查力度，坚持计划执行情况分析，严格控制好计划指标的动态变化。同时，进一步加强了商户管理，继续强化服务意识、安全意识，并于2014年被评为国家4A级风景区（见图4）。

图4 金河湾新旧貌对比

三 建设成效

金河湾水利风景区建设扩大了地域植被面积，有效控制了对水环境的污染，并在一定程度上设法恢复湿地水环境，积极有效地对污染进行了控制和治理，形成了流域生态系统的良性循环，恢复了区域的青山、绿水和美丽的自然风貌，确保了饮用水安全，实现了流域经济社会和环境协调发展、人与自然和谐相处。对当地民风民俗、原有地貌进行了完整的保留与修复。对于优化本地区生态环境和传承本地区历史文化精髓有着不可估量的积极作用，为当地居民创造了良好的生活环境。对于提升城市品位、提高城市居民生活质量、繁荣城市经济，对于调整产业机构、带动地区经济发展产生了深远影响。充分实现了旅游资源的最大效益，实现了生态、经济、社会、文化与旅游的良性互动发展，带动了当地经济文化等产业的快速发展。

(一)生态成效

金河湾风景区通过对滩涂区域的综合整治,提高了滩涂利用的深度和广度,实现了优化滩涂开发利用布局、明显改善滩涂生态环境质量的目标。

1. 防汛功能方面:实现了调蓄洪水、调节河川径流的目的,是蓄水防洪的天然"海绵",在蓄积雨水、补给地下水以及维持区域内水平衡方面都具有重要作用。

2. 生态功能方面:维持了生物的多样性,为野生动植物提供了栖息环境,线形河道及其两岸的植被带也为生物提供了基因的交流廊道。同时,湿地的水分充足,可以通过水分蒸散发,调节空气湿度和温度变化,调节了区域水循环、改善了区域小气候。水土流失治理率达95%以上,人工恢复林木达400多万株,水生、陆生、湿生草本植物100万平方米,林草覆盖率达到95%以上。景区内负氧离子含量达到5000个/立方厘米以上,空气质量明显优于市区。景区内水质长期保持在Ⅲ类水质以上(见图5、图6)。

图5 万亩荷花塘

图6 茫茫芦苇荡

（二）经济成效

金河湾水利风景区的建设，延长了松花江旅游带，提升了周边土地价值，进一步成为松北新区乃至哈尔滨湿地旅游文化快速发展的推进器。风景区的建成拉动了当地及周边地区的经济发展，加快了松北和哈尔滨旅游经济产业化调整的实现。

金河湾水利风景区建设首先促进了哈尔滨湿地旅游的发展，目前湿地旅游已成为哈尔滨市的重要支柱产业，2013年该市旅游收入已占到GDP的10.41%。据不完全统计，2013年哈尔滨市已经累计接待旅游者5547.5万人次，同比增长9.3%；旅游总收入达668.5亿元人民币，同比增长20.6%；预计2020年将实现旅游收入20亿元。其次，风景区建设拉动了当地消费，带火了周边的楼盘，促进了招商引资。金河湾湿地公园建成后周边区域楼盘火爆，房价也有了不同程度的上涨，2011年湿地建设后周围楼盘房价已上涨到6500元/平方米。目前，哈尔滨的湿地品牌吸引了如中航集团、深圳华侨城这样的知名企业到哈尔滨考察并开发湿地项目，而恒大集团、复兴集团、银泰集团也已相继投巨资在哈尔滨开发沿江地产。最后，旅游拉动的产业链长，对一产、二产、三产都有带动。自开展湿地旅游以来，各地游客往来不绝，带动了当地的饭店和道路运输等与旅游相关产业的日益火爆。目前，哈尔滨市正在规划湿地产业的发展，未来湿地将不仅是旅游的载体，更将逐渐成为城市经济新的增长点。

（三）社会成效

金河湾水利风景区建设有力地推动了地方经济的发展，为当地提供了一定的就业机会，提高了当地人民的生活水平；有利于引进先进技术，吸引人才，增长知识，增进外界对当地的了解，迅速提高本地区知名度。

金河湾水利风景区从建设期到正式对外开放深受社会公众的高度关注。自2011年6月5日开园以来年接待能力成倍提高，深受市民欢迎，已成为哈尔滨市民休闲度假观光的好去处。现在金河湾水利风景区获评"国家4A级旅游景区""国家水利风景区""ISO9002冰雪和湿地标准化服务试点景区"等殊荣，成为哈尔滨向世界展示"冰城夏都"魅力的又一窗口，吸引了国内外众多游客前来。金河湾水利风景区是全国水生态保护与修复地12个试点城市先期启动的示范项目，到2012年底，金河湾水利风景区已累计接待游客50万人次。

（四）文化成效

金河湾水利风景区的建设是建立在"生态文明"基础上的，是水文化与治水实践、水文化与时代精神、水文化与现代水利的传承和发展，让人们在欣赏自然的过程中，追忆历史，聆听古人的教导，寓教于乐，认识水、爱护水、欣赏水，从中受到启示和教育。

景区中的铁锚广场，将太阳岛上坞围堤工程清淤时出水的弃锚的复制品矗立在广场上，让人们了解哈尔滨依水而建、伴水而兴的城市发展历史。沿"五池"和"天池"的水边建有10处亭廊，按照其各自的自然形态和风格分别以老子、孔子、大禹等10位与水密切相关的名人命名,通过讲述名人与水的关系,阐述了水是生命之源,世间万物都离不开水。如"上善亭"取意"上善若水",是将道家学派老子的哲学集中,老子以水喻道:"上善若水,水利万物而不争,处众人之所恶,故几于道",告诉人们和谐之美在于善。"乐水亭"取意孔子的"仁者乐山,智者乐水",阐述孔子对水的认识,赋予了水象征意义和哲学情结。大禹亭——"卑宫室而尽力乎沟洫",用大禹治水成功的经验来回顾人类治水历程的大致经过,说明了人在改造和利用河流的同时,应积极主动地适应和保护河流,达到人水和谐,在建设和谐社会的今天,坚持以人为本,实现人与自然、人与水和谐相处,继续追随大禹"卑宫室而尽力乎沟洫"的奉献精神。景区内的自然广场用黑白理石镶嵌成的太极图象征自然界,阴阳寒暑,一年四季,万物按此规律生生不息,诠释了道的法则是自然,天地都由道的自然功能所分化出来,人也是自然的一部分,因而人类的活动必须自觉地与自然相协调,启迪人们崇尚、尊重、热爱自然。充分建立起了公众"生态文明"的理念,实现了可持续发展水利和人水和谐的目标。

四 经验启示

(一)工程建设应顺应自然进程,遵循原生态

金河湾水利风景区遵循河流原有的自然地貌、生态环境、植物组合,在建设过程中以"原生态"为基础,用自然的结构和形式来顺应自然的进程,并将其作为贯穿整个规划的一项基本原则。

(1)保护和修复适宜原生态生物生存的自然生境格局

金河湾水利风景区规划突出"原生态"理念,构建更加亲近自然的景观格局。景区建设采用了"湿地公园"的模式,凸显了湿地的自然生态特性和地域的景观特色,以维护生态系统结构和保持功能完整性、保护生物栖息地和防止湿地衰退的基本要求为出发点,通过适度人工干预,维护湿地的

生态系统,最大限度地保留原生湿地的生态系统和自然风貌,维持生物多样性。金河湾利用河川湿地的特征地貌,自然的原生动植物,丰富的水域形态,因地制宜,划分功能分区和景观斑块,利用它们固有的自然属性,选用具有代表性的生物和适宜的生境要素来丰富与诠释。虽然各分区与斑块均由人工修筑,却与自然融为一体,宛如天成。

(2) 保持江道行洪的自然属性

一般洪水发生和湿地的萎缩与消失有着密切的关系。湿地在水的自然循环中起着良好的作用,利用湿地调蓄洪水是生态水利的内容之一。松花江哈尔滨市区 123 公里江段湿地面积 204 平方公里,对其进行有效的保护与修复,打造"万顷松江湿地,百里生态长廊",对实施哈尔滨市生态防洪具有深远的战略意义。金河湾水利风景区作为哈尔滨水生态建设与修复示范区的第一目标就是保持江道行洪的自然属性,坚持不在规划区内修筑围堤,不做传统的工程护岸,不做大范围的地形调整,将内湖水系与江水连通,实现了枯水成池、丰水过流。2010 年 8 月金河湾水位达到 118.1 米,断面 80% 过流,保持了河道行洪的自然属性,维持了湿地系统的健康,达到了调蓄雨水、生态防洪的效果。

(3) 基础设施和生态结构要适应河流水情变化

原生态理念并不单是指恢复原生状态,还包括在一定程度上恢复生物的生存条件,其中的首要因素是水文因子,因此只有在坚持原生态理念下,才能在现状的基础上,构建适宜的滨水景观。金河湾水利风景区处于河道行洪范围内,其河岸带的生态系统受水位影响较大,因此物种的选择要具有很强的适应性。根据松花江多年水位变化规律和本区竖向地形,将 116.0 米设为常设水位,115.0 米设为最低生态水位,118.0 米设为淹没警戒水位,作为植物种植生境的水文要素和基础建设的参照线。

金河湾的生态系统按照当地的水文要素,从恢复水生、沼泽、陆生、森林等多样植物的角度,充分考虑了在陆地条件和洪水淹没状态下各自修复能力的目标种群。一般情况下生物和生境之间会相互影响,恢复生境是达到生态修复目的的一种主要措施。金河湾通过适地适树、梯次种植等方式,恢复先锋物种，覆盖地被，然后利用洪水的脉冲作用实现植物的自然演替，过渡到目标物种。即金河湾在一定程度被淹没的情况下，一部分植物虽会受到影响，但整体的生态系统不会遭到破坏，相反，在河道行洪期间通过河水的能量输入，会达到自我修复的效果，原有的生态功能和结构会逐步完善，生物多样性也会逐步提高。

考虑景区内公共基础设施建设既不能割裂区域水循环和系统连续性，又需顾及不同淹没情况对使用功能的影响，原则上采用天然的建筑材料，利用可拆装移动的结构，和透水基础或者桩基，将生态与生态工程相结合。例如金河湾分别在2010年、2011年超出历年同期水位，其中最低水位115.2米，最高水位118.1米，部分道路、木栈道被淹，景区内80%的面积浸水，荷花池内水深达4米。但在这样的情况下基础设施结构仍然稳定，植物生长旺盛，经过了高水位的考验，景区内的景观日益丰富，成为景区一大特色。

（4）注重保护，采取因地制宜的水保措施

金河湾滩地所处的哈尔滨段江道断面为复式断面，常水位状态下主槽明显，形成水陆生态交错带，是水生态系统发生潜育变化的敏感区。风景区在建设过程中根据生态敏感性、滩岛功能定位和岸线具体情况，对生态弱敏感性和生态不敏感性滩涂选用适当的生态护岸方法解决由岸线改造导致的水生态系统退化。对沿岸堤防和自然陡坎，建设植被防护带。有堤防段在堤防迎水侧种植以耐水淹树种为主的树木，形成30~50米宽的防浪林。对自然高地及自然陡坎，沿地形坡度进行整体绿化，与防浪林一同构成滨水绿化防护带。

哈尔滨地区降水固液态相变频繁，既有冷暖季相变，亦有昼夜相变，液固态相变易造成冻融侵蚀。金河湾水利风景区建设中针对冻融侵蚀的主要修复措施包括种植水土保持植物和采取适当的工程措施。水土保持植物选择适应性和抗寒性强、根系比较发达、经济价值高的植物物种。对于容易发生冻融侵蚀的路坡、沟壁等处首先大力进行植被恢复；其次还要采取适宜措施防治、延缓冻融侵蚀发生；最后对部分地区要采取封育措施，以减少对冻融侵蚀地区的人为影响。

（二）传承传统水文化，秉承治水新理念，实现人水和谐

水是大自然生态系统的控制因子，人水关系是人与自然的缩影，贯穿于中国水文化中，规定了人们的价值取向、思维方式、审美情趣和行为规则。金河湾水利风景区在建设过程中充分挖掘传统水文化，秉承"生态文明"的治水新理念，围绕"原生态""人水和谐""水文化"展开建设。

（1）挖掘文化内涵，体现不同设计主题

水文化，是人类社会在发展过程中不断形成的关于人类如何认识、利用、治理、爱护和欣赏水的一种物质和精神财富的总称，它在人类的发展过程中起着不可估量的作用。金河湾水利风景区在建设中将历史水文化与实际的治水实践、各个时代的治水精神、现代水利的传承和发展相结合，展示了可持续发展水利，实现了人水和谐的长远目标。景区在建设中针对以上观点确定了"城市与水""名人与水""人与自然"的主题。

①城市与水

金河湾水利风景区内的铁锚广场以铁锚的雕塑记录了历史，体现了"城市与水"的设计主题（见图7）。

图7　铁锚传说

铁锚广场上的铁锚原型为1997年太阳岛上坞围堤工程清淤时在泥沙中挖掘出的铁锚，原为1897年修建中东铁路时俄罗斯火轮的弃锚，距今有百年历史，风景区中的为复制品，意为通过铁锚让世人了解哈尔滨依水而建、伴水而兴的历史，启迪人们更加热爱生活的这座城市，关爱养育人们的母亲河。

②名人与水

金河湾水利风景区内的"五池"及"天池"为名人水亭，分别取自各人与水相关的历史。如上善厅取意老子的"上善若水"。老子著有《道德经》，是道家学派始祖，曾多以水或与水有关的物象来比况、阐发"道"的精深；浮萍池和乐水亭则取意孔子的"仁者乐山，智者乐水"，孔子所说的水，并非传统的饮用、灌溉、舟楫之水，孔子对水赋予了象征意义与哲学情结，"智者乐水，仁者乐山；智者动，仁者静；智者乐，仁者寿"；大禹亭则取自大禹治水中的"卑宫室而尽力乎沟洫"，旨在通过大禹治水成功的经验，发人深省，给人以启示（见图8）。

图8　大禹亭与上善亭

③人与自然

金河湾的自然广场设计融合了诸多自然元素，百年老榆、亿年灵璧石、柳编草亭、芦苇池、野花组合、山荆子树等，体现了"人与自然和谐"的主题，"天人合一"的生态理念。金河湾广场中心利用太极图，阐释大自然中的阴阳寒暑，四季万物均按照规律生生不息、源源不断，都是由自然所分化，人也是自然界的一部分，因此人类的活动也应遵守自然法则，与自然和谐相处，告诉人们应崇尚、尊重和热爱自然。

图9　自然风貌

（2）立足本土文化需求，营造亲水空间

松花江所具备的自然资源是当地社会经济发展的宝贵财富，而当地自然形态的布局不仅具有生动的视觉感受，也形成了当地特有的生活方式和地方文化。金河湾建设中充分考虑了这种本土文化的诉求，立足保护自然资源，合理开发利用，以恢复生态功能、传承历史和特色文化为主线，彰显城市滨水特色，构建出具备生态性、公共性、可达性、亲水性特性的基础服务设施和亲近自然的滨水空间。

金河湾景区除了建有入口、出口、停车场、码头等基本的基础设施之外，还建有与主岛、江边、堤边相连接的内外环路，沿池边、湿地核心区有贯通的人工栈道；并建有木草亭、疏林草地、商店、厕所等设施。同时还配有智能化管理的电力、监控、广播等旅游服务系统。景区内划分了保护、科普、观光、休闲活动、餐饮服务等不同的功能区，形成了既有城区公园的温馨，又有大自然的秀美，人与自然和谐共存的美丽画卷。

（三）创新、管理与宣传并进，提升水利风景区品质

（1）明确管理机构，完善管理制度，加强管理队伍建设

金河湾水利风景区着力提升管理质量，推进景区基础管理标准化、规范

化建设。建立明确的管理机构，制定完备的管理机制，理顺各个层次的工作关系，明确职责，优化流程，落实责任，不断提高管理层次、管理水平和工作效率，努力建立科学、规范、标准化的基础管理工作体系，提升景区管理的层次，保证各项工作顺畅运行。严格计划管理机制，落实到岗、责任到人。加大计划执行情况的监督和检查力度，坚持计划执行情况分析，严格控制好计划指标的动态变化。

金河湾水利风景区的建设与经营管理确定了明确的管理机构，景区内各项管理由哈尔滨水务投资有限责任公司所属子公司哈尔滨北国水城旅游投资有限责任公司全权负责管理，从根本上避免了体制不顺造成的各级管理部门各自为政、各行其道的乱象，在管理上形成了一股合力，积极推动了旅游业的蓬勃发展。按照"严格保护、统一管理、合理开发、永久利用"的方针，强化风景区的管理工作，形成完整的管理体系，制定了包括经营管理、资源管理、安全管理、服务管理在内的各项管理制度，确保景区各项管理有法可依、有章可循。在管理队伍建设方面，引进有关的技术管理骨干人才，通过办学培训渠道采取送出去、请进来的办法培养当地的人才，建立了一支长期稳定的专业管理队伍。加强导游人才的培训与管理，提高导游服务水平。加强各级管理人员的职业道德教育和业务技能训练，提高服务意识、水平与质量。

（2）整合旅游资源，打造精品路线

发展水利旅游，首先要做好景区的资源整合工作，将周边的旅游资源与金河湾的旅游资源进行整合，形成精品旅游路线，对景区内与旅游产业相关的宾馆业、旅行社、水上项目、水土资源等进行整合，形成产业结构。金河湾风景区借助松花江天然水道的优势，根据沿江的滩地景观异质性，将哈尔滨景观长廊规划成七大滩涂湿地组团。从上游到下游依次为湿地观光团、农业观光团、城市阳明滩湿地游憩团、哈尔滨金河湾水利风景区组团、狗岛休闲运动团、山水观光团、生态度假团。组团景观既连贯又富于变化，既相辅相成，又各有千秋。将金河湾与狗岛、阳明滩等旅游资源整合，形成特色品牌旅游线路，增强市场竞争力，并根据游客的不同需求，设计了不同的水陆结合游憩路线和水面游憩路线的精品旅游线路。如水路游：通江码头、九站码头—公路大桥—阳明滩—金河湾水利风景区。自驾游：松花江公路大桥—松北大桥—世贸大道—天元街—江湾路—金河湾水利风景区。公交13线：江南博物馆—江北科技创新园—金河湾水利风景区。

(3) 积极营销，拓展知名度

为提升风景区知名度，金河湾积极拓展多维渠道，着力推广品牌。金河湾风景区借助国家水生态保护与修复试点建设与哈尔滨市大力发展湿地旅游的契机，成功创建了国家4A级风景区和国家水利风景区。与国家省市新闻媒体建立了密切的互动关系，通过广播、电视、报纸、网络等多维渠道大张旗鼓宣传金河湾。并按季节、结合重要节日实施专题营销，策划举行了多种活动，如中国松江湿地旅游文化节、湿地啤酒节、湿地音乐节、湿地狩猎节、湿地摄影节、菱角采摘节、湿地绘画节和太阳岛"三野节"等，开展"金河湾一日免票日""湿地徒步走大赛""湿地风光摄影大赛"以及采摘、捕捞、钓鱼比赛等活动，通过邀请名人观光湿地，利用明星效应宣传金河湾水利风景区。这些活动的举行提升了金河湾水利风景区的形象，对展示、宣传金河湾产生了巨大的聚焦作用，为推动哈尔滨湿地旅游的快速发展做出了积极贡献。同时，建立了专业网站，利用网络平台适时宣传景区动态，与游人建立网络互动关系，提升旅游服务质量和档次，扩大知名度。

专家点评

金河湾水利风景区作为东北北部中心城市哈尔滨水生态保护与修复的示范区，秉承"人水和谐"理念，突出了"原生态""人水和谐""水文化"生态水利的主题，通过疏理地貌—清滩造岛—恢复植被—疏通水系—加固滩岸—基础配套—景观建设等措施，形成了以原生态保护为主的近自然景观相嵌的布局，使金河湾成为融生态保护、观光旅游、休闲度假、文化展示、科普教育等多功能为一体的具有北方滨水特色的生态旅游目的地。

金河湾在建设过程中，不仅遵循了原生态的自然风貌，而且在基础设施建设过程中还考虑了北方地区特定的水文条件和水情变化，同时充分挖掘了地方文化，传承传统水文化，老子、庄子、孔子等古代圣人中关于水的思想都得以体现，秉承新的治水理念，展示了近代工业遗迹。建设投资由国家、政府投资管理的传统模式走向政府支持、社会参与、企业建设、市场化运作的新型投资管理模式，实现了投资多元，管理高效。

B.18
湖南常德柳叶湖水利风景区发展报告

张学俭 徐增让 张蕾 程华 刘勇*

柳叶湖位于湖南省常德市境内，属长江流域沅水水系，是全国最大的城市湖泊之一，水域面积21.8平方公里，约为杭州西湖的3倍，柳叶湖水利风景区依托柳叶湖而建，属于城市河湖型水利风景区。

一 发展概况

柳叶湖水利风景区北枕太阳山，西南通沅江，南抵常德城，湖面辽阔，水质洁净，生态优美，拥有湖、岗、山、塘、荡等丰富的自然景观，享有"中国一宝，湖南一绝"和"中国城市第一湖"的美誉。同时，景区还是荆楚湖湘文化和常德"善德"文化的重要发源地，是城市休闲、湖泊休闲、运动休闲的旅游胜地（见图1）。

近年来，在有关部门的支持下，柳叶湖水利风景区开发建设力度不断加大，通过加强水资源生态环境保护，科学、合理地开发利用水利风景资源，实现了生态水利和景观水利的有机融合，为建设全国一流的旅游度假区和城市河湖型水利风景区奠定了坚实的基础。2010年柳叶湖被评为国家4A级旅游景区，年接待游客100万人次以上。2013年被评为国家水利风景区。

---

* 张学俭，水利部水土保持司原巡视员；程华，山东省邹平县水利局工程师；刘勇，常德柳叶湖水利风景区管理处主任。

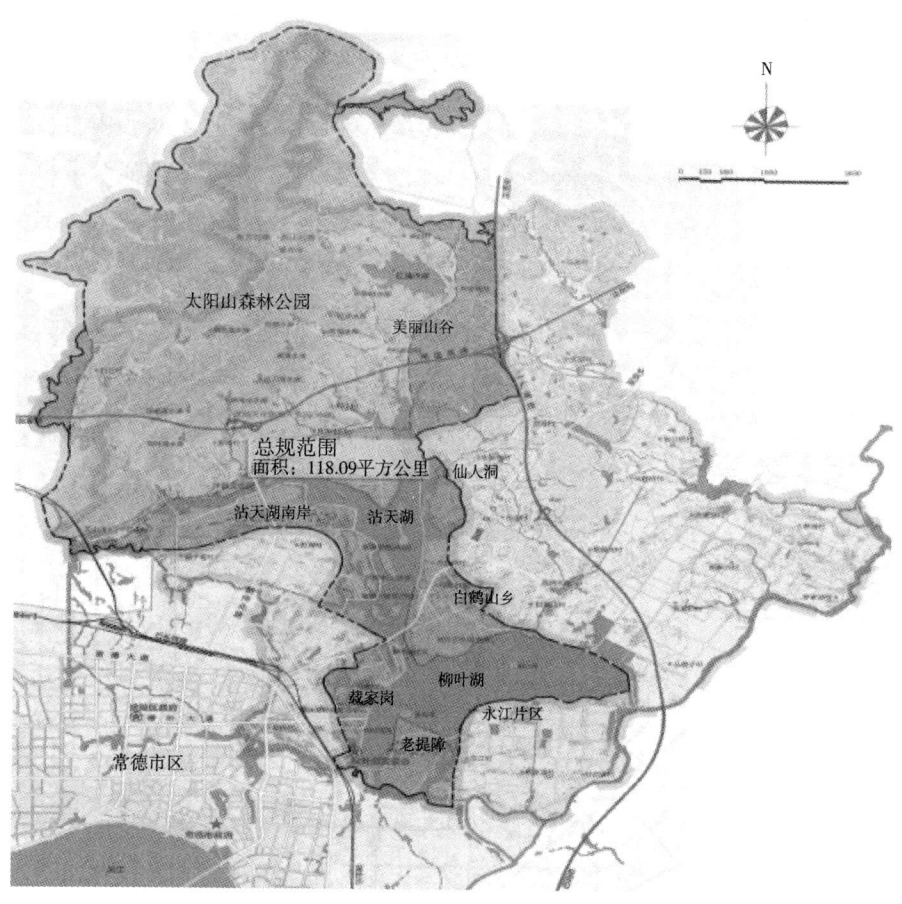

图1 柳叶湖水利风景区概况

二 主要做法

(一)实施"六水工程",增强景区发展动力

一是确保"水安"。投入12亿元将沿湖大堤堤面由原有的4米扩充到了现有的40米,完善了城区排水管网系统,设置了景区安全广播系统和水上浮标,完善了景区标示牌和安全警示牌,于2013年通过景区ISO9000质量管理体系认证。

二是突出"水净"。科学编制了水环境生态系统修复规划,全面实施生态养殖;严格实行商业项目"水体环境保护一票否决制",重点加强对已有矿山、砖厂的整治,彻底关停了周边的石煤矿区;取缔珍珠养殖,实施了水体水质日常监督制度;生态渔业、水草种植、湿地公园等水生态修复工程全面展开,水质监测结果已基本接近地表水Ⅲ类标准,并通过了ISO14001环境管理体系认证。

三是推动"水活"。投资近亿元对大湖实施吹填清淤,累计清淤600万立方米;投资50亿元实施退田还湖,新增水面7800亩。目前,正在对6条水系实施疏浚改造,增强水体流动性,力争实现"连沅江、入洞庭、进长江、通大海"的目标。

四是实施"水亲"。建设完成了16.4公里的亲水游道工程,环湖42公里国际标准马拉松赛道和环湖风光带已全线贯通。沿湖开发了露天茶座、音乐吧、柳湖春晓、仿唐风格长廊、白鹤小镇、太阳谷等旅游休闲项目,分季节时令组织开展了龙舟赛、皮划艇赛、垂钓赛、泼水节等亲水活动,成功举办了亚洲皮划艇决赛、全国皮划艇锦标赛和中美滑水明星邀请赛等国际国内体育赛事。

五是完善"水游"。柳叶湖是展示常德独特地域文化和水文化的"城市会客厅",将常德文化和水文化深度融合。有关部门将柳叶和湖泊图像定位为景区的形象标识,并报国家商标局注册;建成了纪念唐代文学家刘禹锡的司马楼、刘禹锡草堂和展示洞庭渔家风情的渔樵村;投资20亿元建成了欢乐水世界、紫色庄园花海等大型旅游项目。

六是打造"水城"。常德市委市政府把柳叶湖的开发建设纳入城市发展规划,着力打造以柳叶湖为主题的北部新城。计划用三年时间在柳叶湖西岸建成基础设施完备、休闲特色鲜明、景观系统健全的城市中央休闲区,让市民体会"城在水中、水在城中、人在景中"的生态休闲感受。

(二)壮大旅游产业,激发景区发展活力

柳叶湖地处湘西北黄金旅游走廊的腹地、"长沙—张家界"旅游线路中段，随着东常、常岳、常吉等高速公路的陆续开通，区位优势更加明显。特别是经过近几年的快速发展，柳叶湖湖泊休闲、乡村休闲、城市休闲、养生度假等各类休闲度假新产品和新业态已初成体系。一是做活"山水"文章。突出旅游项目带动，深圳华侨城常德欢乐谷水公园、柳叶湖游客集散中心、白鹤山旅游小镇已于2015年6月6日开园迎客；武陵文化创意产业园、环湖文化景观走廊、太阳山景区旅游配套工程、锦江迎宾馆等5个项目2015年竣工营运；柳叶湖现代服务业园区、桃林花海花博园、湖南省水上运动中心、渔樵村美食城等4个项目已立项开工；"闻郎江上"旅游综合体、栖月滩月光水城、柳叶湖国家湿地公园、柳叶湖商业中心、太阳谷中医药养生园、柳叶湖自驾车营地等6个项目正在筹划中。二是做活"田园"文章。将现代农业与文化旅游产业深度融合，按照"村庄美、村民富、村风好"的标准，打造具有柳叶湖特色的美丽乡村。重点依托太阳谷和白石村两个市级美丽乡村建设示范点，按照"农旅结合，以旅兴农"的发展思路，大力发展乡村度假、农事体验、户外拓展、康体养生休闲庄园等多元化的乡村休闲体系，开发培育郑太有机农场、茶盐老街生态农庄、高端户外营地等多个乡村旅游产品，与核心景区及大型游乐项目融合互补，形成都市休闲旅游圈。三是做活"新城"文章。按照常德市"沿江发展、滨湖生活"的城市空间布局和"一江两岸、一体三极"的城市发展体系，柳叶湖景区有19平方公里区域纳入北部新城范围，占北部新城总面积的79%。目前，北部新城已具雏形，建成了柳叶大道、常德大道、紫缘北路、朗州路北延线等路网骨架，共和、锦江、华尔夫等一批知名酒店相继落户柳叶湖；湘雅常德医院预计2016年完成主体建设；北京师范大学常德附属学校已完成规划选址，施工在即。特别是柳叶湖现代服务业园区建设启动后，必将带动并加快金融街、市民中心、总部基地等项目的全面实施。

（三）强化管理意识，凝聚景区发展合力

一是健全管理体系。在柳叶湖水利风景区建设蓬勃发展的同时，其景区管理工作也在不断向前迈进。在保证水资源统一管理、统一调配和有效保护

的条件下，将水利风景资源实行资产化管理，所有权与使用权分离；同时，在整合水利、三产、旅游、城管、公安、海事、环保等部门职能和力量的基础上，批准成立了柳叶湖水利风景区管理处，负责景区的日常管理，景区综合管理体系日趋完善。二是规范经营服务。对水上经营秩序集中整治，依法取缔无证经营船只，对个体经营项目实行政府出资收购，公司化运营，根治了水上经营秩序混乱的现象。同时，针对景区岸上旅游经营项目"多、散、杂、乱"的局面，也实行了统一规划，科学设置，注册成立了柳叶湖旅游资产经营公司，实行公司化管理，明确了景区从业人员的行为规范、服务标准、管理程序和奖惩制度。三是统一形象标识。结合景区实际，制作了柳叶湖VI系统识别手册，编注了景区二维码信息，建成了景区微信平台。将国家水利风景区标识、国家4A级旅游景区标识、柳叶湖形象标识定位为景区旅游形象的统一标识。同时，积极推广形象识别系统，将形象标识在高速公路、城区和景区宣传广告牌、旅游宣传手册和书籍、旗帜、公共场所、办公用品、信函信纸等方面进行运用，使其形象标识在景区内外深入人心，得到社会和游客的熟知和认可。

（四）弘扬地方特性，突出景区生态特色

立足生态发展的总体思路持续推动着水利风景区的建设与发展。一是加快实施"江湖连通"工程，连通柳叶湖上游和下游的河流。二是大力实施环湖"十六大旅游标志性工程"，切实推进生态水利和景观水利的深度融合。三是重点打造国家级水上运动中心，举办全国性和国际性水上F1摩托艇、帆船、滑水、皮划艇、龙舟等体育赛事。四是加强生态环境日常监控，在水利风景区内设立水体、空气、噪音及土壤质量监测点，定期进行立体化全方位监测。五是争取申报成为国家和省厅水资源环境治理试点单位。

整合水利资源、产业、管理优势，主打生态牌，结合生态农业、休闲农业的发展，依托清洁水质、新鲜空气、良好生态，推出有机果蔬、无公害农副产品，开展无公害农产品、绿色食品、有机食品等认证，提高产品附加值，形成良性循环的绿色产业链。保护传统工艺、弘扬地方特色，大力扶持

地方名优土特产品进行国家地理标志保护产品等认证。具体措施有：一是完善无公害农产品、绿色食品、有机食品和国家地理标志保护产品等绿色产品认证体系，强化绿色认证工作，打造绿色农副产品品牌，争创各类国字号招牌，以实现提质增效的目标。积极推广不投肥、不投饵、不投药的人放天养方式，将认证标准贯穿于水产品的生产加工全过程，打造绿色品牌，以优质高效赢得市场，实现净水、兴渔、利民的多目标共赢。二是对安全农药、有机肥进行补贴，对经过认证的绿色农副产品实行税收减免。三是坚持绿色农副认证产品的市场定价原则。

三　建设成效

（一）生态成效

与2013年景区申报国家水利风景区时相比，目前水环境得到明显改善。水质由2013年的Ⅲ~Ⅳ类基本稳定到2015年的Ⅲ类，林草覆盖率由85%提高到87%，水土流失综合治理率由97%提高到99%，地表水功能区水质达标率为75%。区域小气候环境更加宜居。全年空气质量优良天数全区为280天，本景区为320天。负氧离子含量全区为42500个/立方厘米，本景区为45000个/立方厘米。

（二）经济成效

自景区建设以来，财政累计投入80亿元，收入18.6亿元。2015年接待游客180万人次，其中地方接待游客150万人次。2015年上半年旅游收入3.74亿元，其中地方旅游收入1.5亿元。旅游休闲、文化创意、商贸金融等新业态得以稳步发展壮大，带动了社区就业和经济发展。

（三）社会成效

景区建设以来，提升了居民生活环境，形成了游客服务中心、酒店、购

物中心、大型主题公园、游乐场和白鹤旅游小镇等一批新的商业、服务设施，新建成公共游憩空间320万平方米。直接就业2000余人，直接就业人员月均收入由2013年的2645元，提高到2015年的3425元。

（四）文化成效

景区累计用于水文化宣传的投入达1000万元。建立宣传标牌650处，其中水科普标牌80处；建立文化宣传栏8处，水文化小品18处。每年开展科普教育活动1次，约1000人次参加。

四　基本经验

（一）规划引领，项目驱动，实施精品战略

丰富的文化、旅游资源奠定了常德发展文化旅游得天独厚的优势。柳叶湖人文底蕴深厚，是全国少有的"山、水、田园、城"四位一体的复合型水利风景区。自2013年以来，常德举全市之力，加快了把常德建成知名旅游目的地和桃花源里的城市的步伐，正式实施了"南攻桃花源、北战壶瓶山、中取柳叶湖"的旅游战略性产业三年攻坚行动。柳叶湖作为常德市旅游"中取战略"、城市环湖发展战略的载体，被纳入常德市城市总体规划，逐步开发建设成为现代桃花源里的水城，使这片175平方公里的土地呈现出"四面桃花三面柳，一城春色半城湖"的诗情画意。根据沅江、常德城、太阳湖的山、水、城的空间格局，以及太阳山、太阳谷和柳叶湖在流域中的空间关系和功能分异，对柳叶湖及各组成部分进行了科学定位与分工，在流域和区域尺度上协调上下游、左右岸的发展。

分批次、有计划地推出精品项目。立足本地特色，不盲目迎合市场，不盲目追求速度和规模。从省级度假区、4A级旅游景区、国家水利风景区、"太阳谷"市级示范点，逐步发展到创建国家级旅游度假区、国家5A级旅游景区，柳叶湖坚持"一张好的蓝图干到底"，不好高骛远，不脱离实际，

"发扬钉子精神、保持力度、保持韧劲、善始善终、善作善成"。深圳华侨城常德欢乐水世界、柳叶湖游客服务中心、白鹤山旅游小镇已于2015年6月开园迎客。经过约100天的"整容"，在原白鹤山乡集镇基础上升级改造的白鹤镇是一处极具江南风情的"飞檐翘角马头墙，白墙黛瓦格子窗"的"画里人居"。武陵文化创意产业园、环湖文化景观走廊、太阳山景区旅游配套工程、锦江迎宾馆等5个项目于2015年竣工营运；柳叶湖现代服务业园区、湖南省水上运动中心等4个项目已立项开工；"闻郎江上"旅游综合体、栖月滩月光水城、柳叶湖国家湿地公园、柳叶湖商业中心、太阳谷中医药养生园、柳叶湖自驾车营地等6个项目正在认真筹划。

2015年6月6日开园的常德欢乐水世界是柳叶湖最受欢迎的景点。7月25日，常德欢乐水世界入园游客再创新高，2万余名游客在欢乐水世界体验夏日激情和冰爽狂欢。主题活动"风情巡游、泼水狂欢"在当天首秀，来自俄罗斯、巴西、乌克兰及我国少数民族的演员们身着各国风情服装组成10大方队从园区大门口开始巡游。巡游队伍由滑稽小丑、老爷车、巴西桑巴舞方队、美国水兵方队、夏威夷草裙方队、加勒比海盗方队、土著狩猎方队、傣族泼水祈福方队、拉丁桑巴舞方队等组成，充满异域风情的巡游队伍形成常德欢乐水世界一道亮丽的风景线，吸引了众多游客围观。现场举行了盛大的浴佛仪式。在泼水广场上，佤族小伙和游客们全副武装，泼水狂欢，水花和笑声交织荡漾（见图2）。

（二）以生态文明建设为统领，扎实推进"美丽乡村"建设

柳叶湖水利风景区苍翠的山冈、成排的洋楼、古朴的茶盐老街、葱郁的树木、繁忙的农场、勤劳的居民，构成一幅美丽乡村图景。柳叶湖在"美丽乡村"建设中，以生态文明理念为统领，按照"以旅兴农"的发展思路，强化基础设施建设、提高现代农业水平、改善人居环境、提高基层治理水平，让柳叶湖的生态品位得到了完美诠释。在"美丽乡村"建设中，柳叶湖水利风景区坚持以生态宜居、生产高效、生活美好、人文和谐为目标，以产业培育、村庄建设、环境保护、乡风文明为重点，以村强民富生活美、村

图 2 柳叶湖水利风景区景点分布图

庄宜居环境美、村风文明行为美、村稳民安和谐美、公共服务一体化的"四美一化"为建设标准。

柳叶湖水利风景区白鹤山乡郑家河、肖伍铺、梁山3个行政村所在地，被称为"太阳谷"。一座座错落有致、格调和谐的"美丽庭院"，掩映在青山绿水、红花绿柳中，彰显着怡然自得的湖光野趣。为了将"太阳谷"建设成"可持续、可推广"的美丽乡村示范点和乡村旅游新坐标，探索出一套"常德模式"，常德市主要领导将"太阳谷"美丽乡村示范片确定为自己的联系点。"太阳谷"的生态环境综合治理、生态友好型产业发展、乡村现代化治理都得以稳步推进。在"太阳谷"里，农村生活废水、生活垃圾处理、饮用水源保护等都取得了明显成效。通过生态环境综合整治，肖伍铺村的水变清了，绿化景观增多了，白色垃圾不见了，农药化肥投放减少了，路灯点亮了，水库加固了，渠道通畅了，村民活动中心建起来了，10公里长的"太阳谷"环线公路，沥青路面平坦舒适。肖伍铺村还启动了湖南省首个村级湿地污水处理中心建设，对集中区域的面源污水，通过管道收集集中处理；散居户的生活污水，则通过四格化粪池进行沉淀处理，从而达到一级排放标准。良好的生态环境，使"太阳谷"里的现代农业蓬勃发展，乡村旅游、庭院经济方兴未艾。老百姓从传统的田间劳作中解放出来，有的发展特色产业，有的自主创业，有的就近务工，致富门路多了。近年来，"太阳谷"有17家企业纷至沓来，带来先进的理念、科技和人才，解决了近千名当地农民的就业问题。

生态文明由群众共建、守护，其成果也由群众共享。随着柳叶湖景区基础设施和服务设施的逐步完善，司马楼、湖仙岛、欢乐水世界、白鹤小镇、沙滩公园、柳叶湖游客服务中心、共和酒店、华尔夫酒店等景区、景点及服务场所相继建成开业，逐步拓宽了当地农民创业就业的渠道，激发了农民创业就业的激情。据相关部门统计，2014年该区旅游直接从业人数从2013年的1035人增至2446人，实现旅游综合收入16亿元，直接从业人员月均收入已突破3000元。仅旅游农家乐餐饮就由2008年的98家发展了到当前的249家，吸纳从业人员550余人。

在"美丽乡村"建设过程中，柳叶湖水利风景区还大力倡导社区文明生活方式和行为习惯，特别是通过群众喜闻乐见的形式，对群众开展生态文

明宣传和教育。加强乡风文明建设，挖掘乡土文化，使群众更具包容性、开放性。举办"乡村音乐节""最美庭院"评选活动，让农民的生态文明意识得到提升。如今的"太阳谷"，不仅生产生活条件改善，更重要的是农民的精神生活更加丰富。美丽乡村建设的重要事项，都由老百姓自主决策、自主管理、自主监督，民主氛围和参与意识日益浓厚，主人翁作用得到了更好的发挥。

（三）创新体制机制，多轮驱动水利风景区发展

1. 政府主导，完善基础设施

柳叶湖水利风景区从基础设施、宜居村庄、公共服务设施等方面入手，加大投入，加快建设，改善群众生产生活条件。近年来，柳叶湖修建乡村旅游公路20余公里，区级公路、通村公路全部硬化，通组公路硬化率达到50%。水利设施不断完善，小型水库除险8座，整修大小山塘400余口，硬化沟渠50公里，清淤渠道200多公里，新建改造水利设施70多处；新建水厂1座，改扩建水厂2座，农村安全饮水实现全覆盖，自来水供给率达100%。实施了农村环境整治工程，建立了专业化农村保洁队伍，农村垃圾无害化处理率达100%。实施了村庄整治工程，提质改造农村集镇1个，改建民居520多户，建设农村"美丽庭院"460多家，绿化美化道路30多公里。

至2015年，在柳叶湖总投资100多亿元的50多个项目中，38公里的高标准环湖公路已经建成。常德市首个跨湖景观大桥——柳叶湖大桥全线贯通。拥有太阳神像和盘古坐像两项上海大世界基尼斯纪录的太阳山森林公园正在完善景区道路和配套设施。柳叶湖东岸栈桥于2011年6月开工建设，总投资约7亿元，桥长2100米，宽23米，是一座依山傍水的旅游专用桥和景观桥梁。栈桥的设计"因山借水"，融入周边的山水环境与生态景观，营造"桃花源里水城"形象。

2. 引入战略性投资与经营伙伴，创新发展模式

常德欢乐水世界项目的成功落地，开了华侨城集团与国内三线城市合作

的先河。由华侨城旅游景区管理公司管理运营的常德欢乐水世界项目的顺利开园，突破了常德旅游没有拳头产品的瓶颈，开启了常德旅游的新纪元。欢乐水世界合理的空间规划，世界一流的游乐设备，原汁原味的异国风情，全方位彰显了水上游乐的魅力，让游客尽情亲水、游水、戏水。其中21项玩水项目领冠全球，包括气压式造浪海滩——造浪池、全球最大的魔幻互动水寨——欢乐水寨、全球顶级磁悬浮的水上过山车、跌落式水上极速滑道——大回环、深海漩涡体验项目——巨兽碗、世界水上竞速之王——彩虹赛道等，打造最欢乐刺激的特色玩水空间，充分满足游客对刺激体验和家庭互动的全方位需求。

3. 优化产业结构，积极发展多种业态

近年来，柳叶湖大力进行产业结构调整，建设都市农业和生态高效农业，以有机蔬菜、园林花卉、绿色水果、养老休闲等产业为重点，引进了郑太有机农场、河州甲鱼、大众园艺、老街生态园等20多个现代农业项目，总投资达1.58亿元，流转土地面积9600多亩。以郑太有机农场、河州甲鱼为代表的现代农业产业不断壮大，发展农村专业合作社7家、种养大户80多家、星级休闲农庄9家，建设标准化蔬菜基地2200亩、优质水果基地800亩、花卉苗木基地650亩，农村规模化经营水平不断提高。柳叶湖水利风景区在现代农业项目引进方面，始终恪守一条红线，那就是必须达到低碳生态的要求，必须走绿色发展、循环发展、低碳发展之路。

将柳叶湖水利风景区的现代农业与文化旅游深度融合。依托"太阳谷"和白石村两个市级美丽乡村建设示范点，按照"农旅结合，以旅兴农"的发展思路，柳叶湖大力发展乡村度假、农事体验、户外拓展、康体养生休闲庄园等多元化的乡村休闲体系，开发培育了郑太有机农场、茶盐老街生态农庄、高端户外营地等多个乡村旅游产品，与核心景区及大型游乐项目融合互补，形成了一个完美的都市休闲旅游圈。

（四）保护生态环境，支撑水利风景区绿色发展

柳叶湖是常德的母亲湖，曾几何时，餐饮船遍布、厂矿点缀、污水潜

流、渐淤渐狭。如今映入眼帘的却是另一番风景：环湖游道蜿蜒曲折，湖岸山环水绕，收放有致；近观湖畔，阡陌纵横，婉约秀逸；清风徐来，垂柳拂岸，莲荷溢香。为了营造一个好的生态环境，常德市痛下决心，取缔了柳叶湖水上餐饮和珍珠养殖项目，依法关停了6座煤矿、6家砖厂、13家粉煤厂，大力推进农村环境整治，使白鹤镇环境质量综合评分位居全省第一，使柳叶湖的水质从劣Ⅴ类提升到Ⅲ类。从治理柳叶湖、清洁柳叶湖，到美化柳叶湖、建设柳叶湖，是常德市委、市政府的施政发力点，他们坚守"开发与保护并重""不以牺牲环境为代价""留白未来"的理念，以责任担当精神，不懈地追求"湖水清、两岸绿"，让水体景观、山岳景观、生态景观、人文景观、田园风光融合。

柳叶湖水利风景区在"美丽乡村"建设过程中，将生态保护提高到了一个特殊地位，让人们"看得见山水、记得住乡愁"。保护柳叶湖的青山绿水，就是最好的发展，也是最好的民生。柳叶湖水利风景区在其各项目建设中，注重尊重自然、顺应自然、保护自然，一心一意谋长远；不开山挖土、破坏植被，添树加绿、栽花种草，因地制宜地让各项设施融入山水之中；发展文化创意型、生态友好型产业等新业态，置换高污染、高耗能、低效率的传统产业，达到山林、河湖、田园、动植物、城镇、人和谐共处的境界。

（五）弘扬水文化，强化水利风景区发展后劲

老子说："水善利万物而不争，处众人之所恶，故几于道。"常德以"水安、水净、水流、水亲、水游、水城"的"六水"之道治水，这是柳叶湖打造现代桃花源和浪漫之城的重要举措。

柳叶湖西北岸的常德植物走廊，是环柳叶湖国际马拉松赛道的一部分，植物走廊内遍种樱花、紫薇以及各种果树，成为市民休闲和学生科普的好去处。即将对外开放的柳叶湖北岸人工沙滩、草阶看台、花田草滩，人造景观和自然要素有机组合，"人造"是精心的点缀，"自然"和"水"是主体元素。一片自然滩地空间，通过建设者"点化"，形成了形态各异、层次丰富、功能多样的亲水空间。每当华灯初上，漫步柳叶湖畔，音乐吧、咖啡

吧、中西餐饮、露天茶座星罗棋布。柳叶湖渔樵文化节、中秋音乐节、龙舟大赛等活动，让周边市民及异地游客既饱眼福，又饱口福。2015年8月28日中国湖南国际旅游节开幕前夕，柳叶湖湖仙岛揭开面纱。湖仙岛位于柳叶湖中央，四面环水，占地近1万平方米。该岛以柳叶湖积淀多年的渔文化为背景，以柳毅和小龙女的爱情为灵魂，历时半年精心打造形成了"渔屋"主题咖啡屋、绿色沙滩、丛林穿越、浪漫星空、凝水望、龙灵寺、儿童DIY、姜公钓等8个适宜于不同群体的个性项目。

专家点评

政府主导是关键。柳叶湖水利风景区的不断发展离不开地方政府在规划、投资、环境整治、产业升级等方面的支持与扶持。政府的主导作用体现在科学定位、统一规划、综合整治、整合资源、部门联动、分阶段实施等方方面面，工作任务细化落实到每个关键环节。正是在政府的主导作用下，这样一个山、湖、城融为一体的城郊综合型水利风景区的品质得以不断提高和完善。

战略性合作伙伴引领创新。柳叶湖水利风景区建设在发挥区位、资源、文化优势，政府主导、实施精品战略的基础上，下大力气引入战略性投资和经营团队——华侨城集团，高起点设计、大手笔建设，打造亮点、形成鲜明特色和强劲卖点，把区域潜在优势转化成持续发展的现实动力。

发展新业态实现升级换代。柳叶湖水利风景区着力发展乡村度假、康体养生休闲庄园、有机农场、生态农庄、农事体验、户外拓展、高端户外营地等多元化的乡村休闲体系；培育无公害无污染水产品、绿色有机食品、国家地理标志保护产品等多个绿色有机农产品系列；与核心景区及大型游乐项目融合互补，形成了一个大范围、多层次的城乡休闲旅游地域和休闲旅游产业谱系。

B.19
浙江景宁畲族自治县畲乡绿廊水利风景区发展报告

张跃西 汪升华 李柏文 严益贵 胡晓聪 徐海林*

一 景区概况

(一)区域资源优势得天独厚

畲乡绿廊水利风景区位于景宁畲族自治县境内,这里是瓯江源头地区、中国农村水电之乡、全国唯一畲族自治县和华东唯一民族自治县,还是浙江省主体生态功能区实验区。景区是以瓯江源头的小溪和鹤溪为依托的自然河湖型水利风景区,范围包括小溪上游沙湾镇沙湾水电站坝址(待建)至外舍汇田大桥段及鹤溪三枝树下游段,规划总面积86.93平方公里,其中水域面积8.25平方公里。景区距省会城市杭州约259公里,距浙西南中心城市丽水市区约80公里,距"鹿城"温州125公里,紧邻浙江省第二大人工湖——千峡湖,是景宁县生态休闲养生(养老)旅游区的重要组成部分(见图1、图2、图3)。

(二)文化产业旅游融合发展

畲乡绿廊水利风景区内汇聚了"中国畲乡之窗"国家4A级旅游景区、

---

* 严益贵,景宁畲族自治县水利局副局长、高级工程师;胡晓聪,金华职业技术学院硕士、讲师;徐海林,景宁畲族自治县水利局规划建设科科长。

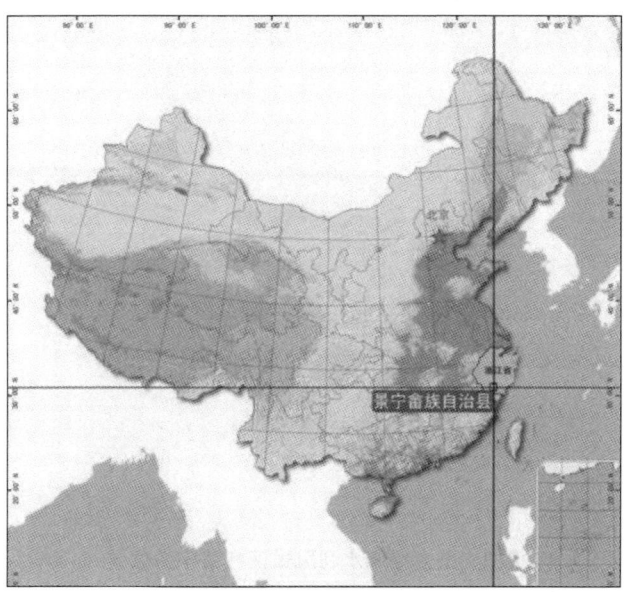

图 1　景宁畲族自治县在中国的区位

图 2　景宁畲族自治县在浙江的区位

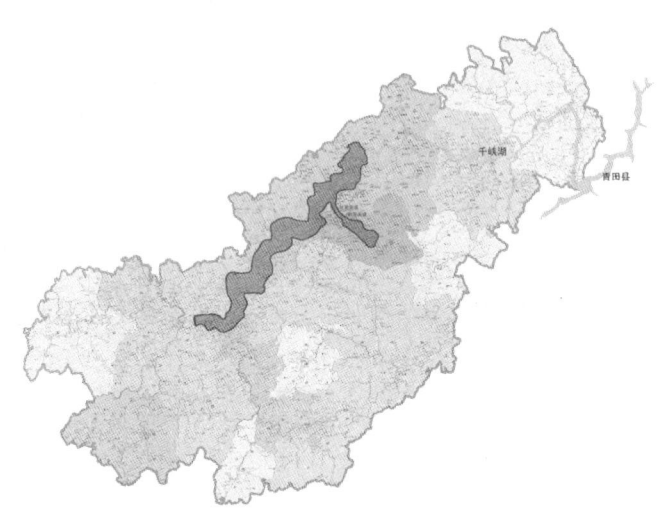

图3 畲乡绿廊水利风景区在景宁的位置

农村水电站工程、畲族博物馆等众多旅游景点，周边集聚着千峡湖、云中大漈景区、炉西峡、九龙地质公园等众多旅游资源，风景资源种类繁多、内容丰富。景区依托小溪沿岸优异的自然景观，畲族文化与小水电等特色资源，省级特色镇外舍凤凰古城、沙湾镇等重要集镇，伏叶农家乐等特色乡村，构建滨水休闲养生基地——休闲长廊（绿道）等特色游线，以休闲养生（养老）度假为发展方向，打造"畲乡绿廊，养生福地"品牌，致力于发展为"华东地区有重要影响力的国家水利风景区、具有典型民族（畲族）特色的全国养生福地"。其宣传口号为：工艺景宁，水上凤凰。畲乡绿廊，美食天堂。

景区将散落分布的风景资源串联起来，形成"一心、六区、十景"的空间布局。"一心"为鹤溪旅游综合接待中心，位于景宁老城区、县政府所在地，为景宁人口集聚区和政治、经济、文化中心。"六区"为魅力畲寨度假区、凤凰古镇休闲区、水电科普展示区、畲乡风情体验区、水电工程博览区、沙湾小镇养生区。"十景"分别为鹤溪文博、廊桥映月、凤凰古镇、魅力畲寨、绿道彩虹、梦幻畲乡、伏叶农家、畲乡之窗、水电博览和沙湾新月。这些代表性景观分散于景区内的六个区域，囊括文化、人文、工程、水文等水利风景资源，各具特色又相互映衬，是景区内民俗风情与自然景观的集中体现。这里，畲族文化风情、城镇村、农林渔业、养生养老以及水电产业科技多元融合发展，呈现勃勃生机（见图4）。

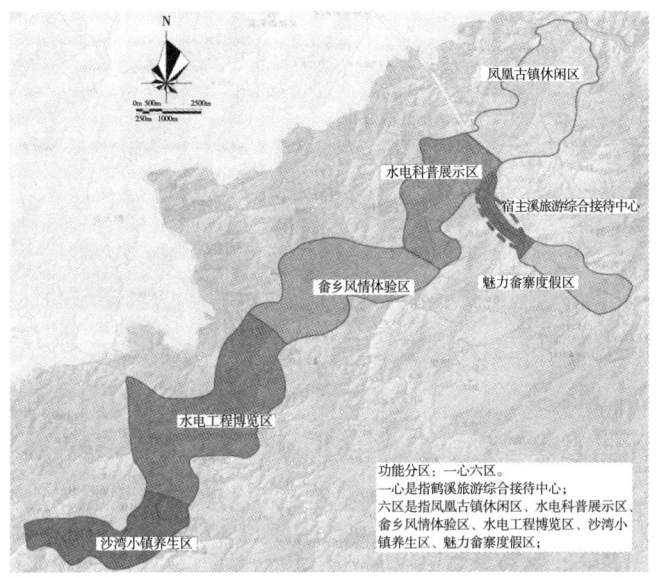

图4 畲乡绿廊水利风景区"一心六区"功能分区图

二 发展历程

从2000年开始，景区陆续开发了漂流、游泳、畲歌比赛与畲族婚假风情旅游演艺等系列旅游产品。特别是在畲族"三月三"活动和"千年山哈"大型演出获得全国金奖的有力推动下，景宁星级酒店与农家乐发展成效明显，旅游接待能力空前提高，基础设施建设卓有成效。

"十二五"期间，畲乡绿廊水利风景区依托优越的山水生态和特色文化，积极探索中国山水城市标准，把"创建景宁生态山水城市"作为目标导向。景区以"中国畲乡之窗"、国家4A级旅游景区为标志，步入稳步发展阶段。随着旅游集散中心的建成，交通网络配套工程，特别是彩带绿道工程竣工投入使用，伏叶农家乐、娃娃鱼养殖等相关产业迅速发展，先后完成了畲族文化体验博物馆、鹤溪镇外立面改造、鹤溪河小溪的五水共治，并兴建完善了一批廊桥（包括鹤溪河系列廊桥、小溪梧桐廊桥和绿道廊桥），蔚为壮观。

此外，"十二五"期间，根据《景宁畲族自治县旅游发展"十二五"规划》《全国畲族文化发展基地总体规划》《景宁畲族自治县生态休闲（养老）经济发展规划》等重要文件要求，按照发展壮大生态旅游和养生养老服务业等绿色产业的总体思路，景宁加大投入，加强旅游接待、水电通信、安全保障等配套基础设施建设，景区内建成了旅游接待中心、畲乡鸿宾大酒店（四星级）、畲族民俗陈列馆、水上派出所等设施，形成了功能齐全、布局合理、质量合格的服务体系。为进一步强化畲乡山水环境的保护、利用和推动生态文明建设进程，景宁于2014年提出了创建国家水利风景区的目标，根据《水利风景区管理办法》要求，委托专业设计单位编制了《畲乡绿廊国家水利风景区总体规划（2015~2030）》，并通过专家评审和政府部门批准。2015年12月10日，"景宁畲族自治县畲乡绿廊水利风景区"获批为第十五批国家水利风景区，且获水利部授牌。畲乡绿廊水利风景区以"国家水利风景区、全国生态养生福地"为形象定位，立足"生态环境保护、生态养生旅游、水文化教育科普、防洪抗旱减灾"等功能定位，构建"山水观光、养生养老、休闲度假、文化体验"等产业领域，致力发展成"华东地区有重要影响力的国家水利风景区、具有典型民族（畲族）特色的全国养生福地"，争创国家水利风景区示范工程、浙江省"五水共治"示范区、中国养生旅游示范区及国家生态旅游示范区、国家生态山水城市。未来景区还将开工建设西汇民族风情度假村、梦幻畲乡旅游度假区等一批大型旅游项目，进一步提升景区接待能力和品牌竞争力。

三 建设成效

（一）增进民族团结与弘扬景宁精神

畲族文化是景宁的重要民俗风情，也是景宁发展旅游的最大特色资源。

据记载，早在唐永泰二年（公元 766 年），畲族先祖就带领族人从福建罗源迁入景宁，与汉族兄弟共同生活，迄今已有 1200 多年的历史。长期以来，畲族的歌舞、服饰、语言、习俗等畲族民族传统特色文化在这里得到了较好的传承和发展。特别是畲族自治县设立以来，畲族风情得到了进一步发扬和挖掘，现拥有国家级非物质文化遗产 2 项，省级 19 项，市级 33 项，被文化部命名为"中国民间艺术之乡（畲族民间歌舞）"。一年一度的"中国畲乡三月三"活动成为畲乡重要的民族文化窗口，被国际节庆协会评为"最具特色民族节庆"。大型畲族风情舞蹈诗《千年山哈》于 2012 年代表浙江省参加第四届全国少数民族文艺汇演，并获得表演金奖。

景区围绕"全国畲族文化总部"发展目标，借"畲族文化资源"发展"水利风景旅游"事业，融"畲族风情"于"畲乡绿廊水利风景区"创建之中，共同推进畲乡生态休闲养生（养老）业发展，呈现"畲族风情"与"山水资源"比翼齐飞的美好景象。一是在项目布局上，景区将畲族元素与山水元素同等布置，景区空间布局主要以畲族文化资源为依托，具体建设中也以畲族特色项目开发为主要抓手，着力打造凤凰广场、千年山哈宫、滨水绿道、桥系改造等畲族特色旅游项目，积极创建全国唯一、独具畲族特色的生态休闲养生（养老）福地。二是有效落实了最严格的水资源管理制度和浙江省委省政府"五水共治"举措，促进了人水和谐。进一步发掘水文化和畲族民俗文化，提升畲乡景宁的休闲养生旅游品质和内涵，初步实现了对畲乡优异水利风景资源的科学保护和合理开发利用，较好推进了景宁生态文明建设和"中国畲乡·小县名城"创建。

畲族文化氛围日渐浓厚，畲族风情将成为畲乡景宁经济社会腾飞发展和各项事业发展的"助推器"。在发展规划中，畲乡绿廊水利风景区将畲族元素与山水元素同等布置，景区"六区十景"空间布局中的"魅力畲寨度假区、凤凰古镇休闲区、畲乡风情体验区"三个区域和"鹤溪文博、凤凰古镇、魅力畲寨、梦幻畲乡、畲乡之窗"五个景点均以畲族文化资源为依托。同时，在规划建设中也以畲族特色项目开发为主要抓手之一，凤凰广场、千年山哈宫等畲族特色旅游项目投资约 21 亿元，占规划期投资的 48%。其中,千年山哈宫位于畲乡绿廊水利风景区的"魅力畲寨度假区",规划占地约25亩,其目标为将千年山哈宫打造成"中国畲族朝圣问祖殿堂",为全国人民建造一个畲族祭祀文化传承与体验基地。可以说,畲乡绿廊水利风景区的建设与发展,将呈现"畲族风情"与"山水资源"比翼齐飞的美好景象。

(二)推进科学发展与实现生态效益

景宁是浙江"八大"流域中飞云江、瓯江的源头县,为保护好优质的山水环境和确保为下游输送一江清水,景宁高度重视河湖治理和水生态保护,特别是自"五水共治"战略部署实施以来,景宁多措并举,不断完善长效管理工作机制,使水利风景区内的水环境得到了有效保护。将出境水质纳入政绩考核范围,坚持生态水利导向,把生态文明理念融入水资源开发、利用、配置、治理、节约、保护的各方面和水利规划、建设、管理的各环节,坚持节约优先、保护优先、恢复优先;严格控制开发强度,划定生态红线,逐步减少各类建设和开发活动占用的国土空间,保障生态系统的良性循环,严格控制区域人口总量和密度,促进人口向其他区域有序转移;加强生态环境修复,加大对生态环境建设的投资力度,加强生态公益林建设,进一步提高森林覆盖率,逐步降低生态退化国土面积比例,加强水土流失治理,降低自然灾害损失;保持生态系统完整性,加强新增公路、铁路等建设项目的生态影响评价,尽可能减少对生态环境的影响和破坏。在有条件的重点生态功能区之间,通过水系、绿带等构筑生态廊道,强化了区域的主体生态功能。自"十二五"以来,景宁紧紧围绕"水生态文明"建设总体要求,强化水生态文明建设理念,全面深化水利各项改革,大力推进生态水利工程建设。把水生态文明理念融入水利建设谋划当中,为水利风景资源的科学开发利用布好蓝图;对小溪及鹤溪河等流域投入近6亿元,开展独流入海治理、中小河流治理、滨水设施及景观改造等水生态环境治理、保护工作,建成了外舍防护工程、鹤溪河生态堤防、亲水景观堰坝、彩带绿道慢行系统工程以及外舍生态修复工程等一大批既能发挥防洪减灾功能又强化生态保护的高品质水生态示范工程，为科学发展和持续发展打下了坚实基础。

2013年，浙江省委十三届四次全会做出了"五水共治"决策：治污水、防洪水、排涝水、保供水、抓节水。国家水利部印发《关于加快推进水生态文明建设工作的意见》，明确提出要加快推进水生态文明建设。景宁积极贯彻"保护水资源、维护水工程、治理水环境、修复水生态、美化水景观、弘扬水文化、发展水经济"的原则，科学发展水利旅游。景宁的具体措施如下：一是抓项目建设推进水环境整治，通过项目建设，整治河道50余公里，河道水环境和保障能力得到显著提升。二是抓巡查维修确保水工程安全运行，结合水利风景区创建落实日常巡查制度，建立"水工程运行档案"，实现景区安全运营。三是抓机制建设实现景区保洁常态化，以河道"河长制"为抓手，强化保洁队伍建设，落实河道保洁人员100余名，做到景区处处有河道保洁员和监督员。四是抓河道"三化三美"治理打造市民亲水线，积极开展景区河道专项清理工作，河道水体修复与景观建设成效显现。五是抓机制创新开创河道管理新局面，积极探索河道保洁、管护新模式，创建数字河道，全面建立"河道警长制"，重拳打击涉水犯罪，维护景区秩序。作为浙西南重要的生态屏障，景宁是有名的"生态之乡"。境内山高林茂，生物群落多样，水资源丰富且水质优良，95%的地表水水质达到国家Ⅱ类以上，森林覆盖率高达77.9%以上，生态环境质量评价连续多年位列全国第五，2012年荣获"浙江省森林城市"称号，继而被列为浙江省"主体生态功能区"实验区。景宁是浙西南生态休闲养生旅游黄金目的地，拥有"云中大漈"和"中国畲乡之窗"两个国家4A级旅游景区及"华东第一峡"炉西峡、"华东最大高山湿地"望东洋高山湿地、省级地质公园九龙湾遗址、"千峡湖"等一批优质旅游资源，先后荣膺"中国国际旅游文化目的地""中国最佳民族风情旅游县""中华最佳文化生态旅游胜地"等称号。

（三）推进和谐发展与实现社会效益

景区建设有效推进了民族团结、社会和谐，普及了水文化水科技，拓展了水利旅游，也增加了社会就业。景宁是马仙故里，景区大均、梧桐、沙湾等地的"迎神节"与畲族"三月三"相得益彰。景区改革成立了水利发展有限公司，理顺了水利建设投融资管理体系和水利工程建设管理体制，为水利风景区确定了建设运营主体；建成了外舍防护工程、鹤溪河生态堤防、亲水景观堰坝、滨水绿道慢行系统工程等一大批既能发挥防洪减灾功能又能强化生态保护的高品质水生态示范工程，为水利风景区创建打下了坚实基础。今后，景宁将根据水利风景区建设相关要求和《景宁畲族自治县县域总体规划》《景宁畲族自治县畲乡绿廊水利风景区总体规划》等规划，按照"建一片成一片、治一条成一条"的目标，以流域为单元深入开展瓯江小溪流域景宁段系统整治等水生态保护和修复、水景观工程建设，进一步强化流域的系统保障能力。强化水文化教育传播，在滨水绿道景点内创建国际小水电培训中心、全国农村小水电运营管理培训示范基地和农村小水电博览馆，利用景宁的农村小水电资源和发展史对外进行辐射，打造华东乃至全国水电文化展示、科普教育、会议培训的集中区域，实现水利风景区的绿色发展、科学发展与跨越发展。

（四）推进持续发展与实现经济效益

小水电是景宁最大的无烟工业，是绿色经济的一个重要组成部分。2004年，水利部授予景宁畲族自治县"中国农村水电之乡"称号，形成了景宁特色小水电文化。全县现建有小（2）型以上水库44座，其中中型水库3座（英川、上标、白鹤水库），小（1）型水库9座，小（2）型水库32座。小山塘186座，其中1万~10万立方米的山塘86座，0.2万~1万立方米的山塘100座。结合景宁的小水电文化，畲乡绿廊水利风景区拟创办国际小水电培训基地，推广中国的小水电经验，探讨新时期小水电行业的开发管理模式，运用图片、模型、多媒体、电影以及综合技术集中展示景宁乃至全国小水电发展的历史与成就，形成强劲的对外辐射能力，大力建设全域化的旅游大景区，促进人水和谐发展。

有效改善当地水环境、水景观，极大丰富生态养生旅游内涵，景区现已成为都市游客休闲养生度假的新型目的地。景宁有序推进外舍凤凰古镇、五星级大酒店及配套工程、畲族风情旅游度假区等生态休闲项目；扎实推进农村危旧房改造，村民居住环境、城乡面貌有所改善。有效推动景宁当地旅游事业发展，使旅游项目从单一的观赏，拓展到以水为主题的吃、住、行、游、购、娱等多方面，客源市场也逐渐从丽水周边延伸到杭州、上海、福建等地，在华东旅游圈的辐射力和影响力越来越强，景区旅游接待量和旅游收入不断攀升。充分利用"五水共治"改革成果，在保护水利风景资源的基础上，积极发展以水为主题的休闲养生旅游，创建水环境优异、水文化突出、水产业丰富的水利风景示范品牌。

通过仙菇养生度假村、半月沙湾风情小镇、渤海梅坑环湖垂钓基地等项目建设，以水为主线将乡村观光、农家乐、养生民宿等串联起来，形成产业集聚，带动乡村旅游发展，促进农业农村发展和农民增收致富。2015年，整个景区共接待游客约200万人次，比上年增长11%，旅游收入大幅增长，带动了旅游相关产业链的发展，促进了景宁当地经济社会的跨越、绿色发展。

四 基本经验

（一）理念创新：秉承创新、协调、开放、绿色、共享五大发展新理念

秉承创新协同开放绿色共享五大发展新理念，打造一个生命共同体，践行两山理论，实施三个水利并举，坚持四大目标导向，贯彻五水共治，全面推进水利风景区建设。具体内容：一是打造一个生命共同体。水利风景区建设及相关产业发展要维护山水林湖田生命共同体的健康持续发展。二是践行"两山理论"，既要绿水青山，也要金山银山。三是实施三个水利并举，就是齐头并进大力发展生态水利、民生水利和旅游水利。四是坚持四大目标导向，建一项工程，成一片景区，带一片城乡，富一方百姓。五是贯彻五水共治，即治污水、防洪水、排涝水、抓节水和保供水，确保实施最严格的水资源管理制度。

（二）"五水共治"：强势推进水科学发展和生态文明

"五水共治"是浙江省委、省政府为贯彻落实党的十八大、十八届三中全会精神，推进新一轮改革发展，再创浙江发展新优势，建设美丽浙江，创造美好生活而做出的重大战略决策。浙江省是著名水乡，水是生命之源、生产之要、生态之基。"五水共治"项目建设中，其治污水工作重点为清三河、两覆盖、两转型；防洪水工作重点为强库、固堤、扩排工程建设；排涝水工作重点为强库堤、疏通道、攻强排工程建设；保供水工作重点为开源、引调、提升工程建设；抓节水工作重点为改装器具、减少漏损、再生利用和雨水收集利用。实施"五水共治"，全面治理水环境，倒逼产业转型升级，加快生态文明建设，为畲乡绿廊水利风景区创建注入了强有力的政策机制，有助于水利风景区建设过程中生态环境的进一步优化和水利风景资源"绿色"优势的进一步凸显，实现水利风景区推动区域经济社会绿色、持续发展。

畲乡绿廊水利风景区以"五水共治"为契机，创新旅游水利，打造"洁净源头、养生绿廊"景区，成效显著；以生态文明为指引，发展民生水利，促进"秀美景宁、生态绿廊"；以项目为抓手，不断完善各项生态基础设施建设，推进示范景区品牌创建，促进乡村旅游发展，打造休闲养生宜居城乡，积极开展水生态修复工程及农村全覆盖的供水工程。目前，景区已顺利推进外舍污水处理系统工程、鹤溪河治理工程、外立面美化工程、垃圾填埋场二期、畲乡滨水养生基地（休闲长廊）、沿河休闲景观等重点项目。景区干部群众的生态意识得到明显增强，生态文化和生态文明建设得到有效推进。

（三）管理创新：景区统分结合协同治理

景区将自身定位于景宁旅游的龙头地位，努力发挥牵引作用，科学规划引领，依法推进景区保护与开发利用。景宁结合国家公园体制研讨，积极探索景区管理模式创新，成功实施了政府主导与市场主体有序协同，管理、建设与运营有效分离的管理运营模式，简称统分结合协同治理。具体内容包括：政府重点强化水资源的严格管理、科学规划和规范发展，改革成立了水利发展有限公司（国有企业），理顺水利建设投融资管理体系和水利工程建设管理体制，为水利风景区确定了建设运营主体，负责整合相关资源，推进景区建设，并统筹协调各个景点的经营（由乡镇村和业主负责）。这种模式较好地解决了景区范围广、业主多元化和类型多样化的管理建设和运营问题，有效地调动了各方面的积极性，更重要的是保障了当地村民的切身利益，体现了景区建设造福当地百姓的宗旨。

（四）模式创新：高起点铸造水利旅游融合体模式

水利旅游融合体，是指在特定空间范围内依托绿水青山的优美自然生态环境，具备核心价值的优秀人文资源和具有品牌价值的优势产业资源集聚整合而成的旅游吸引物，依据融合发展、绿色生态、创新驱动、主客共享及联动辐射的原则，以文化体验、休闲娱乐、度假养生为导向，以打造能够满足游客"吃、住、行、游、购、娱、商、体、养"九大需求的复合型旅游产品为核心，以促进当地社会经济文化生态协同发展为目标，"文化、产业、水利、旅游"多元融合的多功能、多业态、深内涵、重体验的融合发展集聚区。系列化水利旅游融合体，以优质的山水景观、系列化水利工程、系列古城古街和有机农业、水产养殖业等为主要旅游吸引物，坚持"绿水青山就是金山银山"的理念，通过水利旅游充分发挥绿水青山的旅游经济价值。景区建设系列化水利旅游融合体，满足了游客"吃、住、行、游、购、娱、商、体、养"的九大需求。主要内容包括：梧桐沙湾水乡养生旅游融合体、大均中国畲乡之窗旅游融合体、水电科普教育旅游融合体、外舍凤凰古城工艺文化旅游融合体、鹤溪镇滨水休闲文化体验旅游融合体以及环敕木山文化养生旅游融合体等。

专家点评

畲乡绿廊水利风景区是瓯江源头主体生态功能区建设的重要组成部分，

是关系到民族地区全国唯一畲族自治县、华东地区唯一民族自治县的科学发展、持续发展与和谐发展的重要支撑，具有重要意义。该景区在建设理念、五水共治方式、管理模式以及水利旅游融合体创新探索方面做出了显著成绩，对全国类似景区的建设和发展具有重要的现实意义和借鉴价值。今后该景区需要进一步贯彻创新、协调、开放、绿色、共享的发展理念，深化协同生态保护和经济开发，全面推进水利文化体验产品开发，打造国际小水电培训中心，完善管理体系和服务体系。铸造畲乡绿廊养生旅游品牌，规划设定的发展目标是一定能够实现的。

B.20
甘肃迭部白龙江腊子口水利风景区发展报告

汪升华 孙琨 王志荣 伏金定*

白龙江腊子口水利风景区地处甘肃省甘南藏族自治州迭部县境内。迭部县坐落于南秦岭褶皱带与松潘甘孜褶皱带的过渡带内，北部为迭山山脉，南部为岷山山脉；为暖温带和高山气候带共同作用形成的半湿润区，冬无严寒，夏无酷暑；县域人口约5.6万人，以藏族为主，城镇化率为36.5%；红军长征曾途经迭部，留下了许多红色遗迹；迭部县经济仍相对滞后，2014年全县农牧民人均纯收入4865元；经济结构中，以旅游业为主体的第三产业所占比重较大，达46.01%，其农业以农、林、牧为主。2010年，为加强生态文明建设与转变发展方式，保护与综合利用白龙江水利资源，进一步发挥水利的富民、兴县作用，迭部县积极创建了白龙江腊子口水利风景区，并计划培育示范性国家水利风景区，推进迭部县域旅游事业发展和生态文明建设，助推迭部县全国生态文明示范县的建设。

一 景区概况

（一）景区基本情况

白龙江腊子口国家水利风景区位于甘肃省迭部县（其区位如图1所

---

* 孙琨，中国科学院地理科学与资源研究所博士后，研究方向为生态旅游、水利风景区开发与管理；王志荣，山西省水利厅水利经济事业管理中心工程师；伏金定，甘肃省水利风景区建设与管理领导小组办公室科长。

示),依托白龙江及相关水利工程设施而建,属于自然河湖型水利风景区,景区面积595平方公里,其中水域面积约41.77平方公里,约占总面积的7.02%,林地面积约386.16平方公里,约占总面积的64.90%。在2004年中共中央办公厅、国务院办公厅印发的《2004－2010年全国红色旅游发展规划纲要》中腊子口被列为全国12个重点红色旅游景区之一;腊子口森林公园在2003年被评为国家级森林公园。2010年白龙江腊子口水利风景区被水利部批准为国家水利风景区。

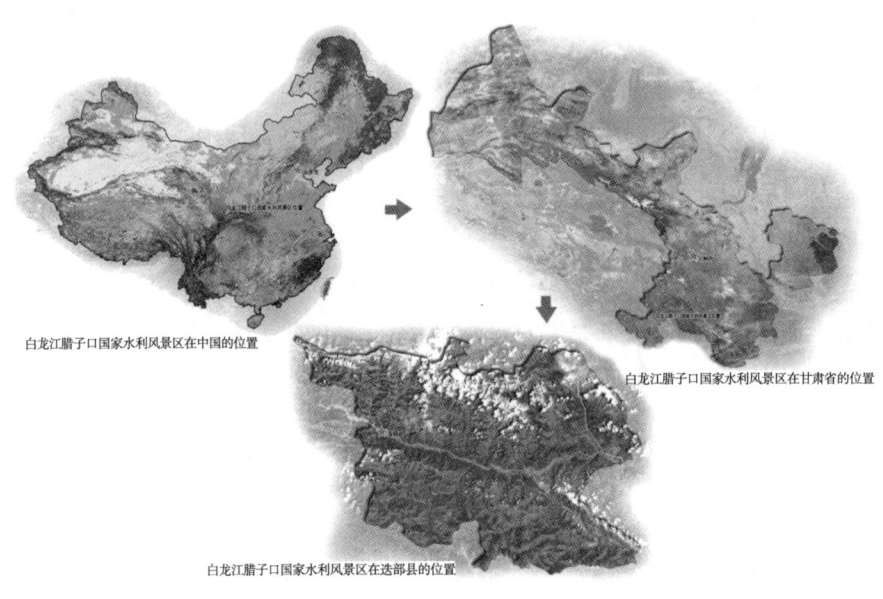

图1　白龙江腊子口国家水利风景区区位图

(1) 水利资源。水利风景区内,岷山迭山之间的大小河流均属白龙江水系,为白龙江上游的重要产流区域,在风景区范围内,白龙江共有支流29条,年自产水量为15.9亿立方米。白龙江水系蕴藏有巨大的水资源和水能资源,水能蕴藏量为80.74万千瓦,可开发利用量为68.2万千瓦。

(2) 水利工程设施。截至2015年年底,水利风景区内共签约开发的水电站有 35 座，总装机容量为 58.32 万千瓦，全县电站总库区水域面积约为 450 万平方米，电站水库如串珠状沿白龙江及其支流星罗棋布，使白龙江已成为重要的水利工程河流，对地方社会经济发展以及当地群众生产生活有重要作用。景区内有十多个水电站大坝，其中较为典型的有九龙峡水电站大坝（总库容约 1220 万立方米，年发电量 3.655 亿度）和达拉河口水电站大坝（总库容约 1700 万立方米，年发电量 2.1 亿度）。另外，景区内共有 19 处 19.2 公里的防洪河堤。

（3）旅游资源。景区内的主要旅游资源有电尕寺、尼傲峡水电站、茨仁那毛主席旧居、九龙峡大峡谷、九龙峡水电站、腊子口战役遗址与纪念碑、腊子口森林公园、腊子河等（如图 2 所示）。

图 2　白龙江腊子口国家水利风景区主要旅游资源分布图

（4）景区管理。迭部县成立了白龙江腊子口国家水利风景区发展领导小组，并由迭部县水务水电局负责管理水利风景区的具体事务；制定了《迭部县白龙江腊子口国家水利风景区管理制度》等一系列规章制度，使景区的管理规范化；景区对员工和旅游经营者进行定期培训，使景区的管理和运营水平得到了提升。

（二）景区的典型性和代表性

白龙江腊子口国家水利风景区的典型性和代表性体现在如下方面：第一，其属于青藏高原与黄土高原交会带的地理单元，地貌及生物景观、气候现象、文化现象均具有明显的过渡性特征，自然与文化景观类型复杂多样；第二，是藏族文化与汉族文化相互交融的代表性区域，体现了民族文化的互融及民族之间的团结与和谐共处；第三，是自然河湖与水利设施叠加的典型形态，充分体现了水利资源的富民作用，反映了现代生态水利的发展方向；第四，是红色文化与绿色文化相互交错的示范性景区，红色革命胜迹提升了自然山水的知名度和影响力，自然山水生态休闲对红色旅游形成了恰当的补充，近年来迭部县的旅游业发展策略即为"以红带绿、红绿结合、绿里透红、红绿相映"；第五，是现代生态文明与美丽乡村建设的示范区，在保护的前提下发展民生水利，传播水生态文明，通过旅游开发带动了美丽乡村的建设；第六，是西部脱贫与水利扶贫攻坚的典型实验区，成功响应了民生水利的战略思想，通过水利事业对当地居民进行了精准扶贫。

白龙江腊子口国家水利风景区的景观及文化特征表现为：第一，高山流水藏汉情，藏汉共享白龙江水域资源，安居乐业、和睦相处，孕育了民族融合的地方文化；第二，高山神峰藏秀色，在地方生态伦理观念的影响下，高山巨峰被赋予神圣的色彩，对地方生态保护产生了深远影响，造就了一方宁静、幽野的空间；第三，深谷高坡农林牧，风景区内分布着农林牧复合生态系统，形成了立体化的生态景观，同时体现了当地居民对地方生态系统的巧妙利用；第四，大美高原纯净地，过渡性地理单元使水利风景区内的部分地方具有青藏高原的特征，其景观大美、生态原始、圣洁而空旷。

（三）景区发展定位

根据《甘肃省迭部县白龙江腊子口水利风景区总体规划》，景区的总体定位为：以水工程和水文化为主导的，红色与绿色长征文化相融合的，集旅游度假、休闲娱乐、科学普及、康体健身、爱国主义教育于一体的具有青藏高原边缘区域特色的综合型国家水利风景区。

白龙江腊子口水利风景区的旅游产品定位为：着力打造"长征腊子口，生态白龙江"品牌，以红带绿，红绿互补，做足生态白龙江文章；以红色文化旅游产品与水利生态旅游为主导，以开发森林生态旅游、温泉养生、民俗风情、休闲农牧业、节庆旅游和探险娱乐产品为辅助，形成红绿民俗和动感一体的综合旅游产品体系。

白龙江腊子口水利风景区的主题形象定位为：长征腊子口，生态白龙江。根据该主题定位，红色文化是魂、生态文化是体，而水利文化构成了白龙江腊子口国家水利风景区的脉络，将红色景点、绿色景点、人文景点进行了串联。

在景区旅游发展过程中，通过如下宣传口号对其主题形象进行了推广：

温泉香巴拉，旺藏红太阳

红色长征的决胜战，绿色长征的策源地

游白龙江，看山、看水；访腊子口，励情、励志

红色经典，绿色家园；人间仙境，梦幻天堂

（四）景区规划布局

白龙江腊子口水利风景区总体上被划分为生态保护区、生产生活区、游览观光区三个功能片区。生态保护区面积占景区总面积的75%以上。

在游览观光区中，旅游的空间布局被规划为"121"结构，即"1座生态旅游城镇（电尕镇）、2处特色旅游景区（旺藏香巴拉景区、腊子口景区）、1条白龙江水利生态旅游观光带"（如图3所示）。电尕镇主要为旅游集散、接待、体验中心，以及白龙江水生态文明的宣传窗口；旺藏香巴拉景区主要依托茨仁那毛主席旧居、九龙温泉、杨土司花园等开展特色香巴拉休闲体验；腊子口景区主要开展红色教育及绿色生态休闲；并致力将白龙江打造成水利生态旅游观光带，依托该旅游观光带形成景区内的主要游线（见图3）。

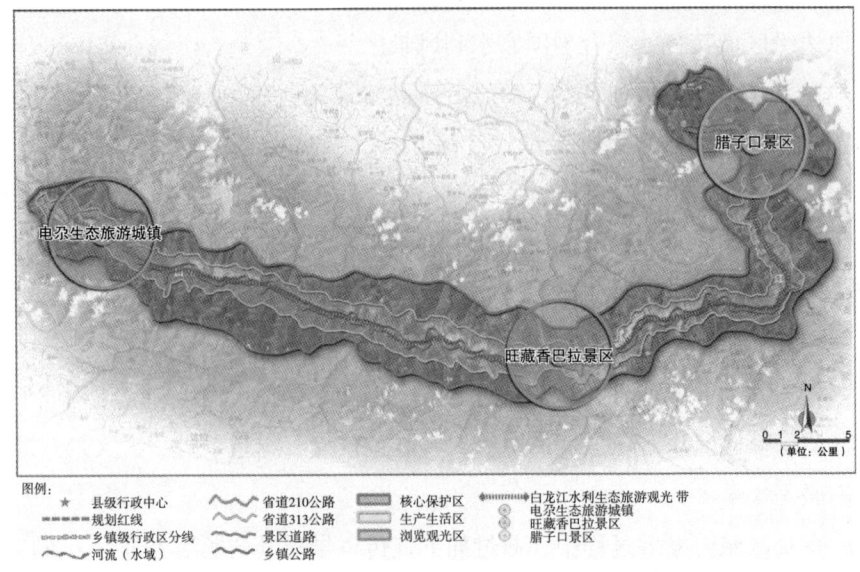

图3 白龙江腊子口水利风景区空间布局图

二 发展历程

(一)白龙江腊子口国家水利风景区发展阶段

白龙江腊子口国家水利风景区的发展经历了以下三个阶段(见图4)。

(1)水利与旅游各自独立发展阶段(2010年以前)。在申报国家水利风景区之前,水利与旅游的融合还基本处于缺失状态,白龙江水系尚未发挥串联旅游资源、承载休闲旅游的作用。虽然白龙江沿线已建成尼傲峡水电站、九龙峡水电站、花园峡水电站等多处水利设施,但水利并未同旅游进行有效衔接,水库等水利景观虽具有潜在游览观光价值,但尚未配备旅游接待设施,真正在水库区域驻留观光的游客非常少,旅游消费几乎为零。县城旁边的白龙江两岸遍布垃圾,景观效果欠佳,对当地居民及游客的吸引力很小。其时的旅游业态主要集中在腊子口景区,迭部县为此还专门成立了腊子

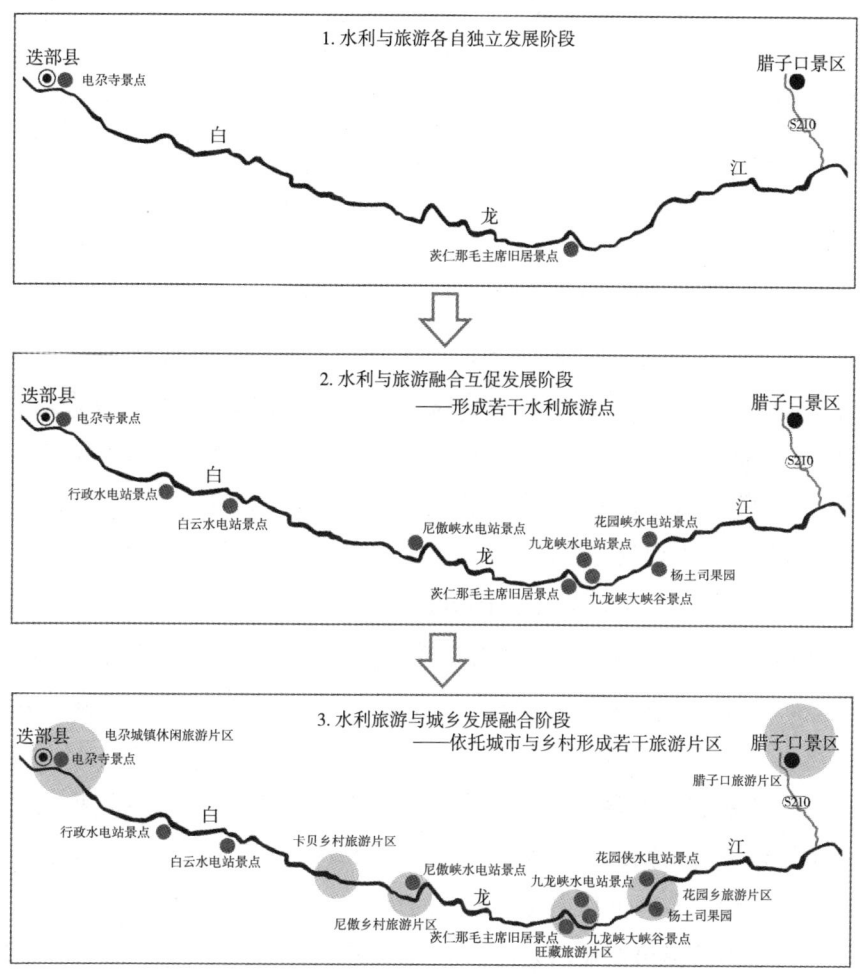

图 4　白龙江腊子口水利风景区发展阶段

口风景管理局；该阶段腊子口景区的旅游发展仍处于粗放状态，旅游产品的特色还不够明显，运营的规范性还不够。但迭部县委县政府开始认识到包括水生态在内的生态文明建设对地方社会经济发展的重要意义，2009年，迭部县倡导举办了以"启动绿色长征、构建生态文明"为主题的首届"中国生态文明腊子口论坛"，提出了"绿色长征"计划，并开始将白龙江水生态资源的深度开发利用提上议事日程，对生态旅游与生态建设进行有机结合。

（2）水利与旅游融合互促发展阶段（2010~2015年）。在2010年申报水利风景区之后，全县达成共识，共促水利旅游发展，开始对县城等一些重要区段的河道进行整治，在滨水区域配置了一些游憩设施或创造了游憩条件，使一些水利设施变成了旅游景点；并加强了白龙江沿线的绿化，"十二五"期间，迭部县全民义务植树110万株，使全县森林覆盖率达到55.92%，申报国家级生态乡镇1个、省级生态乡镇4个、绿色社区1个；在白龙江沿线有条件的乡村积极发展旅游业态，扶持发展了旅游专业村，使白龙江沿线的农家乐达到50多户，2014年全县旅游人数达到37.7万人，旅游综合收入1.66亿元。在这一阶段，水利与旅游实现了融合互促发展。该阶段，景区主要采取了软开发策略，将水环境美化、水生态修复放在突出位置，控制了建设规模，致力于让优美的水域生态成为景区休闲度假的基础条件；除道路交通建设之外，景区尽可能避免大兴土木，而是通过举办各种活动吸引游客，举办了迭部县腊子口红色旅游艺术节、国际大力士中国公开赛暨首届安多地区"腊子口杯"则巴邀请赛等；地方政府在改善景区可进入性方面也付出了很多努力，2014年宕昌至迭部二级公路腊子口隧道被正式打通，大大提高了景区的通达性。

（3）水利旅游与城乡发展融合阶段（2015年以后）。2015年，迭部县启动了建设新型城镇化工程，掀起了新型城镇化建设新高潮，打造生态城市、休闲城市，并依托白龙江绕城的优势打造水域景观城市；在乡村发展方面，迭部县提出依托白龙江百里风景线丰富的自然资源、独特的地域文化、浓郁的民族风情，大力开拓山水、森林、民俗等特色乡村旅游，加快培育专业旅游村。这预示着迭部县将以白龙江水系为纽带，依托白龙江水系营造旅游景观、塑造城镇特色，并通过生态化城市建设提升旅游品位，通过旅游发展带动乡村经济，实现水利旅游与城乡发展的融合。旅游开发运营者均意识到白龙江水系在当地旅游发展中的重要作用和意义，在此背景下，迭部县正在酝酿科学有效的水资源管理及有序开发利用的对策。

（二）白龙江腊子口国家水利风景区发展历程的特征

白龙江腊子口国家水利风景区的发展历程体现了水利向社会其他领域的逐渐渗透，显示出在新的时代条件下，水利资源将发挥更多新的功能。第一，一开始受旅游方式及旅游客源规模等的影响，水利资源的观光游憩及休闲价值未被开发利用，但白龙江水系附近旅游景区的设置及旅游业发展在客观上对水生态环境的保护起到了一定的作用；第二，伴随着旅游业态的发展，水利资源迅速显示出其在旅游产品开发方面的优势，河流及水库等水利资源开始充当重要的旅游吸引物，实现了水利与旅游的融合和渗透，扩大了水利的社会及经济效益，体现了民生水利的特点；第三，水利资源在生态文明建设、城乡宜居环境营造、休闲景观创造及休闲氛围培育方面的作用开始受到重视，水利同城乡发展相结合，全面渗透到城乡建设、居民生活、生态保护、新经济形态培育等方面，并在地方发展竞争力形成、产业结构转型、居民生活质量提升方面发挥重要作用。

三 建设成效

（一）创新景区地方文化，传播现代生态文明

发起了"绿色长征"行动，将景区的红色长征文化应用于解决当前的现实问题，在社会上产生了强烈影响，进一步扩大了景区知名度，获得了社会各界的支持和广泛关注，塑造了景区的特色，同时也使生态文明理念深深植根于白龙江腊子口国家水利风景区的发展之中。自2009年至今，"绿色长征"活动已成功举办6次，传播了生态文明理念，体现了景区在响应国家生态文明建设战略方面的决心，在生态文明建设方面具有突出的示范意义。通过媒体宣传，"绿色长征"活动引起了社会各界对生态文明的关注和讨论，这正是白龙江腊子口国家水利风景区对社会所做出的贡献之一。

（二）促进水生态保护，守住绿水青山

白龙江腊子口国家水利风景区是长江上游重要的水源涵养林区，是流域重要的生态屏障，其生态系统具有涵养水源、净化空气、森林固碳、调节径流、保护生物多样性等诸多功能。水利风景区的建设将生态保护放在首位，并加强了白龙江沿线的生态修复，"十二五"期间，迭部县全民义务植树110万株，提高了全县的森林覆盖率，增强了白龙江上游的水源涵养能力，为流域创造了生态福利。在水利风景区建设过程中，景区范围内的水生态环境质量得到提升。习近平总书记指出，绿水青山就是金山银山，水利风景区建设保护了绿水青山，就是守住了金山银山，为后代保留了生态资源、预留了发展空间，为流域下游区域提供了生态服务。

（三）大力发展生态经济，不断增强持续发展能力

白龙江腊子口水利风景区在保护水生态环境的前提下，大力发展旅游经济，使游客量大幅度增加，2015年的游客量比2010年增加了2倍。旅游业发展优化了迭部县的产业结构，使迭部县第三产业在经济体系中所占比重达40%以上；许多地方居民参与旅游经营或在旅游产业中就业，水利风景区内的旅游新业态正在酝酿和产生，县域经济的内生发展能力得到了培育，"旅游强县"战略得到了有效的贯彻落实（见图5）。另外，旅游业带动了当地生态农业、手工艺品加工制造等相关生态经济型产业的发展，在日后也必将带动地方文化创意、生态林业、休闲运动等环境友好型新业态的发展，引领迭部县经济向具有巨大发展潜力的生态经济方向转型。

（四）提供生态休闲旅游体验产品，有效满足旅游市场需求

景区森林覆盖率较高，气候相对温暖和湿润，在我国西北地区具有非常突出的宜居优势和休闲度假优势。白龙江腊子口水利风景区开发建设以来，环境卫生得到一定程度的改善，空间得到一定程度的美化，绿化面积也有所增加，道路交通等相应基础设施的配置水平得到了一定程度的提升，这为本

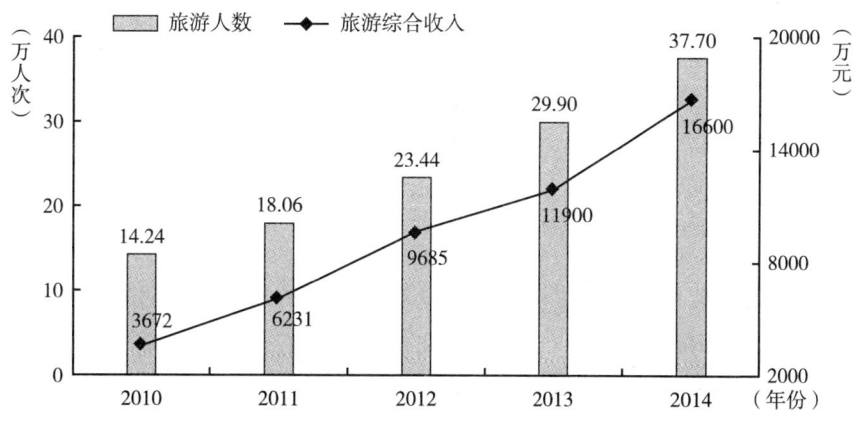

图5　近几年迭部县旅游业发展状况

地居民的生活居住及外来游客的休闲度假营造了更好的环境和条件，为相应居民创造了生活福利，有助于提高相应个体的生活质量，促进其身心健康；同时也满足了相关人群文化交流的诉求，加强了民族之间的交流和了解，增强了相互之间的信任，使地方社会更加和谐稳定。另外，随着越来越多游客的进入，水利风景区内一些村落中居民的生活处世方式为许多游客所赞许，对外部游客调整生活状态有积极的借鉴价值；被游客誉为"世外桃源"的扎尕那等村落的闲适生活氛围、宜居休闲空间对一些游客的思想观念产生了深刻影响。水利风景区开展徒步、自行车骑行、攀岩等户外运动旅游，对促进游客的身心健康、塑造他们的健康品格发挥了积极作用。

（五）丰富特色文化展示，拓展文化旅游产业

一是充分挖掘展示了地方神山圣湖崇拜中所蕴含的生态伦理思想，以及地方传统文化中因势利导、利用水利资源造福人类的智慧和经验，并通过旅游项目的设计，使游客充分体验和感受这些文明成果；二是在腊子口战役纪念馆等地点，利用现代全息成像等技术对红色革命事迹进行了展示，深化了游客对历史事件的了解，收到了很好的爱国主义教育成效；三是介绍展示了一些传统的水利文化，以及一些先进的水利科技、新型的理水治水方略等，

并通过科普教育项目的设置,提高了游客的水利知识及认识水平,尤其是参观水电站、水库大坝等旅游活动对儿童青少年发挥了重要的科普教育作用;四是使受众感受到了现代水利的巨大成就,增强了水利工作者的自豪感及工作信心等。

(六)完善水利工程配套,拓展水利服务功能

通过国家水利风景区建设,对白龙江腊子口的水利工程进行配套完善,实施有效保护和开发利用,实现了水利工程效益最大化,形成了以"工程"养"工程"的良性运行机制。水利旅游发展实现并提升了水利工程设施在游览观光、科普教育、休闲娱乐等方面的附加价值,使水利工程设施的服务功能得到了拓展,实现了新时代条件下水利工程设施新的价值,形成并体现了景区水利工作者与时俱进、不断开拓创新的精神。

四 基本经验

(一)政府全力推动是水利风景区快速发展的有效保障

在迭部县委县政府领导班子的推动下,县林业、水利、农业、旅游、文化、环保等部门之间通力合作,共同促进白龙江腊子口国家水利风景区的发展,从而理顺了关系,建立了合作机制,消除了发展过程中的许多摩擦和障碍,使水利风景区建设得更加全面,发展得更加充分。地方政府利用其特有的组织和号召能力举办旅游节庆活动,可快速扩大景区的知名度和影响力。对于一些区位较偏远、地方经济较落后的水利风景区,政府在水利旅游发展中的作用更是必不可少。

(二)市场主体参与是激活水利风景区经营的关键因素

资金短缺是制约许多水利风景区发展的重要因素,白龙江腊子口国家水利风景区发展采取了"政府主导,市场运作,社会参与"的模式,在发展

过程中采取了企业自筹、职工入股、招商引资、银行贷款、群众投工投劳等形式，积极筹措水利风景区建设资金，使景区建设有了一定的资金保障。同时，景区还酝酿把"腊子口""九龙峡""绿色长征"等均作为自身的无形资产，设计并注册相关的标识，并将冠名权、标识使用权等无形资产转让给有需求的商业公司，以此来筹措发展资金，这将减少景区的负债、盘活景区的资产价值，拓宽融资渠道。另外，白龙江腊子口国家水利风景区内地方居民以农家乐等形式积极参与旅游业开发运营，这在一定程度上增强了景区的发展活力。在旅游发展过程中，在规范管理、有序引导的前提下，应尊重市场参与者的积极性和创造力，形成多元化的产品和服务。

（三）资源整合是增强水利风景区发展能力的重要手段

白龙江腊子口国家水利风景区将白龙江沿线的水利资源与红色旅游资源腊子口、绿色资源腊子口国家森林公园，乃至白龙江沿线的农业、文化等旅游资源整合在一起，收到了一加一大于二的效应。知名度高的红色旅游资源腊子口主要发挥了市场感召的作用，而森林生态资源、水利生态资源主要发挥了扩展旅游活动空间、延长休闲旅游体验的作用，各类旅游资源之间形成了互补。其他水利风景区也可考虑在发展过程中与周边旅游资源的嫁接和整合，用水来营造和点缀环境，或塑造亲水、滨水休闲空间，或将水作为最生动活泼的生态要素来塑造生动的生态系统，或开展水生态文化科普教育等。

（四）营销与推广是扩大水利风景区影响力的重要方式

迭部县对白龙江腊子口水利风景区进行了大量宣传营销，包括围绕"长征腊子口，生态白龙江"主题形象，制作了《腊子口——绿色的迭部》《发现迭部》等 DVD 光盘，并先后邀请中央电视台等多家海内外媒体来迭部采访报道，宣传丰富的旅游资源。专题纪录片《一个西方探险家眼中的植物王国——迭部》在央视十套《探索与发现》栏目中成功播出。县有关部门还积极组织参加各种招商会、旅游节和推介活动，对白龙江腊子口国家水利风景区丰富的旅游资源进行全方位、多角度的宣传促销，收效良好。这

些营销推广活动提高了水利风景区的知名度,增强了社会公众对水利风景区的了解,可以为水利风景区发展赢得更多的社会支持和关注,同时也可利用社会关注的倒逼机制来促进水利风景区的建设。

(五)依托城镇可使景区水利旅游得到快速有效发展

我国许多水利风景区的水生态功能及意义突出,旅游价值巨大,但由于受到用地条件、接待设施、周边环境等各种因素的影响,其旅游产业发展难见成效,而依托城镇的水利风景区具有客源市场优势、基础设施配套优势、资金投资优势等,其旅游开发更容易快速取得成功。因此在促进水利风景区旅游发展中,可优先考虑以景区内城镇为依托和支撑,在配置旅游要素时也可适当向城镇依托型水利风景区进行倾斜,以提高资源配置效率。城镇这个有效支点,将会快速撬动水利旅游。

(六)实施软开发可协调旅游发展与生态保护的矛盾

白龙江腊子口国家水利风景区在发展过程中尽可能采取软开发策略,即在旅游发展过程中,尽可能通过举办节事活动、提供文化体验、开展原生态游憩观光、创造亲自然户外运动场所等方式吸引和服务游客,尽可能避免在生态敏感区、核心景观区内大兴土木,从而减少了对自然生态的干扰和破坏。但同时,旅游软开发也同样满足了游客的需求,且相应的旅游活动更能适应现代游客的个性化需求,从而在一定程度上协调了景区旅游发展与生态保护之间的矛盾。另外,由于软开发策略重视对文化的挖掘和利用,更有助于景区文化特色的培育,以及景区所在地方传统文化的挖掘、整理及传承,从而也可在一定程度上缓解景区旅游发展与文化传承保护之间的矛盾。

专家点评

白龙江腊子口国家水利风景区的旅游资源得天独厚,不仅有长征决胜战的红色文化、藏族风情的民族文化,还有梯级开发的水电文化以及温泉文化,是绿色长征的发源地。这里风和日丽,景色迷人,是全国闻名的"青藏江南"。该景区实现跨越发展的关键是要解决三个问题：一是要探索混合所有制成立国有控股公司，整合优势资源对接市场提升经营能力。二是着重做亮"旺藏红太阳、温泉香巴拉"品牌，抢占文化战略制高点，创建面向高端的文化产业旅游融合体，提升市场竞争能力。三是利用好大交通网络改善的契机，努力发挥好养生旅游的优势，丰富体验性旅游产品，加强同九寨沟等周边景区的对接，实现优势互补。我们坚信，白龙江腊子口国家水利风景区一定会尽快走向辉煌。

主要参考文献

1. 兰思仁主编《中国水利风景区发展报告（2015）》，社会科学文献出版社，2015年8月。
2. 闵庆文、甄霖、杨光梅：《自然保护区生态补偿研究与实践进展》，《生态与农村环境学报》2007年第23（1）期。
3. 苏杨：《中国自然保护区资金机制问题及对策》，《环境保护》2006年第11期。
4. 中国自然保护区投资机制研究课题组：《中国自然保护区投资机制研究》，《林业经济》2000年第3期。
5. 孙琨、詹卫华、赵洪峰等：《水利风景区演变特征与旅游发展导向》，《水利经济》2013年第31（6）期。
6. 刘文敬：《中国自然保护区管理能力现状调查与分析》，《北京林业大学学报》2011年第S2期。
7. 杨三正：《国家级自然保护区政府投资责任及落实路径》，《江西财经大学学报》2015年第2期。
8. 许坚：《论宏观生态经济的补偿原理》，《科学经济社会》1994年第12（1）期。
9. 邓学芬、迟宁：《论PPP模式在旅游项目开发中的应用》，《四川经济管理学院学报》2010年第21（1）期。
10. 陆彪、陈雪琼：《我国旅游业投融资现状与问题研究》，《桂林旅游高等专科学校学报》2008年第19（3）期。
11. 于玲玲：《旅游基础设施资产证券化融资模式初探》，《特区经济》2010年第5期。
12. 张奇：《旅游景区投融资模式的创新方向：资产证券化》，《中国旅游报》2014年4月21日。

13. Devashia Mitra. The Role of Crowdfunding in Entrepreneurial Finance. *Delhi Business Review*, 2012, 13（2）.
14. 陈烨、赵建亚：《水利风景区始建性分析探讨》，《江苏水利》2015 年第 10 期。
15. 李昌彦、李灵军：《江西省水利风景区发展问题与制度创新》，《南昌工程学院学报》2015 年第 34（2）期。
16. 余凤龙等：《水利风景区的价值内涵、发展历程与运行现状的思考》，《经济地理》2012 年第 32（12）期。
17. 金钟权等：《水利风景区管理模式的实践与思考》，《中国水利》2011 年第 5 期。
18. 于开宁等：《水文化传播的内涵及其与水利风景区建设的关系》，《前沿》2010 年第 19 期。
19. 郑志平：《以水利风景区建设带动乐山旅游转型升级——打造中国·乐山水公园构建乐山城市主题》，《中共乐山市委党校学报》2015 年第 1 期。
20. 钟海生：《旅游业的投资需求与对策研究》，《旅游学刊》2001 年第 16（3）期。
21. 王慧琴、张彩虹：《国内外森林公园投资管理研究比较》，《林业经济问题》2011 年第 31（2）期。
22. 顾金土、石竟：《生态文明视野下的城市水利风景区开发探讨》，《水利经济》2014 年第 32（4）期。
23. 蔡元成、陈岩、吴兆丹、赵敏：《我国水利风景区发展的 R-SCP 范式》，《水利经济》2015 年第 33（2）期。

附 录
Appendix

B.21
水利部关于进一步做好水利风景区工作的若干意见

水利部文件

水综合〔2013〕455号

水利部关于进一步做好
水利风景区工作的若干意见

部机关各司局,部直属各单位,各省、自治区、直辖市水利(水务)厅(局),各计划单列市水利(水务)局,新疆生产建设兵团水利局:

  近些年来,各地结合水利工程兴建和改造,建设了一大批各具特色、山水怡人的水利风景区,不仅治理改善了水生态环境,有效发挥了水工程的综合功能,而且满足了人民群众日益增长的物质文化需求,拓展了水利的社会服务功能,深受广大水利干部职工和社会各界的欢迎。

  为深入贯彻落实党的十八大精神,建设天蓝、地绿、水净的美

丽家园,推动水生态文明建设,现就进一步做好水利风景区工作,提出以下意见:

一、充分认识水利风景区工作的重要意义

(一)水利风景区是水生态文明建设的重要内容。水利风景区秉承尊重自然、顺应自然、保护自然的理念,坚持人水和谐发展,以优化水资源配置、保护水环境、修复水生态、营造水景观、弘扬水文化为内涵,成为水生态文明建设的重要内容。

(二)水利风景区建设是民生水利的重要体现。水利风景区依托水域(水体)或水利工程而建,集水利功能提升、水利文化弘扬、水利科技知识普及于一体,使人们在享受优美水环境的同时,了解我国悠久的治水历史和丰富的水利知识,感受当代水利事业的巨大成就,达到热爱水利、关心水利、支持水利、弘扬水利精神和水文化的目的,是民生水利的重要举措。

(三)水利风景区建设是水利改革发展的必然要求。水利风景区建设,促进了工程效益与社会效益、环境效益和经济效益的有机统一,成为地方党委政府推动当地经济社会发展的重要手段。水利的社会服务功能和经济支撑作用进一步得到强化。

二、水利风景区工作的总体要求

(四)指导思想。以水生态文明理念为引领,全面落实最严格水资源管理制度,科学规划、有序开发、合理利用、有效保护水利风景资源,充分发挥生态系统的自我修复能力,积极营造山更青、水更秀、景更美、人水更和谐的良好生态环境,实现人与自然和谐发展,为建设美丽中国、全面建成小康社会做出积极贡献。

(五)基本原则。坚持以人为本、服务民生,满足人民群众对改善生态环境需求;坚持人水和谐、科学发展,充分发挥生态系统的自然恢复能力,大力推进水生态文明建设;坚持统筹兼顾、规划引领,开发与保护并重,实现社会、生态、经济效益有机统一;坚持因地制宜、因水制宜,突出水利特点、地域特色和水文化内涵,推动区域经济社会发展。

(六)发展目标。密切结合江河湖库水系连通、中小河流治理、水资源保护、水土保持、河湖生态修复、灌区改造等重点水利工作,兴建一批生态环境效益显著、水利科普文化特色鲜明的水利风景区,重点推进城市河湖型水利风景区建设,为水生态文明城市创建提供支撑。到2020年,形成覆盖全国主要河流、湖泊和大中型水利工程,以国家级水利风景区为重点,带动省级及以下水利风景区发展的水利风景区整体布局。

三、做好水利风景区工作的重点任务

(七)开展资源调查。各级水行政主管部门要摸清家底,全面掌握和科学评价水利风景资源分布、种类、开发与保护现状,到2015年全面完成水利风景资源调查,为做好水利风景区工作打下基础。

(八)强化规划引领。各级水行政主管部门要科学编制水利风景区发展规划,并将水利风景区发展规划纳入水利发展总体规划,与经济社会发展总体规划和其他水利专项规划相衔接。健全规划评价体系,完善规划实施保障制度。要在确保防洪安全、供水安全、生态安全的前提下,按照《水利风景区规划编制导则》要求科学编制水利风景区总体规划和详细规划。任何单位和个人不得擅自调整水利风景区规划,确需修改,要按照原审批程序报批。

(九)加强景区建设。紧密结合江河湖库水系连通、中小河流治理、水资源保护、水土保持、河湖生态修复、灌区改造等水利工程建设,开展水利风景区基础设施建设。在水利工程项目论证、规划、设计等环节统筹考虑水利风景区项目建设,力求将水利工程建设成为生态工程、环境保护工程。加强水利风景区安全标准、警示系统等设施建设,重点加强水利科普教育设施建设,普及水利科技和水法规知识,提升水利工程科技含量。

(十)加强运行管理。各水利风景区管理单位要按照批复的规划,抓好实施与落实,强化水安全、水生态与水资源保护意识,严格水环境保护。要按照《水利风景区管理办法》要求,加强对水利风景区内可能影响生态或景观的工程建设活动的监管。要协同各有关部门加强社会治安、卫生防疫、紧急救援及消防设施等安全检查,及时消除隐患,抓好各项防范措施的落实,严肃处理各种违法行为,确保景区安全。

(十一)强化监督管理。提高国家水利风景区准入标准,建立激励与退出机制,提升水利风景区品质,打造水利风景区升级版。加强水利风景区监测和信息化平台建设,建立完善的国家级水利风景区监督管理信息数据库,逐步建立国家级水利风景区的部、

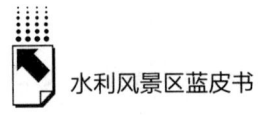

省、景区三级监管体系。

(十二)严格水利旅游项目审批管理。各级水行政主管部门要按照《水利旅游项目管理办法》要求,认真开展涉水旅游项目审批,重点审查水利旅游项目对水工程安全、水资源安全和水生态安全的影响,严控威胁水环境和水安全的涉水旅游项目建设。要把水利旅游监督管理工作纳入水政执法体系,严肃查处各种违规违法行为,确保水利旅游规范有序开展。

四、推进水利风景区建设发展的保障措施

(十三)加强组织领导。各级水行政主管部门要进一步提高认识,加强领导,把水利风景区建设与管理纳入水利重要工作统一部署,把水利风景区工作纳入年度工作任务统一考核。要明确管理职能,完善组织机构,健全工作机制,逐级建立工作目标责任制,逐项落实建设目标任务。

(十四)创新投融资模式。各级水行政主管部门要积极争取发改、财政、国土、环保、建设、旅游等部门的支持,形成齐抓共管的工作格局。要安排一定数量的引导奖励资金,专门用于水利风景区公益性配套基础设施建设和促进水利风景资源保护项目开展。要进一步引入市场机制,广泛开辟资金渠道,鼓励、引导社会资本参与水利风景区建设。

(十五)加强人才队伍建设和学科建设。各级水行政主管部门要进一步做好人才发展规划,积极引进景区规划、设计、建设、管理、经营等方面的专业人才,加大对从业人员专业知识和技能的培训力度,将景区人员培训纳入水利行业年度培训计划;择优推荐规划培训合格人员及达到一定水平的规划单位参与景区规划编制工作;积极推进有关大中专院校开设水利风景区和水利旅游等相关专业;联合有关科研院所加强水利风景区应用基础理论和前沿技术研究,运用先进技术为水利风景区发展提供科技支撑。

(十六)加强水利风景区公益宣传。各级水行政主管部门要将水利风景区宣传纳入水利公益宣传工作计划,探索和创新水利风景区宣传模式,大力宣传水利建设成就。积极开展水利风景区促进水生态文明建设宣传,促进水情教育,全面提升水利工程社会形象和影响力。

为确保上述各项工作落到实处,各流域机构和各级水行政主管部门要按照本意见的要求,制定具体工作方案,落实相关措施,加快推进水利风景区建设。

2013 年 11 月 28 日

水利部办公厅　　　　　　　　　　　　2013 年 11 月 29 日印发

B.22 水利风景区评价标准

ICS 13.020.30
Z 02

中华人民共和国水利行业标准

SL 300—2013
替代 SL 300—2004

水利风景区评价标准

The evaluation standard of water park

2013-11-20 发布　　　　　　　　2014-02-20 实施

中华人民共和国水利部　发布

中华人民共和国水利部

关于批准发布水利行业标准的公告
（水利风景区评价标准）

2013 年第 70 号

中华人民共和国水利部批准《水利风景区评价标准》（SL 300—2013）为水利行业标准，现予以公布。

序号	标 准 名 称	标准编号	替代标准号	发布日期	实施日期
1	水利风景区评价标准	SL 300—2013	SL 300—2004	2013.11.20	2014.2.20

水利部

2013 年 11 月 20 日

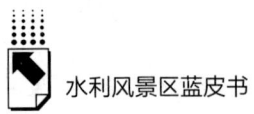水利风景区蓝皮书

SL 300—2013

目　次

前言	IV
1 范围	1
2 规范性引用文件	1
3 术语和定义	1
4 基本条件	1
5 评价内容	2
5.1 风景资源评价	2
5.2 开发利用条件评价	2
5.3 环境保护评价	2
5.4 管理评价	2
6 评价方法	3
6.1 指标与赋分	3
6.2 分数计算	3
6.3 等级标准	3
附录A（规范性附录）　水利风景区评价计分细则	4

前 言

为科学评价水利风景区质量,根据《中华人民共和国水法》、《中华人民共和国水土保持法》、《中华人民共和国防洪法》、《中华人民共和国水污染防治法》和《中华人民共和国环境保护法》、《中华人民共和国河道管理条例》等法律、法规以及 GB/T 1.1—2009《标准化工作导则　第1部分:标准的结构和编写》的规定,对 SL 300—2004《水利风景区评价标准》进行修订。

本次修订的主要内容:
——增设了水利风景区评价基本条件;
——调整了风景资源评价内容、指标及分值;
——调整了开发利用条件评价内容、指标及分值;
——调整了环境保护评价内容、指标及分值;
——调整了管理评价内容、指标及分值。

本标准为全文推荐。

本标准批准部门:中华人民共和国水利部。

本标准主持机构:水利部综合事业局。

本标准解释单位:水利部综合事业局。

本标准主编单位:水利部综合事业局(水利部水利风景区建设与管理领导小组办公室)。

本标准出版、发行单位:中国水利水电出版社。

本标准主要起草人:李晓华、詹卫华、董青、司毅兵、李亚伟、黄河、徐金龙、汪升华、谢祥财、沈黎、雷晶、李殿阳、李继明、黄利群、陈吉虎、李灵军、连泽俭、王文慧、冯冲、赵洪峰、王小峰、江培福、韩栋、王德鸿。

本标准审查会议技术负责人:李文埕。

本标准体例格式审查人:郑寓。

本标准所替代标准的历次版本为:
——SL 300—2004。

水利风景区蓝皮书

SL 300—2013

水利风景区评价标准

1 范围

本标准规定了水利风景区的评价内容与方法。

本标准适用于国家级、省级水利风景区的评价，其他级别水利风景区的评价及涉水景区可参照使用。

2 规范性引用文件

下列文件对于本标准的引用是必不可少的。凡是注日期的引用文件，仅注日期的版本适用于本标准。凡是不注日期的引用文件，其最新版本（包括所有的修改单）适用于本标准。

GB 3095　环境空气质量标准
GB 3838　地表水环境质量标准
GB/T 15773　水土保持综合治理验收规范
GB/T 50594　水功能区划分标准
SL 252　水利水电工程等级划分及洪水标准
SL 422　水利旅游项目综合影响评价标准
SL 471　水利风景区规划编制导则
全国重要江河湖泊水功能区划（国务院国函〔2011〕167 号）
水利风景区管理办法（水利部水综合〔2004〕143 号）
水利旅游项目管理办法（水利部水综合〔2006〕102 号）

3 术语和定义

下列术语和定义适用于本标准。

3.1 水利风景区　water park

以水域（水体）或水利工程为依托，具有一定规模和质量的风景资源与环境条件，可以开展观光、娱乐、休闲、度假或科学、文化、教育活动的区域。

3.2 水利风景资源　water scenery resources

水域（水体）或水利工程以及与其相关联的岸地、岛屿、林草、建筑等形成的自然和人文吸引物。

4 基本条件

申报水利风景区应同时具备下列条件：
——水利风景区范围与管理机构明确，管理权属清晰；
——水利风景区安全管理应有应急预案，水利工程设备及游憩设施无安全隐患；
——水利风景区设立符合 GB/T 50594 及《全国重要江河湖泊水功能区划》要求，水质不劣于Ⅴ类；
——水利旅游项目设立符合《水利旅游项目管理办法》及 SL 422 要求；
——水利风景区规划成果符合 SL 471 要求。

5 评价内容

5.1 风景资源评价

风景资源评价包括对水文景观、地文景观、天象景观、生物景观、工程景观、人文景观及风景资源组合的评价，景区内有水文化遗产可适当提高分值，有全国影响的水文化遗产可直接赋入人文景观指标的满分。

——水文景观包括河道、湖泊、湿地、瀑布、泉、冰川等水文景象的种类、规模和观赏性；
——地文景观包括地质构造典型度、地形和地貌观赏性；
——天象景观包括雪景、雨景、雾凇、朝晖、晚霞、云海、蜃景、极光等天象的种类和观赏性；
——生物景观包括自然生态、动植物珍稀度和观赏性；
——工程景观包括水库、水电站、水闸、灌区、泵站等水利工程的主体工程规模、建筑艺术效果和工程代表性；
——人文景观包括历史遗迹、纪念物、重要历史人物、事件，民俗风情，建筑风貌及文化科普等；
——风景资源组合包括景观资源空间分布和景观资源组合效果。

5.2 开发利用条件评价

开发利用条件评价包括对区位条件、经济社会条件、交通条件、基础设施、服务设施和环境容量的评价，旅游项目应符合《水利旅游项目管理办法》及 SL 422 要求。

——区位条件包括地理位置和区位优势；
——经济社会条件包括区域经济发展潜力、政府支持度和社会认可度；
——交通条件包括区外交通、区内交通及配套设施（码头、停车场、标识）；
——基础设施包括水、电、通信和网络等；
——服务设施包括游乐、导游、餐饮、接待、购物、卫生、安全及救生救护等设施；
——环境容量包括景区的瞬时容纳能力和年容纳能力。

5.3 环境保护评价

环境保护评价包括对水利风景区的水生态环境质量、水土保持质量、生物多样性保护和空气质量的评价，应符合 GB/T 50594 及《全国重要江河湖泊水功能区划》要求，水质不劣于Ⅴ类。

——水生态环境质量包括水质、水量、水循环、水生生物和污水处理；
——水土保持质量包括水土流失综合治理率和林草覆盖率；
——生物多样性保护包括物种保护、栖息地设置、保护措施和效果；
——空气质量包括环境空气质量、负氧离子含量和舒适度。

5.4 管理评价

管理评价包括对景区的管理体系、景区规划、服务管理、运营管理、信息化建设及宣传推介、安全管理和卫生管理的评价，景区范围与管理机构明确，管理权属清晰；水利风景区安全管理应有应急预案，水利工程设备及游憩设施无安全隐患。

——管理体系包括管理机构、管理制度和人员职责；
——景区规划包括规划编制单位资质、规划成果和规划批复；
——服务管理包括服务项目、服务水平及投诉处理机制；
——运营管理包括机制、项目和效益；

——信息化建设及宣传推介包括景区网站网页建设、形象推介、活动促销和媒体宣传；
——安全管理包括工程和设备安全、游乐设施安全、安全标识设置、治安机构、消防和应急处理；
——卫生管理包括餐饮卫生、公厕卫生、公共场所卫生及垃圾处理。

6 评价方法

6.1 指标与赋分

水利风景区评价指标总赋分为 200 分。各项评价内容赋分分别为：风景资源评价 80 分、开发利用条件评价 40 分、环境保护评价 40 分、管理评价 40 分。

评价指标赋分设立扣分项，总计 15 分。

评价计分细则见附录 A。

6.2 分数计算

总体评价分应按公式（1）计算：

$$S = R + D + E + M \quad\quad\quad\quad\quad\quad (1)$$

式中：
S——总体评价分；
R——风景资源评价分；
D——开发利用条件评价分；
E——环境保护评价分；
M——管理评价分。

6.3 等级标准

——总体评价分达 120 分及以上，基本具备省（自治区、直辖市）级水利风景区条件。
——总体评价分达 150 分及以上，基本具备国家水利风景区条件。

附　录　A
（规范性附录）
水利风景区评价计分细则

表A.1　水利风景区评价计分细则

评价项目		分值	评价内容	评价指标及赋分
风景资源评价（80分）	水文景观	20	种类	2种及以上5分，1种3分
			规模	规模大5分，中等4～2分，规模小1分
			观赏性	强10分，较强9～2分，一般1分
	地文景观	10	地质构造典型度	高5分，较高4～2分，一般1分
			地形、地貌观赏性	强5分，较强4～2分，一般1分
	天象景观	5	种类	2种及以上2分，1种1分
			观赏性	高3分，较高2分，一般1分
	生物景观	10	自然生态	完整3分，较完整2分，一般1分
			动植物珍稀度	国家级及国家级以上保护物种2种及以上2分，1种1分
			观赏性	高5分，较高4～2分，一般1分
	工程景观	15	主体工程规模	依据SL 252要求，工程规模为大型4分，中型3～2分，小型1分
			建筑艺术效果	整体协调、美观8分，较好7～2分，一般1分
			工程代表性	强3分，较强2分，一般1分
	人文景观	15	历史遗迹、纪念物	价值高4分，较高3～2分，一般1分
			重要历史人物、事件	影响大2分，一般1分
			民俗风情	特色鲜明3分，较鲜明2分，一般1分
			建筑风貌	特色鲜明3分，较鲜明2分，一般1分
			文化科普	文化品位、科学价值高3分，较高2分，一般1分
			注：景区内有水文化遗产可适当提高分值，有全国影响的水文化遗产可直接赋15分	
	风景资源组合	5	景观资源空间分布	好2分，一般1分
			景观资源组合效果	烘托和谐3分，较和谐2分，一般1分
开发利用条件评价（40分）	区位条件	3	地理位置	距依托城市或国家级景区50km以内2分，50～100km1分
			区位优势	好1分
	经济社会条件	4	区域经济发展潜力	大1分
			政府支持度	高2分，一般1分
			社会认可度	高1分
	交通条件	10	区外交通	可进入性好5分，较好4～2分，一般1分
			区内交通	交通线路布局合理2分，一般1分；使用环保交通工具1分；未使用环保交通工具-1分
			配套设施（码头、停车场、标识）	设施完善1分；布局合理1分，布局不合理-1分
	基础设施	4	水	设施完备、运行良好1分
			电	设施完备、运行良好1分
			通信	设施完备、运行良好1分
			网络	设施完备、运行良好1分

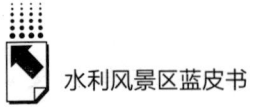

表 A.1 水利风景区评价计分细则（续）

评价项目		分值	评价内容	评价指标及赋分
开发利用条件评价（40分）	服务设施	14	游乐	设施布局合理、运行良好2分，一般1分
			导游	设施布局合理、运行良好2分，一般1分
			餐饮	设施布局合理、运行良好1分
			接待	设施布局合理、运行良好2分，一般1分
			购物	设施布局合理、运行良好1分
			卫生	设施布局合理、运行良好2分，一般1分
			安全	设施布局合理、运行良好2分，一般1分
			救生救护	设施布局合理、运行良好2分，一般1分
	环境容量	5	瞬时容纳能力	大3分，较大2分，一般1分
			年容纳能力	大2分，一般1分
环境保护评价（40分）	水生态环境质量	15	水质	依据GB 3838要求，达到Ⅰ类或Ⅱ类4分，Ⅲ类3分，Ⅳ类2分，Ⅴ类1分
			水量	充沛3分，较充沛2分，一般1分
			水循环	良好3分，较好2分，一般1分
			水生生物	丰富、健康3分，一般1分
			污水处理	有措施、达标排放2分，不达标-2分
	水土保持质量	10	水土流失综合治理率	依据GB 15773要求，治理率达95%以上5分，95%~90% 4分，90%~85% 3分，85%~80% 2分，80%~70% 1分
			林草覆盖率	林草面积占宜林宜草面积95%以上5分，95%~90% 4分，90%~85% 3分，85%~80% 2分，80%~70% 1分
	生物多样性保护	10	物种保护	物种丰富多样4分，较丰富2分，一般1分
			栖息地设置	布局合理3分，较合理2分，一般1分
			保护措施和效果	措施完善、效果明显3分，较好2分，一般1分
	空气质量	5	环境空气质量	依据GB 3095要求，达到一类区标准2分，达到二类区标准1分
			负氧离子含量	高2分，一般1分
			舒适度	舒适1分
管理评价（40分）	管理体系	6	管理机构	健全2分，一般1分
			管理制度	完备2分，一般1分
			人员职责	明确、落实2分，一般1分
	景区规划	6	编制单位资质	符合规定1分
			规划成果	符合SL 471要求，科学合理3分，较合理2分，一般1分
			规划批复	水行政主管部门审查通过、地方政府部门批复2分
	服务管理	6	服务项目	配套2分，一般1分
			服务水平	优良2分，一般1分；服务意识弱或服务水平低-2分
			投诉处理机制	健全2分，未建立投诉处理机制-2分
	运营管理	5	机制	健全1分
			项目	合理2分，一般1分
			效益	好2分，一般1分
	信息化建设及宣传推介	4	网站网页建设	稳定投入，专人负责1分
			形象推介	稳定投入，专人负责1分
			活动促销	稳定投入，专人负责1分
			媒体宣传	稳定投入，专人负责1分

表 A.1 水利风景区评价计分细则（续）

评价项目		分值	评价内容	评价指标及赋分
管理评价（40分）	安全管理	8	工程和设备安全	达标1分
			游乐设施安全	设施达标、水利旅游项目监管措施落实2分；不达标、未落实-2分
			安全标识设置	合理、醒目1分
			治安机构	健全1分
			消防	达标1分
			应急处理	应急处理科学、有效2分；应急处理一般1分
	卫生管理	5	餐饮卫生	符合规定要求1分，不符合规定要求-1分
			公厕卫生	设置合理、干净、无异味1分；未设置公厕，公厕不卫生-1分
			公共场所卫生	干净、整洁2分，一般1分；脏、乱、差-2分
			垃圾处理	垃圾箱布局合理、日产日清1分；未设置垃圾箱、未及时处理-1分

B.23
南京市《市政府办公厅关于建立水利风景区生态补偿机制的实施意见》

南京市人民政府办公厅文件

宁政办发〔2015〕120号

市政府办公厅关于建立水利风景区生态补偿机制的实施意见

各区人民政府，市府各委办局，市各直属单位：

为深入推进全市水生态文明建设，强化水利风景区的生态保护与管理，根据《建立生态红线管理和生态补偿机制改革实施方案》（宁委办发〔2015〕17号）的有关要求，现就建立水利风景区生态补偿机制，提出如下意见。

一、指导思想

全面落实水生态文明建设要求，以促进区域协调发展、建设现代化国际性人文绿都为目标，创新体制机制，完善政府对水利风景区生态环境保护的调控手段和政策措施，充分发挥市场机制作用，引导全社会积极参与，逐步建立科学合理、公平公正、积极有效的生态补偿机制，保障经济社会全面协调发展。

二、基本原则

（一）统筹兼顾、协调发展。以直接承担水利风景区生态保护责任的水利风景区管理单位为补偿对象，通过生态补偿，使因保护生态环境，经济发展受到限制的区域得到经济补偿，增强其保护生态环境、发展社会公益事业的能力，保障水利风景区生态保护地区公平发展权，使地区间得到平衡发展。

（二）责权一致、适当补偿。按照水利风景区生态环境保护要求，本着"谁保护、谁受益，谁破坏、谁治理"的原则，逐步建立责权利相统一、规范有效的水利风景区生态补偿机制，使生态环境的保护者获取相应的经济补偿，让水利风景资源环境的开发、利用、受益者承担一定的经济补偿责任；让生态环境破坏者、污染者承担相应的环境治理责任。

（三）突出重点、分步推进。从我市实际出发，创新体制机制，因地制宜选择生态补偿方式，突出水利风景区水生态修复、水生态保护和水生态建设等生态补偿重点，逐步完善补偿机制。

（四）政府主导、社会参与。坚持政府主导，以项目扶持为主，加大财政对水利风景区生态保护的投入力度。同时，积极引导社会各方参与，合理利用水利风景生态资源，探索多渠道、多形式的水利风景区生态补偿方式，拓宽水利风景区生态环境保护补偿市场化、社会化运作途径。

三、政策措施

（一）补偿范围。水利风景区的生态补偿范围为除享受全市备用水源地、湿地公园等生态补助以外的已创建的国家级、省级水利风景区。水利风景区名录按省级以上水利风景区管理部门的批准文件确定。

（二）受偿主体及补偿标准。水利风景区生态补偿的受偿主体为水利风景区管理单位。每年根据水利风景区生态修复、保护和建设实际需要，对省级以上水利风景区管理单位实施水利风景区项目生态补偿，国家级水利风景区不超过 200 万元、省级水利风景区不超过 100 万元。

（三）补偿资金筹集。按照"谁受益、谁承担"的原则，区属水利风景区生态补偿资金由市、区两级财政分别按 50%∶50%承担；市属水利风景区生态补偿资金由市级财政全额承担。资金来源从水利专项资金中安排。

（四）补偿资金使用与管理。水利风景区生态补偿资金应重点用于风景区水生态修复、水生态保护和水生态建设等项目。水利风景区生态补偿有关项目由水利风景区管理单位负责具体实施。每年 8 月底前，省级以上水利风景区管理单位按照国家级、省级水利风景区生态补偿标准，经所在区水利、财政部门审核后，申报生态补偿项目计划，报市水利、财政部门审定，纳入下年度市、区水利投资计划。

年度水利风景区生态补偿项目计划批准后，区属水利风景区管理单位及时编制项目实施方案，经区水利、财政部门审核批复，报市备案；市属水利风景区管理单位及时编制项目实施方案，报市水利、财政部门审核批复后，下达项目投资的50%市级资金。区属水利风景区管理单位市级补偿资金和市属水利风景区管理单位剩余的50%市级补偿资金待工程完工审计后，按项目决算审计数予以拨付。

水利风景区管理单位按照批准的生态补偿项目实施方案，及时组织项目实施，市、区水利及财政部门要对补偿资金使用进行监督和管理，项目完工后进行项目审计。补偿资金必须专账核算、专款专用，不得挪用，不得虚报瞒报，不得用于发放干部工资、奖金、补贴，不得用于考察、旅游、接待及购置交通工具等行政管理支出。

四、保障机制

（一）加强组织领导。水利风景区生态补偿工作政策性强、涉及面广，各级各部门要高度重视，统筹安排，切实加强组织领导，确保政策落实到位。各区要加强对水利风景区生态补偿工作的指导、协调和监督，结合本地实际，制定水利风景区生态补偿实施办法，完善补偿机制。各区出台的水利风景区生态补偿标准不得低于本意见规定的标准，并报市政府备案。

（二）强化分工协作。水利风景区生态补偿工作由市水利局牵头负责，市财政、环保、农业、住建等有关部门要结合各自职能，密切配合，共同做好水利风景区生态保护和补偿工作。水利部门要结合水生态文明城市建设和水美乡村建设，加强饮用水源地建设和保护，积极推进国家级、省级水利风景区建设，加强对项目建设的监管。财政部门要安排、管理好生态补偿资金，制定资金管理办法，确保资金落实到位，提高资金使用效益。环保部门要加强对生态红线区域的统一监督管理，依法对水利风景区所在地开展环境保护和污染治理。农业部门要加强农业面源污染控制，会同有关部门共同推进水利风景区的建设与保护。住建部门要协调督促水利风景区所在地政府，切实做好控源截污和污水处理工作。

（三）完善投入机制。各级政府要根据水利风景区生态环境保护的总体要求和责任，多种渠道筹集水利风景区生态补偿专项资金，逐步加大对水利风景区生态保护的投入力度，增强有关水利风景区的生态环境保护能力。要着力优化政策环境，拓宽社会资金参与的方式和渠道，积极探索多元化、市场化的生态补偿新途径，形成政府引导、社会参与的良好局面。

（四）强化监督检查。各级各有关部门要各司其职，加大对水利风景区生态补偿工作的指导协调和监督考核力度，强化有关补偿资金的审计和绩效评价，确保补偿政策落到实处。各区和水利风景区管理单位要依据相关法律法规，切实加大生态环境保护力度，对因保护不力，导致景区管理范围内出现有责严重污染事件的，取消对该水利风景区的生态补偿；对区级生态补偿资金落实不到位的，由财政部门缓拨、减拨、停拨直至收回生态补偿资金；对其他违反相关法律法规的，由行政主管部门依法依规对相关责任人予以行政处罚。

南京市人民政府办公厅

2015 年 10 月 22 日

抄送：市委各部门，市人大常委会办公厅，市政协办公厅，市法院，市检察院，南京警备区。

| 南京市人民政府办公厅 | 2015 年 10 月 26 日印发 |

B.24
国家水利风景区名录（2015年新增）

序号	行政隶属	景区名称	类型	批次
1	河北(2)	滦县滦河水利风景区	城市河湖型	15
2		邢台七里河水利风景区	城市河湖型	15
3	山西(1)	怀仁鹅毛河水利风景区	自然河湖型	15
4	内蒙古(1)	巴彦淖尔狼山水库水利风景区	水库型	15
5	吉林(1)	松原沿江水利风景区	城市河湖型	15
6	黑龙江(2)	伊春回龙湾水利风景区	自然河湖型	15
7		泰来泰湖水利风景区	湿地型	15
8	江苏(5)	阜宁金沙湖水利风景区	城市河湖型	15
9		宿迁六塘河水利风景区	城市河湖型	15
10		徐州丁万河水利风景区	城市河湖型	15
11		江阴芙蓉湖水利风景区	自然河湖型	15
12		金湖荷花荡水利风景区	湿地型	15
13	浙江(1)	景宁畲族自治县畲乡绿廊水利风景区	自然河湖型	15
14	安徽(5)	合肥滨湖水利风景区	城市河湖型	15
15		六安悠然蓝溪水利风景区	城市河湖型	15
16		休宁横江水利风景区	城市河湖型	15
17		池州九华天池水利风景区	水库型	15
18		望江古雷池水利风景区	自然河湖型	15
19	福建(6)	连城冠豸山水利风景区	水库型	15
20		永春桃溪水利风景区	城市河湖型	15
21		邵武天成奇峡水利风景区	自然河湖型	15
22		厦门天竺山水利风景区	水库型	15
23		柘荣青岚湖水利风景区	水库型	15
24		漳平台湾农民创业园水利风景区	灌区型	15
25	江西(4)	武宁西海湾水利风景区	城市河湖型	15
26		德安江西水保生态科技园水利风景区	水土保持型	15
27		瑞金陈石湖水利风景区	水库型	15
28		南城醉仙湖水利风景区	水库型	15

续表

序号	行政隶属	景区名称	类型	批次
29	山东(9)	临朐弥河水利风景区	城市河湖型	15
30		邹平樱花山水利风景区	水土保持型	15
31		金乡金水湖水利风景区	城市河湖型	15
32		聊城莲湖水利风景区	城市河湖型	15
33		泰安徂徕山汶河水利风景区	湿地型	15
34		夏津九龙口湿地水利风景区	湿地型	15
35		任城南池水利风景区	城市河湖型	15
36		肥城龙山河水利风景区	城市河湖型	15
37		菏泽成武文亭湖水利风景区	城市河湖型	15
38	河南(1)	睢县北湖生态水利风景区	城市河湖型	15
39	湖北(2)	郧西天河水利风景区	城市河湖型	15
40		荆州北闸水利风景区	自然河湖型	15
41	湖南(4)	资兴东江湖水利风景区	水库型	15
42		江永千家峒水利风景区	水库型	15
43		永兴青山垅－龙潭水利风景区	水库型	15
44		蓝山湘江源水利风景区	水库型	15
45	广东(1)	广州白云湖水利风景区	城市河湖型	15
46	重庆(1)	武隆阳水河水利风景区	水库型	15
47	四川(6)	大竹百岛湖水利风景区	水库型	15
48		开江宝石桥水库水利风景区	水库型	15
49		雅安飞仙湖水利风景区	水库型	15
50		内江黄鹤湖水利风景区	水库型	15
51		巴中化湖水利风景区	水库型	15
52		广安白云湖水利风景区	水库型	15
53	贵州(4)	锦屏三江水利风景区	城市河湖型	15
54		思南乌江水利风景区	城市河湖型	15
55		绥阳双门峡水利风景区	自然河湖型	15
56		大方奢香九驿水利风景区	水库型	15
57	云南(2)	宜良九乡明月湖水利风景区	水库型	15
58		临沧冰岛水利风景区	水库型	15
59	陕西(3)	宝鸡太白山水利风景区	自然河湖型	15
60		沣东沣河水利风景区	城市河湖型	15
61		渭南卤阳湖水利风景区	湿地型	15

B.25
国家水利风景区区域分布统计表
（截至2015年底）

单位：处

主管部门	2015年新增数量	总量	主管部门	2015年新增数量	总量
水利部	—	2	江西省水利厅	4	36
长江水利委员会	—	2	山东省水利厅	9	86
黄河水利委员会	—	21	河南省水利厅	1	35
淮河水利委员会	—	2	湖北省水利厅	2	16
海河水利委员会	—	2	湖南省水利厅	4	33
松辽水利委员会	—	2	广东省水利厅	1	11
太湖流域管理局	—	1	广西壮族自治区水利厅	—	10
北京市水务局	—	3	海南省水利厅	—	3
天津市水务局	—	2	重庆市水利局	1	13
河北省水利厅	2	18	四川省水利厅	6	31
山西省水利厅	1	17	贵州省水利厅	4	26
内蒙古自治区水利厅	1	24	云南省水利厅	2	18
辽宁省水利厅	—	8	西藏自治区水利厅	—	2
吉林省水利厅	1	23	陕西省水利厅	3	32
黑龙江省水利厅	2	29	甘肃省水利厅	—	25
上海市水务局	—	4	青海省水利厅	—	12
江苏省水利厅	5	50	宁夏回族自治区水利厅	—	10
浙江省水利厅	1	27	新疆维吾尔自治区水利厅	—	12
安徽省水利厅	5	34	新疆生产建设兵团水利局	—	10
福建省水利厅	6	27	合计	61	719

皮书系列

✤ 皮书起源 ✤

"皮书"起源于十七、十八世纪的英国，主要指官方或社会组织正式发表的重要文件或报告，多以"白皮书"命名。在中国，"皮书"这一概念被社会广泛接受，并被成功运作、发展成为一种全新的出版形态，则源于中国社会科学院社会科学文献出版社。

✤ 皮书定义 ✤

皮书是对中国与世界发展状况和热点问题进行年度监测，以专业的角度、专家的视野和实证研究方法，针对某一领域或区域现状与发展态势展开分析和预测，具备原创性、实证性、专业性、连续性、前沿性、时效性等特点的公开出版物，由一系列权威研究报告组成。

✤ 皮书作者 ✤

皮书系列的作者以中国社会科学院、著名高校、地方社会科学院的研究人员为主，多为国内一流研究机构的权威专家学者，他们的看法和观点代表了学界对中国与世界的现实和未来最高水平的解读与分析。

✤ 皮书荣誉 ✤

皮书系列已成为社会科学文献出版社的著名图书品牌和中国社会科学院的知名学术品牌。2011年，皮书系列正式列入"十二五"国家重点出版规划项目；2012~2015年，重点皮书列入中国社会科学院承担的国家哲学社会科学创新工程项目；2016年，46种院外皮书使用"中国社会科学院创新工程学术出版项目"标识。

法律声明

"皮书系列"(含蓝皮书、绿皮书、黄皮书)之品牌由社会科学文献出版社最早使用并持续至今,现已被中国图书市场所熟知。"皮书系列"的 LOGO ( ) 与"经济蓝皮书""社会蓝皮书"均已在中华人民共和国国家工商行政管理总局商标局登记注册。"皮书系列"图书的注册商标专用权及封面设计、版式设计的著作权均为社会科学文献出版社所有。未经社会科学文献出版社书面授权许可,任何使用与"皮书系列"图书注册商标、封面设计、版式设计相同或者近似的文字、图形或其组合的行为均系侵权行为。

经作者授权,本书的专有出版权及信息网络传播权为社会科学文献出版社享有。未经社会科学文献出版社书面授权许可,任何就本书内容的复制、发行或以数字形式进行网络传播的行为均系侵权行为。

社会科学文献出版社将通过法律途径追究上述侵权行为的法律责任,维护自身合法权益。

欢迎社会各界人士对侵犯社会科学文献出版社上述权利的侵权行为进行举报。电话:010-59367121,电子邮箱:fawubu@ssap.cn。

社会科学文献出版社

权威报告·热点资讯·特色资源

皮书数据库
ANNUAL REPORT(YEARBOOK) DATABASE

当代中国与世界发展高端智库平台

皮书俱乐部会员服务指南

1. 谁能成为皮书俱乐部成员?
- 皮书作者自动成为俱乐部会员
- 购买了皮书产品（纸质书/电子书）的个人用户

2. 会员可以享受的增值服务
- 免费获赠皮书数据库100元充值卡
- 加入皮书俱乐部，免费获赠该纸质图书的电子书
- 免费定期获赠皮书电子期刊
- 优先参与各类皮书学术活动
- 优先享受皮书产品的最新优惠

3. 如何享受增值服务?

（1）免费获赠100元皮书数据库体验卡

第1步 刮开附赠充值的涂层（右下）;

第2步 登录皮书数据库网站（www.pishu.com.cn），注册账号;

第3步 登录并进入"会员中心"—"在线充值"—"充值卡充值"，充值成功后即可使用。

（2）加入皮书俱乐部，凭数据库体验卡获赠该书的电子书

第1步 登录社会科学文献出版社官网（www.ssap.com.cn），注册账号;

第2步 登录并进入"会员中心"—"皮书俱乐部"，提交加入皮书俱乐部申请;

第3步 审核通过后，再次进入皮书俱乐部，填写页面所需图书、体验卡信息即可自动兑换相应电子书。

4. 声明

解释权归社会科学文献出版社所有

皮书俱乐部会员可享受社会科学文献出版社其他相关免费增值服务，有任何疑问，均可与我们联系。

图书销售热线：010-59367070/7028
图书服务QQ：800045692
图书服务邮箱：duzhe@ssap.cn

数据库服务热线：400-008-6695
数据库服务邮箱：database@ssap.cn
兑换电子书服务热线：010-59367204

欢迎登录社会科学文献出版社官网
（www.ssap.com.cn）
和中国皮书网（www.pishu.cn）

社会科学文献出版社 皮书系列
SOCIAL SCIENCES ACADEMIC PRESS (CHINA)

卡号：738427097184
密码：

子库介绍
Sub-Database Introduction

中国经济发展数据库

涵盖宏观经济、农业经济、工业经济、产业经济、财政金融、交通旅游、商业贸易、劳动经济、企业经济、房地产经济、城市经济、区域经济等领域，为用户实时了解经济运行态势、把握经济发展规律、洞察经济形势、做出经济决策提供参考和依据。

中国社会发展数据库

全面整合国内外有关中国社会发展的统计数据、深度分析报告、专家解读和热点资讯构建而成的专业学术数据库。涉及宗教、社会、人口、政治、外交、法律、文化、教育、体育、文学艺术、医药卫生、资源环境等多个领域。

中国行业发展数据库

以中国国民经济行业分类为依据，跟踪分析国民经济各行业市场运行状况和政策导向，提供行业发展最前沿的资讯，为用户投资、从业及各种经济决策提供理论基础和实践指导。内容涵盖农业，能源与矿产业，交通运输业，制造业，金融业，房地产业，租赁和商务服务业，科学研究，环境和公共设施管理，居民服务业，教育，卫生和社会保障，文化、体育和娱乐业等100余个行业。

中国区域发展数据库

以特定区域内的经济、社会、文化、法治、资源环境等领域的现状与发展情况进行分析和预测。涵盖中部、西部、东北、西北等地区，长三角、珠三角、黄三角、京津冀、环渤海、合肥经济圈、长株潭城市群、关中—天水经济区、海峡经济区等区域经济体和城市圈，北京、上海、浙江、河南、陕西等34个省份。

中国文化传媒数据库

包括文化事业、文化产业、宗教、群众文化、图书馆事业、博物馆事业、档案事业、语言文字、文学、历史地理、新闻传播、广播电视、出版事业、艺术、电影、娱乐等多个子库。

世界经济与国际政治数据库

以皮书系列中涉及世界经济与国际政治的研究成果为基础，全面整合国内外有关世界经济与国际政治的统计数据、深度分析报告、专家解读和热点资讯构建而成的专业学术数据库。包括世界经济、世界政治、世界文化、国际社会、国际关系、国际组织、区域发展、国别发展等多个子库。

社长致辞

我们是图书出版者，更是人文社会科学内容资源供应商；

我们背靠中国社会科学院，面向中国与世界人文社会科学界，坚持为人文社会科学的繁荣与发展服务；

我们精心打造权威信息资源整合平台，坚持为中国经济与社会的繁荣与发展提供决策咨询服务；

我们以读者定位自身，立志让爱书人读到好书，让求知者获得知识；

我们精心编辑、设计每一本好书以形成品牌张力，以优秀的品牌形象服务读者，开拓市场；

我们始终坚持"创社科经典，出传世文献"的经营理念，坚持"权威、前沿、原创"的产品特色；

我们"以人为本"，提倡阳光下创业，员工与企业共享发展之成果；

我们立足于现实，认真对待我们的优势、劣势，我们更着眼于未来，以不断的学习与创新适应不断变化的世界，以不断的努力提升自己的实力；

我们愿与社会各界友好合作，共享人文社会科学发展之成果，共同推动中国学术出版乃至内容产业的繁荣与发展。

社会科学文献出版社社长
中国社会学会秘书长

2016 年 1 月

社会科学文献出版社
SOCIAL SCIENCES ACADEMIC PRESS (CHINA)

社会科学文献出版社成立于1985年，是直属于中国社会科学院的人文社会科学专业学术出版机构。

成立以来，特别是1998年实施第二次创业以来，依托于中国社会科学院丰厚的学术出版和专家学者两大资源，坚持"创社科经典，出传世文献"的出版理念和"权威、前沿、原创"的产品定位，社科文献立足内涵式发展道路，从战略层面推动学术出版五大能力建设，逐步走上了智库产品与专业学术成果系列化、规模化、数字化、国际化、市场化发展的经营道路。

先后策划出版了著名的图书品牌和学术品牌"皮书"系列、"列国志"、"社科文献精品译库"、"全球化译丛"、"全面深化改革研究书系"、"近世中国"、"甲骨文"、"中国史话"等一大批既有学术影响又有市场价值的系列图书，形成了较强的学术出版能力和资源整合能力。2015年社科文献出版社发稿5.5亿字，出版图书约2000种，承印发行中国社科院院属期刊74种，在多项指标上都实现了较大幅度的增长。

凭借着雄厚的出版资源整合能力，社科文献出版社长期以来一直致力于从内容资源和数字平台两个方面实现传统出版的再造，并先后推出了皮书数据库、列国志数据库、"一带一路"数据库、中国田野调查数据库、台湾大陆同乡会数据库等一系列数字产品。数字出版已经初步形成了产品设计、内容开发、编辑标引、产品运营、技术支持、营销推广等全流程体系。

在国内原创著作、国外名家经典著作大量出版，数字出版突飞猛进的同时，社科文献出版社从构建国际话语体系的角度推动学术出版国际化。先后与斯普林格、博睿、牛津、剑桥等十余家国际出版机构合作面向海外推出了"皮书系列""改革开放30年研究书系""中国梦与中国发展道路研究丛书""全面深化改革研究书系"等一系列在世界范围内引起强烈反响的作品；并持续致力于中国学术出版走出去，组织学者和编辑参加国际书展，筹办国际性学术研讨会，向世界展示中国学者的学术水平和研究成果。

此外，社科文献出版社充分利用网络媒体平台，积极与中央和地方各类媒体合作，并联合大型书店、学术书店、机场书店、网络书店、图书馆，逐步构建起了强大的学术图书内容传播平台。学术图书的媒体曝光率居全国之首，图书馆藏率居于全国出版机构前十位。

上述诸多成绩的取得，有赖于一支以年轻的博士、硕士为主体，一批从中国社科院刚退出科研一线的各学科专家为支撑的300多位高素质的编辑、出版和营销队伍，为我们实现学术立社，以学术品位、学术价值来实现经济效益和社会效益这样一个目标的共同努力。

作为已经开启第三次创业梦想的人文社会科学学术出版机构，我们将以改革发展为动力，以学术资源建设为中心，以构建智慧型出版社为主线，以"整合、专业、分类、协同、持续"为各项工作指导原则，全力推进出版社数字化转型，坚定不移地走专业化、数字化、国际化发展道路，全面提升出版社核心竞争力，为实现"社科文献梦"奠定坚实基础。

经济类

皮书系列
重点推荐

经 济 类

经济类皮书涵盖宏观经济、城市经济、大区域经济，提供权威、前沿的分析与预测

经济蓝皮书
2016年中国经济形势分析与预测

李 扬 / 主编　　2015年12月出版　　定价:79.00元

◆ 本书为总理基金项目，由著名经济学家李扬领衔，联合中国社会科学院等数十家科研机构、国家部委和高等院校的专家共同撰写，系统分析了2015年的中国经济形势并预测2016年我国经济运行情况。

世界经济黄皮书
2016年世界经济形势分析与预测

王洛林　张宇燕 / 主编　　2015年12月出版　　定价:79.00元

◆ 本书由中国社会科学院世界经济与政治研究所的研究团队撰写，2015年世界经济增长继续放缓，增长格局也继续分化，发达经济体与新兴经济体之间的增长差距进一步收窄。2016年世界经济增长形势不容乐观。

产业蓝皮书
中国产业竞争力报告（2016）NO.6

张其仔 / 主编　　2016年12月出版　　定价:98.00元

◆ 本书由中国社会科学院工业经济研究所研究团队在深入实际、调查研究的基础上完成。通过运用丰富的数据资料和最新的测评指标，从学术性、系统性、预测性上分析了2015年中国产业竞争力，并对未来发展趋势进行了预测。

经济类

G20 国家创新竞争力黄皮书
二十国集团（G20）国家创新竞争力发展报告（2016）

李建平　李闽榕　赵新力 / 主编　　2016 年 11 月出版　　估价 :138.00 元

◆ 本报告在充分借鉴国内外研究者的相关研究成果的基础上，紧密跟踪技术经济学、竞争力经济学、计量经济学等学科的最新研究动态，深入分析 G20 国家创新竞争力的发展水平、变化特征、内在动因及未来趋势，同时构建了 G20 国家创新竞争力指标体系及数学模型。

国际城市蓝皮书
国际城市发展报告（2016）

屠启宇 / 主编　　2016 年 2 月出版　　定价 :79.00 元

◆ 本书作者以上海社会科学院从事国际城市研究的学者团队为核心，汇集同济大学、华东师范大学、复旦大学、上海交通大学、南京大学、浙江大学相关城市研究专业学者。立足动态跟踪介绍国际城市发展实践中，最新出现的重大战略、重大理念、重大项目、重大报告和最佳案例。

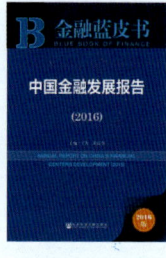

金融蓝皮书
中国金融发展报告（2016）

李　扬　王国刚 / 主编　　2015 年 12 月出版　　定价 :79.00 元

◆ 本书由中国社会科学院金融研究所组织编写，概括和分析了 2015 年中国金融发展和运行中的各方面情况，研讨和评论了 2015 年发生的主要金融事件。本书由业内专家和青年精英联合编著，有利于读者了解掌握 2015 年中国的金融状况，把握 2016 年中国金融的走势。

农村绿皮书
中国农村经济形势分析与预测（2015～2016）

中国社会科学院农村发展研究所　国家统计局农村社会经济调查司 / 著
2016 年 4 月出版　　估价 :69.00 元

◆ 本书描述了 2015 年中国农业农村经济发展的一些主要指标和变化，以及对 2016 年中国农业农村经济形势的一些展望和预测。

经济类 | 皮书系列 重点推荐

西部蓝皮书
中国西部发展报告（2016）

姚慧琴　徐璋勇 / 主编　　2016 年 7 月出版　　估价：89.00 元

◆ 本书由西北大学中国西部经济发展研究中心主编，汇集了源自西部本土以及国内研究西部问题的权威专家的第一手资料，对国家实施西部大开发战略进行年度动态跟踪，并对 2016 年西部经济、社会发展态势进行预测和展望。

民营经济蓝皮书
中国民营经济发展报告 NO.12（2015～2016）

王钦敏 / 主编　　2016 年 4 月出版　　估价：75.00 元

◆ 改革开放以来，民营经济从无到有、从小到大，是最具活力的增长极。本书是中国工商联课题组的研究成果，对 2015 年度中国民营经济的发展现状、趋势进行了详细的论述，并提出了合理的建议。是广大民营企业进行政策咨询、科学决策和理论创新的重要参考资料，也是理论工作者进行理论研究的重要参考资料。

经济蓝皮书夏季号
中国经济增长报告（2015～2016）

李　扬 / 主编　　2016 年 8 月出版　　估价：69.00 元

◆ 中国经济增长报告主要探讨 2015~2016 年中国经济增长问题，以专业视角解读中国经济增长，力求将其打造成一个研究中国经济增长、服务宏微观各级决策的周期性、权威性读物。

中三角蓝皮书
长江中游城市群发展报告（2016）

秦尊文 / 主编　　2016 年 10 月出版　　估价：69.00 元

◆ 本书是湘鄂赣皖四省专家学者共同研究的成果，从不同角度、不同方位记录和研究长江中游城市群一体化，提出对策措施，以期为将"中三角"打造成为继珠三角、长三角、京津冀之后中国经济增长第四极奉献学术界的聪明才智。

皮书系列
重点推荐   社会政法类

社会政法类

社会政法类皮书聚焦社会发展领域的热点、难点问题，提供权威、原创的资讯与视点

社会蓝皮书
2016年中国社会形势分析与预测

李培林　陈光金　张　翼/主编　　2015年12月出版　　定价：79.00元

◆ 本书由中国社会科学院社会学研究所组织研究机构专家、高校学者和政府研究人员撰写，聚焦当下社会热点，对2015年中国社会发展的各个方面内容进行了权威解读，同时对2016年社会形势发展趋势进行了预测。

法治蓝皮书
中国法治发展报告 NO.14（2016）

李　林　田　禾/主编　　2016年3月出版　　定价：118.00元

◆ 本年度法治蓝皮书回顾总结了2015年度中国法治发展取得的成就和存在的不足，并对2016年中国法治发展形势进行了预测和展望。

反腐倡廉蓝皮书
中国反腐倡廉建设报告 NO.6

李秋芳　张英伟/主编　　2017年1月出版　　估价：79.00元

◆ 本书抓住了若干社会热点和焦点问题，全面反映了新时期新阶段中国反腐倡廉面对的严峻局面，以及中国共产党反腐倡廉建设的新实践新成果。根据实地调研、问卷调查和舆情分析，梳理了当下社会普遍关注的与反腐败密切相关的热点问题。

生态城市绿皮书

中国生态城市建设发展报告（2016）

刘举科　孙伟平　胡文臻 / 主编　2016 年 6 月出版　估价 :98.00 元

◆　报告以绿色发展、循环经济、低碳生活、民生宜居为理念，以更新民众观念、提供决策咨询、指导工程实践、引领绿色发展为宗旨，试图探索一条具有中国特色的城市生态文明建设新路。

公共服务蓝皮书

中国城市基本公共服务力评价（2016）

钟　君　吴正杲 / 主编　2016 年 12 月出版　估价 :79.00 元

◆　中国社会科学院经济与社会建设研究室与华图政信调查组成联合课题组，从 2010 年开始对基本公共服务力进行研究，研创了基本公共服务力评价指标体系，为政府考核公共服务与社会管理工作提供了理论工具。

教育蓝皮书

中国教育发展报告（2016）

杨东平 / 主编　2016 年 4 月出版　定价 :79.00 元

◆　本书由国内的中青年教育专家合作研究撰写。深度剖析 2015 年中国教育的热点话题，并对当下中国教育中出现的问题提出对策建议。

生态文明绿皮书

中国省域生态文明建设评价报告（ECI 2016）

严耕 / 主编　2016 年 12 月出版　估价 :85.00 元

◆　本书基于国家最新发布的权威数据，对我国的生态文明建设状况进行科学评价，并开展相应的深度分析，结合中央的政策方针和各省的具体情况，为生态文明建设推进，提出针对性的政策建议。

行业报告类

行业报告类

行业报告类皮书立足重点行业、新兴行业领域，提供及时、前瞻的数据与信息

房地产蓝皮书
中国房地产发展报告 NO.13（2016）

魏后凯 李景国 / 主编　　2016 年 5 月出版　　估价 :79.00 元

◆ 蓝皮书秉承客观公正、科学中立的宗旨和原则，追踪 2015 年我国房地产市场最新资讯，深度分析，剖析因果，谋划对策，并对 2016 年房地产发展趋势进行了展望。

旅游绿皮书
2015～2016 年中国旅游发展分析与预测

宋　瑞 / 主编　　2016 年 4 出版　　定价 :89.00 元

◆ 本书中国社会科学院旅游研究中心组织相关专家编写的年度研究报告，对 2015 年旅游行业的热点问题进行了全面的综述并提出专业性建议，并对 2016 年中国旅游的发展趋势进行展望。

互联网金融蓝皮书
中国互联网金融发展报告（2016）

李东荣 / 主编　　2016 年 8 月出版　　估价 :79.00 元

◆ 近年来，许多基于互联网的金融服务模式应运而生并对传统金融业产生了深刻的影响和巨大的冲击，"互联网金融"成为社会各界关注的焦点。本书探析了 2015 年互联网金融的特点和 2016 年互联网金融的发展方向和亮点。

> 行业报告类

皮书系列重点推荐

资产管理蓝皮书

中国资产管理行业发展报告（2016）

智信资产管理研究院 / 编著　　2016 年 6 月出版　　估价 :89.00 元

◆ 中国资产管理行业刚刚兴起，未来将中国金融市场最有看点的行业，也会成为快速发展壮大的行业。本书主要分析了 2015 年度资产管理行业的发展情况，同时对资产管理行业的未来发展做出科学的预测。

老龄蓝皮书

中国老龄产业发展报告（2016）

吴玉韶　党俊武 / 编著
2016 年 9 月出版　估价 :79.00 元

◆ 本书着眼于对中国老龄产业的发展给予系统介绍，深入解析，并对未来发展趋势进行预测和展望，力求从不同视角、不同层面全面剖析中国老龄产业发展的现状、取得的成绩、存在的问题以及重点、难点等。

金融蓝皮书

中国金融中心发展报告（2016）

王　力　黄育华 / 编著　　2017 年 11 月出版　　估价 :75.00 元

◆ 本报告将提升中国金融中心城市的金融竞争力作为研究主线，全面、系统、连续地反映和研究中国金融中心城市发展和改革的最新进展，展示金融中心理论研究的最新成果。

流通蓝皮书

中国商业发展报告（2016）

荆林波 / 编著　2016 年 5 月出版　　估价 :89.00 元

◆ 本书是中国社会科学院财经院与利丰研究中心合作的成果，从关注中国宏观经济出发，突出了中国流通业的宏观背景，详细分析了批发业、零售业、物流业、餐饮产业与电子商务等产业发展状况。

国别与地区类

国别与地区类皮书关注全球重点国家与地区，提供全面、独特的解读与研究

美国蓝皮书
美国研究报告（2016）

黄 平 郑秉文 / 主编　2016 年 7 月出版　估价 :89.00 元

◆ 本书是由中国社会科学院美国所主持完成的研究成果，它回顾了美国 2015 年的经济、政治形势与外交战略，对 2016 年以来美国内政外交发生的重大事件以及重要政策进行了较为全面的回顾和梳理。

拉美黄皮书
拉丁美洲和加勒比发展报告（2015~2016）

吴白乙 / 主编　2016 年 5 月出版　估价 :89.00 元

◆ 本书对 2015 年拉丁美洲和加勒比地区诸国的政治、经济、社会、外交等方面的发展情况做了系统介绍，对该地区相关国家的热点及焦点问题进行了总结和分析，并在此基础上对该地区各国 2016 年的发展前景做出预测。

日本经济蓝皮书
日本经济与中日经贸关系研究报告（2016）

王洛林　张季风 / 编著　2016 年 5 月出版　估价 :79.00 元

◆ 本书系统、详细地介绍了 2015 年日本经济以及中日经贸关系发展情况，在进行了大量数据分析的基础上，对 2016 年日本经济以及中日经贸关系的大致发展趋势进行了分析与预测。

皮书系列 重点推荐 — 国别与地区类

俄罗斯黄皮书
俄罗斯发展报告（2016）
李永全 / 编著　2016 年 7 月出版　估价 :79.00 元

◆ 本书系统介绍了 2015 年俄罗斯经济政治情况，并对 2015 年该地区发生的焦点、热点问题进行了分析与回顾；在此基础上，对该地区 2016 年的发展前景进行了预测。

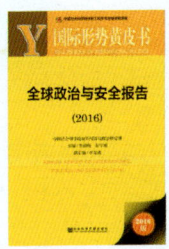

国际形势黄皮书
全球政治与安全报告（2016）
李慎明　张宇燕 / 主编　2015 年 12 月出版　定价 :69.00 元

◆ 本书旨在对本年度全球政治及安全形势的总体情况、热点问题及变化趋势进行回顾与分析，并提出一定的预测及对策建议。作者通过事实梳理、数据分析、政策分析等途径，阐释了本年度国际关系及全球安全形势的基本特点，并在此基础上提出了具有启示意义的前瞻性结论。

德国蓝皮书
德国发展报告（2016）
郑春荣　伍慧萍 / 主编　2016 年 6 月出版　估价 :69.00 元

◆ 本报告由同济大学德国研究所组织编撰，由该领域的专家学者对德国的政治、经济、社会文化、外交等方面的形势发展情况，进行全面的阐述与分析。

中东黄皮书
中东发展报告 NO.18（2015～2016）
杨光 / 主编　2016 年 10 月出版　估价 :89.00 元

◆ 报告回顾和分析了一年来多以来中东地区政治经济局势的新发展，为跟踪中东地区的市场变化和中东研究学科的研究前沿，提供了全面扎实的信息。

地方发展类

地方发展类皮书关注中国各省份、经济区域，提供科学、多元的预判与资政信息

北京蓝皮书

北京公共服务发展报告（2015~2016）

施昌奎 / 主编　2016年2月出版　定价：79.00元

◆ 本书是由北京市政府职能部门的领导、首都著名高校的教授、知名研究机构的专家共同完成的关于北京市公共服务发展与创新的研究成果。

河南蓝皮书

河南经济发展报告（2016）

河南省社会科学院 / 编著　2016年3月出版　定价：79.00元

◆ 本书以国内外经济发展环境和走向为背景，主要分析当前河南经济形势，预测未来发展趋势，全面反映河南经济发展的最新动态、热点和问题，为地方经济发展和领导决策提供参考。

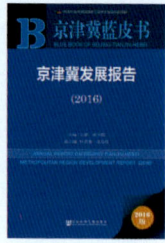

京津冀蓝皮书

京津冀发展报告（2016）

文　魁　祝尔娟 / 编著　2016年4月出版　估价：89.00元

◆ 京津冀协同发展作为重大的国家战略，已进入顶层设计、制度创新和全面推进的新阶段。本书以问题为导向，围绕京津冀发展中的重要领域和重大问题，研究如何推进京津冀协同发展。

 文化传媒类　　皮书系列 重点推荐

文化传媒类

文化传媒类皮书透视文化领域、文化产业，探索文化大繁荣、大发展的路径

新媒体蓝皮书

中国新媒体发展报告 NO.7（2016）

唐绪军 / 主编　　2016 年 6 月出版　　估价 :79.00 元

◆ 本书是由中国社会科学院新闻与传播研究所组织编写的关于新媒体发展的最新年度报告，旨在全面分析中国新媒体的发展现状，解读新媒体的发展趋势，探析新媒体的深刻影响。

移动互联网蓝皮书

中国移动互联网发展报告（2016）

官建文 / 编著　　2016 年 6 月出版　　估价 :79.00 元

◆ 本书着眼于对中国移动互联网 2015 年度的发展情况做深入解析，对未来发展趋势进行预测，力求从不同视角、不同层面全面剖析中国移动互联网发展的现状、年度突破以及热点趋势等。

文化蓝皮书

中国文化产业发展报告（2015~2016）

张晓明　王家新　章建刚 / 主编　　2016 年 2 月出版　　定价 :79.00 元

◆ 本书由中国社会科学院文化研究中心编写。从 2012 年开始，中国社会科学院文化研究中心设立了国内首个文化产业的研究类专项资金——"文化产业重大课题研究计划"，开始在全国范围内组织多学科专家学者对我国文化产业发展重大战略问题进行联合攻关研究。本书集中反映了该计划的研究成果。

皮书系列 2016全品种 经济类

经济类

G20国家创新竞争力黄皮书
二十国集团（G20）国家创新竞争力发展报告（2016）
著（编）者：李建平 李闽榕 赵新力
2016年11月出版 / 估价:138.00元

产业蓝皮书
中国产业竞争力报告（2016）NO.6
著（编）者：张其仔 2016年12月出版 / 估价:98.00元

城市创新蓝皮书
中国城市创新报告（2016）
著（编）者：周天勇 旷建伟 2016年8月出版 / 估价:69.00元

城市竞争力蓝皮书
中国城市竞争力报告（1973~2015）
著（编）者：李小林 2016年1月出版 / 定价:128.00元

城市蓝皮书
中国城市发展报告NO.9
著（编）者：潘家华 魏后凯 2016年9月出版 / 估价:69.00元

城市群蓝皮书
中国城市群发展指数报告（2016）
著（编）者：刘士林 刘新静 2016年10月出版 / 估价:69.00元

城乡一体化蓝皮书
中国城乡一体化发展报告（2015~2016）
著（编）者：汝信 付崇兰 2016年7月出版 / 估价:85.00元

城镇化蓝皮书
中国新型城镇化健康发展报告（2016）
著（编）者：张占斌 2016年5月出版 / 估价:79.00元

创新蓝皮书
创新型国家建设报告（2015~2016）
著（编）者：詹正茂 2016年11月出版 / 估价:69.00元

低碳发展蓝皮书
中国低碳发展报告（2015~2016）
著（编）者：齐晔 2016年3月出版 / 定价:98.00元

低碳经济蓝皮书
中国低碳经济发展报告（2016）
著（编）者：薛进军 赵忠秀 2016年6月出版 / 估价:85.00元

东北蓝皮书
中国东北地区发展报告（2016）
著（编）者：马克 黄文艺 2016年8月出版 / 估价:79.00元

发展与改革蓝皮书
中国经济发展和体制改革报告NO.7
著（编）者：邹东涛 王再文
2016年1月出版 / 估价:98.00元

工业化蓝皮书
中国工业化进程报告（2016）
著（编）者：黄群慧 吕铁 李晓华 等
2016年11月出版 / 估价:89.00元

管理蓝皮书
中国管理发展报告（2016）
著（编）者：张晓东 2016年9月出版 / 估价:98.00元

国际城市蓝皮书
国际城市发展报告（2016）
著（编）者：屠启宇 2016年2月出版 / 定价:79.00元

国家创新蓝皮书
中国创新发展报告（2016）
著（编）者：陈劲 2016年9月出版 / 估价:69.00元

金融蓝皮书
中国金融发展报告（2016）
著（编）者：李扬 王国刚 2015年12月出版 / 定价:79.00元

京津冀产业蓝皮书
京津冀产业协同发展报告（2016）
著（编）者：中智科博（北京）产业经济发展研究院
2016年6月出版 / 估价:69.00元

京津冀蓝皮书
京津冀发展报告（2016）
著（编）者：文魁 祝尔娟 2016年4月出版 / 估价:89.00元

经济蓝皮书
2016年中国经济形势分析与预测
著（编）者：李扬 2015年12月出版 / 定价:79.00元

经济蓝皮书·春季号
2016年中国经济前景分析
著（编）者：李扬 2016年5月出版 / 估价:79.00元

经济蓝皮书·夏季号
中国经济增长报告（2015~2016）
著（编）者：李扬 2016年8月出版 / 估价:99.00元

经济信息绿皮书
中国与世界经济发展报告（2016）
著（编）者：杜平 2015年12月出版 / 估价:89.00元

就业蓝皮书
2016年中国本科生就业报告
著（编）者：麦可思研究院 2016年6月出版 / 估价:98.00元

就业蓝皮书
2016年中国高职高专生就业报告
著（编）者：麦可思研究院 2016年6月出版 / 估价:98.00元

临空经济蓝皮书
中国临空经济发展报告（2016）
著（编）者：连玉明 2016年11月出版 / 估价:79.00元

民营经济蓝皮书
中国民营经济发展报告NO.12（2015~2016）
著（编）者：王钦敏 2016年5月出版 / 估价:75.00元

农村绿皮书
中国农村经济形势分析与预测（2015~2016）
著（编）者：中国社会科学院农村发展研究所
国家统计局农村社会经济调查司
2016年4月出版 / 估价:69.00元

农业应对气候变化蓝皮书
气候变化对中国农业影响评估报告NO.2
著（编）者：矫梅燕 2016年8月出版 / 估价:98.00元

经济类·社会政法类 | 皮书系列 2016全品种

企业公民蓝皮书
中国企业公民报告 NO.4
著(编)者:邹东涛　2016年5月出版 / 估价:79.00元

气候变化绿皮书
应对气候变化报告（2016）
著(编)者:王伟光　郑国光　2016年11月出版 / 估价:98.00元

区域蓝皮书
中国区域经济发展报告（2015～2016）
著(编)者:梁昊光　2016年5月出版 / 估价:79.00元

全球环境竞争力绿皮书
全球环境竞争力报告（2016）
著(编)者:李建平　李闽榕　王金南
2016年12月出版 / 估价:198.00元

人口与劳动绿皮书
中国人口与劳动问题报告 NO.17
著(编)者:蔡昉　张车伟　2016年11月出版 / 估价:69.00元

商务中心区蓝皮书
中国商务中心区发展报告 NO.2（2015）
著(编)者:魏后凯　单菁菁　2016年1月出版 / 定价:79.00元

世界经济黄皮书
2016年世界经济形势分析与预测
著(编)者:王洛林　张宇燕　2015年12月出版 / 定价:79.00元

世界旅游城市绿皮书
世界旅游城市发展报告（2015）
著(编)者:宋宇　2016年1月出版 / 定价:128.00元

西北蓝皮书
中国西北发展报告（2016）
著(编)者:孙发平　苏海红　鲁顺元
2016年3月出版 / 定价:79.00元

西部蓝皮书
中国西部发展报告（2016）
著(编)者:姚慧琴　徐璋勇　2016年7月出版 / 估价:89.00元

县域发展蓝皮书
中国县域经济增长能力评估报告（2016）
著(编)者:王力　2016年10月出版 / 估价:69.00元

新型城镇化蓝皮书
新型城镇化发展报告（2016）
著(编)者:李伟　宋敏　沈体雁　2016年11月出版 / 估价:98.00元

新兴经济体蓝皮书
金砖国家发展报告（2016）
著(编)者:林跃勤　周文　2016年7月出版 / 估价:79.00元

长三角蓝皮书
2016年全面深化改革中的长三角
著(编)者:张伟斌　2016年10月出版 / 估价:69.00元

中部竞争力蓝皮书
中国中部经济社会竞争力报告（2016）
著(编)者:教育部人文社会科学重点研究基地
　　　　南昌大学中国中部经济社会发展研究中心
2016年10月出版 / 估价:79.00元

中部蓝皮书
中国中部地区发展报告（2016）
著(编)者:宋亚平　2016年12月出版 / 估价:78.00元

中国省域竞争力蓝皮书
中国省域经济综合竞争力发展报告（2014～2015）
著(编)者:李建平　李闽榕　高燕京
2016年2月出版 / 定价:198.00元

中三角蓝皮书
长江中游城市群发展报告（2016）
著(编)者:秦尊文　2016年10月出版 / 估价:69.00元

中小城市绿皮书
中国中小城市发展报告（2016）
著(编)者:中国城市经济学会中小城市经济发展委员会
　　　　中国城镇化促进会中小城市发展委员会
　　　　《中国中小城市发展报告》编纂委员会
　　　　中小城市发展战略研究院
2016年10月出版 / 估价:98.00元

中原蓝皮书
中原经济区发展报告（2016）
著(编)者:李英杰　2016年6月出版 / 估价:88.00元

自贸区蓝皮书
中国自贸区发展报告（2016）
著(编)者:王力　王吉培　2016年10月出版 / 估价:69.00元

社会政法类

北京蓝皮书
中国社区发展报告（2016）
著(编)者:于燕燕　2017年2月出版 / 估价:79.00元

殡葬绿皮书
中国殡葬事业发展报告（2016）
著(编)者:李伯森　2016年5月出版 / 估价:158.00元

城市管理蓝皮书
中国城市管理报告（2016）
著(编)者:谭维克　刘林　2017年2月出版 / 估价:118.00元

城市生活质量蓝皮书
中国城市生活质量报告（2016）
著(编)者:张连城　张平　杨春学　郎丽华
2016年7月出版 / 估价:89.00元

城市政府能力蓝皮书
中国城市政府公共服务能力评估报告（2016）
著(编)者:何艳玲　2016年7月出版 / 估价:69.00元

创新蓝皮书
中国创业环境发展报告（2016）
著(编)者:姚凯　曹祎遐　2016年5月出版 / 估价:69.00元

皮书系列 2016全品种 社会政法类

慈善蓝皮书
中国慈善发展报告（2016）
著(编)者：杨团　2016年6月出版 / 估价：79.00元

地方法治蓝皮书
中国地方法治发展报告 NO.2（2016）
著(编)者：李林　田禾　2016年3月出版 / 定价：108.00元

党建蓝皮书
党的建设研究报告 NO.1（2016）
著(编)者：崔建民　陈东平　2016年1月出版 / 定价：89.00元

法治蓝皮书
中国法治发展报告 NO.14（2016）
著(编)者：李林　田禾　2016年3月出版 / 定价：118.00元

反腐倡廉蓝皮书
中国反腐倡廉建设报告 NO.6
著(编)者：李秋芳　张英伟　2017年1月出版 / 估价：79.00元

非传统安全蓝皮书
中国非传统安全研究报告（2015~2016）
著(编)者：余潇枫　魏志江　2016年5月出版 / 估价：79.00元

妇女发展蓝皮书
中国妇女发展报告 NO.6
著(编)者：王金玲　2016年9月出版 / 估价：148.00元

妇女教育蓝皮书
中国妇女教育发展报告 NO.3
著(编)者：张李玺　2016年10月出版 / 估价：78.00元

妇女绿皮书
中国性别平等与妇女发展报告（2016）
著(编)者：谭琳　2016年12月出版 / 估价：99.00元

公共服务蓝皮书
中国城市基本公共服务力评价
著(编)者：钟君　吴正杲　2016年12月出版 / 估价：79.00元

公共管理蓝皮书
中国公共管理发展报告（2016）
著(编)者：贡森　李国强　杨维富　2016年4月出版 / 估价：69.00元

公共外交蓝皮书
中国公共外交发展报告（2016）
著(编)者：赵启正　雷蔚真　2016年5月出版 / 估价：89.00元

公民科学素质蓝皮书
中国公民科学素质报告（2015~2016）
著(编)者：李群　陈雄　马宗文　2016年1月出版 / 估价：89.00元

公益蓝皮书
中国公益发展报告（2016）
著(编)者：朱健刚　2016年5月出版 / 估价：78.00元

国际人才蓝皮书
海外华侨华人专业人士报告（2016）
著(编)者：王辉耀　苗绿　2016年8月出版 / 估价：69.00元

国际人才蓝皮书
中国国际移民报告（2016）
著(编)者：王辉耀　2016年5月出版 / 估价：79.00元

国际人才蓝皮书
中国海归发展报告（2016）NO.3
著(编)者：王辉耀　苗绿　2016年10月出版 / 估价：69.00元

国际人才蓝皮书
中国留学发展报告（2016）NO.5
著(编)者：王辉耀　苗绿　2016年10月出版 / 估价：79.00元

国家公园蓝皮书
中国国家公园体制建设报告（2016）
著(编)者：苏杨　张玉钧　石金莲　刘锋　等　2016年10月出版 / 估价：69.00元

海洋社会蓝皮书
中国海洋社会发展报告（2016）
著(编)者：崔凤　宋宁而　2016年7月出版 / 估价：89.00元

行政改革蓝皮书
中国行政体制改革报告（2016）NO.5
著(编)者：魏礼群　2016年4月出版 / 估价：98.00元

华侨华人蓝皮书
华侨华人研究报告（2016）
著(编)者：贾益民　2016年12月出版 / 估价：98.00元

环境竞争力绿皮书
中国省域环境竞争力发展报告（2016）
著(编)者：李建平　李闽榕　王金南　2016年11月出版 / 估价：198.00元

环境绿皮书
中国环境发展报告（2016）
著(编)者：刘鉴强　2016年5月出版 / 估价：79.00元

基金会蓝皮书
中国基金会发展报告（2015~2016）
著(编)者：中国基金会发展报告课题组　2016年4月出版 / 估价：75.00元

基金会绿皮书
中国基金会发展独立研究报告（2016）
著(编)者：基金会中心网　中央民族大学基金会研究中心　2016年6月出版 / 估价：88.00元

基金会透明度蓝皮书
中国基金会透明度发展研究报告（2016）
著(编)者：基金会中心网　清华大学廉政与治理研究中心　2016年9月出版 / 估价：85.00元

教师蓝皮书
中国中小学教师发展报告（2016）
著(编)者：曾晓东　鱼霞　2016年6月出版 / 估价：69.00元

教育蓝皮书
中国教育发展报告（2016）
著(编)者：杨东平　2016年4月出版 / 定价：79.00元

科普蓝皮书
中国科普基础设施发展报告（2015）
著(编)者：郑念　任嵘嵘　2016年4月出版 / 定价：98.00元

社会政法类 — 皮书系列 2016全品种

科学教育蓝皮书
中国科学教育发展报告（2016）
著(编)者：罗晖 王康友 2016年10月出版 / 估价：79.00元

劳动保障蓝皮书
中国劳动保障发展报告（2016）
著(编)者：刘燕斌 2016年8月出版 / 估价：158.00元

老龄蓝皮书
中国老年宜居环境发展报告（2015）
著(编)者：党俊武 周燕珉 2016年1月出版 / 定价：79.00元

连片特困区蓝皮书
中国连片特困区发展报告（2016）
著(编)者：游俊 冷志明 丁建军
2016年5月出版 / 估价：98.00元

民间组织蓝皮书
中国民间组织报告（2016）
著(编)者：黄晓勇 2016年12月出版 / 估价：79.00元

民调蓝皮书
中国民生调查报告（2016）
著(编)者：谢耘耕 2016年5月出版 / 估价：128.00元

民族发展蓝皮书
中国民族发展报告（2016）
著(编)者：郝时远 王延中 王希恩
2016年4月出版 / 估价：98.00元

女性生活蓝皮书
中国女性生活状况报告 NO.10（2016）
著(编)者：韩湘景 2016年4月出版 / 估价：79.00元

汽车社会蓝皮书
中国汽车社会发展报告（2016）
著(编)者：王俊秀 2016年5月出版 / 估价：69.00元

青年蓝皮书
中国青年发展报告（2016）NO.4
著(编)者：廉思 等 2016年4月出版 / 估价：69.00元

青少年蓝皮书
中国未成年人互联网运用报告（2016）
著(编)者：李文革 沈杰 季为民
2016年11月出版 / 估价：89.00元

青少年体育蓝皮书
中国青少年体育发展报告（2016）
著(编)者：郭建军 杨桦 2016年9月出版 / 估价：69.00元

区域人才蓝皮书
中国区域人才竞争力报告 NO.2
著(编)者：桂昭明 王辉耀
2016年6月出版 / 估价：69.00元

群众体育蓝皮书
中国群众体育发展报告（2016）
著(编)者：刘国永 杨桦 2016年10月出版 / 估价：69.00元

群众体育蓝皮书
中国社会体育指导员发展报告（1994~2014）
著(编)者：刘国永 王欢 2016年4月出版 / 定价：78.00元

人才蓝皮书
中国人才发展报告（2016）
著(编)者：潘晨光 2016年9月出版 / 估价：85.00元

人权蓝皮书
中国人权事业发展报告 NO.6（2016）
著(编)者：李君如 2016年9月出版 / 估价：128.00元

社会保障绿皮书
中国社会保障发展报告（2016）NO.8
著(编)者：王延中 2016年4月出版 / 估价：99.00元

社会工作蓝皮书
中国社会工作发展报告（2016）
著(编)者：民政部社会工作研究中心
2016年8月出版 / 估价：79.00元

社会管理蓝皮书
中国社会管理创新报告 NO.4
著(编)者：连玉明 2016年11月出版 / 估价：89.00元

社会蓝皮书
2016年中国社会形势分析与预测
著(编)者：李培林 陈光金 张翼
2015年12月出版 / 定价：79.00元

社会体制蓝皮书
中国社会体制改革报告（2016）NO.4
著(编)者：龚维斌 2016年4月出版 / 估价：79.00元

社会心态蓝皮书
中国社会心态研究报告（2016）
著(编)者：王俊秀 杨宜音 2016年10月出版 / 估价：69.00元

社会责任管理蓝皮书
中国企业公众透明度报告（2015~2016）NO.2
著(编)者：黄速建 熊梦 肖红军 2016年1月出版 / 定价：98.00元

社会组织蓝皮书
中国社会组织评估发展报告（2016）
著(编)者：徐家良 廖鸿 2016年12月出版 / 估价：69.00元

生态城市绿皮书
中国生态城市建设发展报告（2016）
著(编)者：刘举科 孙伟平 胡文臻
2016年9月出版 / 估价：148.00元

生态文明绿皮书
中国省域生态文明建设评价报告（ECI 2016）
著(编)者：严耕 2016年12月出版 / 估价：85.00元

世界社会主义黄皮书
世界社会主义跟踪研究报告（2015～2016）
著(编)者：李慎明 2016年3月出版 / 定价：248.00元

水与发展蓝皮书
中国水风险评估报告（2016）
著(编)者：王浩 2016年9月出版 / 估价：69.00元

体育蓝皮书
长三角地区体育产业发展报告（2016）
著(编)者：张林 2016年4月出版 / 估价：79.00元

皮书系列 2016全品种 — 社会政法类·行业报告类

体育蓝皮书
中国公共体育服务发展报告（2016）
著(编)者：戴健　2016年12月出版 / 估价：79.00元

土地整治蓝皮书
中国土地整治发展研究报告 NO.3
著(编)者：国土资源部土地整治中心
2016年5月出版 / 估价：89.00元

土地政策蓝皮书
中国土地政策发展报告（2016）
著(编)者：高延利　李宪文　2015年12月出版 / 定价：89.00元

危机管理蓝皮书
中国危机管理报告（2016）
著(编)者：文学国　范正青　2016年8月出版 / 估价：89.00元

形象危机应对蓝皮书
形象危机应对研究报告（2016）
著(编)者：唐钧　2016年6月出版 / 估价：149.00元

医改蓝皮书
中国医药卫生体制改革报告（2016）
著(编)者：文学国　房志武　2016年11月出版 / 估价：98.00元

医疗卫生绿皮书
中国医疗卫生发展报告 NO.7（2016）
著(编)者：申宝忠　韩玉珍　2016年4月出版 / 估价：75.00元

政治参与蓝皮书
中国政治参与报告（2016）
著(编)者：房宁　2016年7月出版 / 估价：108.00元

政治发展蓝皮书
中国政治发展报告（2016）
著(编)者：房宁　杨海蛟　2016年5月出版 / 估价：88.00元

智慧社区蓝皮书
中国智慧社区发展报告（2016）
著(编)者：罗昌智　张辉德　2016年7月出版 / 估价：69.00元

中国农村妇女发展蓝皮书
农村流动女性城市生活发展报告（2016）
著(编)者：谢丽华　2016年12月出版 / 估价：79.00元

宗教蓝皮书
中国宗教报告（2016）
著(编)者：邱永辉　2016年5月出版 / 估价：79.00元

行业报告类

保健蓝皮书
中国保健服务产业发展报告 NO.2
著(编)者：中国保健协会　中共中央党校
2016年7月出版 / 估价：198.00元

保健蓝皮书
中国保健食品产业发展报告 NO.2
著(编)者：中国保健协会
　　　　　中国社会科学院食品药品产业发展与监管研究中心
2016年7月出版 / 估价：198.00元

保健蓝皮书
中国保健用品产业发展报告 NO.2
著(编)者：中国保健协会
　　　　　国务院国有资产监督管理委员会研究中心
2016年5月出版 / 估价：198.00元

保险蓝皮书
中国保险业创新发展报告（2016）
著(编)者：项俊波　2016年12月出版 / 估价：69.00元

保险蓝皮书
中国保险业竞争力报告（2016）
著(编)者：项俊波　2016年12月出版 / 估价：99.00元

采供血蓝皮书
中国采供血管理报告（2016）
著(编)者：朱永明　耿鸿武　2016年8月出版 / 估价：69.00元

彩票蓝皮书
中国彩票发展报告（2016）
著(编)者：益彩基金　2016年4月出版 / 估价：98.00元

餐饮产业蓝皮书
中国餐饮产业发展报告（2016）
著(编)者：邢颖　2016年4月出版 / 估价：69.00元

测绘地理信息蓝皮书
测绘地理信息转型升级研究报告（2016）
著(编)者：库热西·买合苏提　2016年12月出版 / 估价：98.00元

茶业蓝皮书
中国茶产业发展报告（2016）
著(编)者：杨江帆　李闽榕　2016年10月出版 / 估价：78.00元

产权市场蓝皮书
中国产权市场发展报告（2015~2016）
著(编)者：曹和平　2016年5月出版 / 估价：89.00元

产业安全蓝皮书
中国出版传媒产业安全报告（2015~2016）
著(编)者：北京印刷学院文化产业安全研究院
2016年3月出版 / 定价：79.00元

产业安全蓝皮书
中国文化产业安全报告（2016）
著(编)者：北京印刷学院文化产业安全研究院
2016年4月出版 / 估价：89.00元

行业报告类

皮书系列 2016全品种

产业安全蓝皮书
中国新媒体产业安全报告（2016）
著(编)者：北京印刷学院文化产业安全研究院
2016年5月出版 / 估价：69.00元

大数据蓝皮书
网络空间和大数据发展报告（2016）
著(编)者：杜平　2016年5月出版 / 估价：69.00元

电子商务蓝皮书
中国电子商务服务业发展报告 NO.3
著(编)者：荆林波　梁春晓　2016年5月出版 / 估价：69.00元

电子政务蓝皮书
中国电子政务发展报告（2016）
著(编)者：洪毅　杜平　2016年11月出版 / 估价：79.00元

杜仲产业绿皮书
中国杜仲橡胶资源与产业发展报告（2016）
著(编)者：杜红岩　胡文臻　俞锐
2016年5月出版 / 估价：85.00元

房地产蓝皮书
中国房地产发展报告 NO.13（2016）
著(编)者：魏后凯　李景国　2016年5月出版 / 估价：79.00元

服务外包蓝皮书
中国服务外包产业发展报告（2016）
著(编)者：王晓红　刘德军
2016年6月出版 / 估价：89.00元

服务外包蓝皮书
中国服务外包竞争力报告（2016）
著(编)者：王力　刘春生　黄育华
2016年11月出版 / 估价：85.00元

工业和信息化蓝皮书
世界网络安全发展报告（2016）
著(编)者：洪京一　2016年4月出版 / 估价：69.00元

工业和信息化蓝皮书
世界信息化发展报告（2016）
著(编)者：洪京一　2016年4月出版 / 估价：69.00元

工业和信息化蓝皮书
世界信息技术产业发展报告（2016）
著(编)者：洪京一　2016年4月出版 / 估价：79.00元

工业和信息化蓝皮书
世界制造业发展报告（2016）
著(编)者：洪京一　2016年4月出版 / 估价：69.00元

工业和信息化蓝皮书
移动互联网产业发展报告（2016）
著(编)者：洪京一　2016年4月出版 / 估价：79.00元

工业设计蓝皮书
中国工业设计发展报告（2016）
著(编)者：王晓红　于炜　张立群
2016年9月出版 / 估价：138.00元

黄金市场蓝皮书
中国商业银行黄金业务发展报告（2015~2016）
著(编)者：平安银行　2016年3月出版 / 定价：98.00元

互联网金融蓝皮书
中国互联网金融发展报告（2016）
著(编)者：李东荣　2016年8月出版 / 估价：79.00元

会展蓝皮书
中外会展业动态评估年度报告（2016）
著(编)者：张敏　2016年5月出版 / 估价：78.00元

节能汽车蓝皮书
中国节能汽车产业发展报告（2016）
著(编)者：中国汽车工程研究院股份有限公司
2016年12月出版 / 估价：69.00元

金融监管蓝皮书
中国金融监管报告（2016）
著(编)者：胡滨　2016年4月出版 / 估价：89.00元

金融蓝皮书
中国金融中心发展报告（2016）
著(编)者：王力　黄育华　2017年11月出版 / 估价：75.00元

金融蓝皮书
中国商业银行竞争力报告（2016）
著(编)者：王松奇　2016年5月出版 / 估价：69.00元

经济林产业绿皮书
中国经济林产业发展报告（2016）
著(编)者：李芳东　胡文臻　乌云塔娜　杜红岩
2016年12月出版 / 估价：69.00元

客车蓝皮书
中国客车产业发展报告（2016）
著(编)者：姚蔚　2016年5月出版 / 估价：85.00元

老龄蓝皮书
中国老龄产业发展报告（2016）
著(编)者：吴玉韶　党俊武　2016年9月出版 / 估价：79.00元

流通蓝皮书
中国商业发展报告（2016）
著(编)者：荆林波　2016年5月出版 / 估价：89.00元

旅游安全蓝皮书
中国旅游安全报告（2016）
著(编)者：郑向敏　谢朝武　2016年5月出版 / 估价：128.00元

旅游绿皮书
2015~2016年中国旅游发展分析与预测
著(编)者：宋瑞　2016年4月出版 / 定价：89.00元

煤炭蓝皮书
中国煤炭工业发展报告（2016）
著(编)者：岳福斌　2016年12月出版 / 估价：79.00元

民营企业社会责任蓝皮书
中国民营企业社会责任年度报告（2016）
著（编）者：中华全国工商业联合会
2016年7月出版 / 估价：69.00元

民营医院蓝皮书
中国民营医院发展报告（2016）
著（编）者：庄一强　2016年10月出版 / 估价：75.00元

能源蓝皮书
中国能源发展报告（2016）
著（编）者：崔民选　王军生　陈义和
2016年8月出版 / 估价：79.00元

农产品流通蓝皮书
中国农产品流通产业发展报告（2016）
著（编）者：贾敬敦　张东科　张玉玺　张鹏毅　周伟
2016年5月出版 / 估价：89.00元

期货蓝皮书
中国期货市场发展报告(2016)
著（编）者：李群　王在荣　2016年11月出版 / 估价：69.00元

企业公益蓝皮书
中国企业公益研究报告（2016）
著（编）者：钟宏武　汪杰　顾一　黄晓娟　等
2016年12月出版 / 估价：69.00元

企业公众透明度蓝皮书
中国企业公众透明度报告（2016）NO.2
著（编）者：黄速建　王晓光　肖红军
2016年5月出版 / 估价：98.00元

企业国际化蓝皮书
中国企业国际化报告（2016）
著（编）者：王辉耀　2016年11月出版 / 估价：98.00元

企业蓝皮书
中国企业绿色发展报告 NO.2（2016）
著（编）者：李红玉　朱光辉　2016年8月出版 / 估价：79.00元

企业社会责任蓝皮书
中国企业社会责任研究报告（2016）
著（编）者：黄群慧　钟宏武　张蒽　等
2016年11月出版 / 估价：79.00元

企业社会责任能力蓝皮书
中国上市公司社会责任能力成熟度报告（2016）
著（编）者：肖红军　王晓光　李伟阳
2016年11月出版 / 估价：69.00元

汽车安全蓝皮书
中国汽车安全发展报告（2016）
著（编）者：中国汽车技术研究中心
2016年7月出版 / 估价：89.00元

汽车电子商务蓝皮书
中国汽车电子商务发展报告（2016）
著（编）者：中华全国工商业联合会汽车经销商商会
　　　　　　北京易观智库网络科技有限公司
2016年5月出版 / 估价：128.00元

汽车工业蓝皮书
中国汽车工业发展年度报告（2016）
著（编）者：中国汽车工业协会　中国汽车技术研究中心
　　　　　　丰田汽车（中国）投资有限公司
2016年4月出版 / 估价：128.00元

汽车蓝皮书
中国汽车产业发展报告（2016）
著（编）者：国务院发展研究中心产业经济研究部
　　　　　　中国汽车工程学会　大众汽车集团（中国）
2016年8月出版 / 估价：158.00元

清洁能源蓝皮书
国际清洁能源发展报告（2016）
著（编）者：苏树辉　袁国林　李玉崙
2016年11月出版 / 估价：99.00元

人力资源蓝皮书
中国人力资源发展报告（2016）
著（编）者：余兴安　2016年12月出版 / 估价：79.00元

融资租赁蓝皮书
中国融资租赁业发展报告（2015~2016）
著（编）者：李光荣　王力　2016年5月出版 / 估价：89.00元

软件和信息服务业蓝皮书
中国软件和信息服务业发展报告（2016）
著（编）者：洪京一　2016年12月出版 / 估价：198.00元

商会蓝皮书
中国商会发展报告NO.5（2016）
著（编）者：王钦敏　2016年7月出版 / 估价：89.00元

上市公司蓝皮书
中国上市公司社会责任信息披露报告（2016）
著（编）者：张旺　张杨　2016年11月出版 / 估价：69.00元

上市公司蓝皮书
中国上市公司质量评价报告（2015~2016）
著（编）者：张跃文　王力　2016年11月出版 / 估价：118.00元

设计产业蓝皮书
中国设计产业发展报告（2016）
著（编）者：陈冬亮　梁昊光　2016年5月出版 / 估价：89.00元

食品药品蓝皮书
食品药品安全与监管政策研究报告（2016）
著（编）者：唐民皓　2016年7月出版 / 估价：69.00元

世界能源蓝皮书
世界能源发展报告（2016）
著（编）者：黄晓勇　2016年6月出版 / 估价：99.00元

水利风景区蓝皮书
中国水利风景区发展报告（2016）
著（编）者：兰思仁　2016年8月出版 / 估价：69.00元

私募市场蓝皮书
中国私募股权市场发展报告（2016）
著（编）者：曹和平　2016年12月出版 / 估价：79.00元

行业报告类 — 皮书系列 2016全品种

碳市场蓝皮书
中国碳市场报告（2016）
著(编)者：宁金彪　2016年11月出版　估价：69.00元

体育蓝皮书
中国体育产业发展报告（2016）
著(编)者：阮伟　钟秉枢　2016年7月出版　估价：69.00元

土地市场蓝皮书
中国农村土地市场发展报告（2015~2016）
著(编)者：李光荣　2016年3月出版　定价：79.00元

网络空间安全蓝皮书
中国网络空间安全发展报告（2016）
著(编)者：惠志斌　唐涛　2016年4月出版　估价：79.00元

物联网蓝皮书
中国物联网发展报告（2016）
著(编)者：黄桂田　龚六堂　张全升
2016年5月出版　估价：69.00元

西部工业蓝皮书
中国西部工业发展报告（2016）
著(编)者：方行明　甘犁　刘方健　姜凌　等
2016年9月出版　估价：79.00元

西部金融蓝皮书
中国西部金融发展报告（2016）
著(编)者：李忠民　2016年8月出版　估价：75.00元

协会商会蓝皮书
中国行业协会商会发展报告（2016）
著(编)者：景朝阳　李勇　2016年4月出版　估价：99.00元

新能源汽车蓝皮书
中国新能源汽车产业发展报告（2016）
著(编)者：中国汽车技术研究中心
　　　　　日产（中国）投资有限公司　东风汽车有限公司
2016年8月出版　估价：89.00元

新三板蓝皮书
中国新三板市场发展报告（2016）
著(编)者：王力　2016年6月出版　估价：69.00元

信托市场蓝皮书
中国信托市场报告（2015～2016）
著(编)者：用益信托工作室
2016年1月出版　定价：198.00元

信息安全蓝皮书
中国信息安全发展报告（2016）
著(编)者：张晓东　2016年5月出版　估价：69.00元

信息化蓝皮书
中国信息化形势分析与预测（2016）
著(编)者：周宏仁　2016年8月出版　估价：98.00元

信用蓝皮书
中国信用发展报告（2016）
著(编)者：章政　田侃　2016年4月出版　估价：99.00元

休闲绿皮书
2016年中国休闲发展报告
著(编)者：宋瑞　2016年10月出版　估价：79.00元

药品流通蓝皮书
中国药品流通行业发展报告（2016）
著(编)者：佘鲁林　温再兴
2016年8月出版　估价：158.00元

医院蓝皮书
中国医院竞争力报告（2016）
著(编)者：庄一强　曾益新　2016年3月出版　定价：128.00元

医药蓝皮书
中国中医药产业园战略发展报告（2016）
著(编)者：裴长洪　房书亭　吴滌心
2016年5月出版　估价：89.00元

邮轮绿皮书
中国邮轮产业发展报告（2016）
著(编)者：汪泓　2016年10月出版　估价：79.00元

智能养老蓝皮书
中国智能养老产业发展报告（2016）
著(编)者：朱勇　2016年10月出版　估价：89.00元

中国SUV蓝皮书
中国SUV产业发展报告（2016）
著(编)者：靳军　2016年12月出版　估价：69.00元

中国金融行业蓝皮书
中国债券市场发展报告（2016）
著(编)者：谢多　2016年7月出版　估价：69.00元

中国上市公司蓝皮书
中国上市公司发展报告（2016）
著(编)者：中国社会科学院上市公司研究中心
2016年9月出版　估价：98.00元

中国游戏蓝皮书
中国游戏产业发展报告（2016）
著(编)者：孙立军　刘跃军　牛兴侦
2016年5月出版　估价：69.00元

中国总部经济蓝皮书
中国总部经济发展报告（2015～2016）
著(编)者：赵弘　2016年9月出版　估价：79.00元

资本市场蓝皮书
中国场外交易市场发展报告（2014~2015）
著(编)者：高峦　2016年3月出版　定价：79.00元

资产管理蓝皮书
中国资产管理行业发展报告（2016）
著(编)者：智信资产管理研究院
2016年6月出版　估价：89.00元

文化传媒类

传媒竞争力蓝皮书
中国传媒国际竞争力研究报告（2016）
著(编)者：李本乾 刘强
2016年11月出版 / 估价：148.00元

传媒蓝皮书
中国传媒产业发展报告（2016）
著(编)者：崔保国 2016年5月出版 / 估价：98.00元

传媒投资蓝皮书
中国传媒投资发展报告（2016）
著(编)者：张向东 谭云明
2016年6月出版 / 估价：128.00元

动漫蓝皮书
中国动漫产业发展报告（2016）
著(编)者：卢斌 郑玉明 牛兴侦
2016年7月出版 / 估价：79.00元

非物质文化遗产蓝皮书
中国非物质文化遗产发展报告（2016）
著(编)者：陈平 2016年5月出版 / 估价：98.00元

广电蓝皮书
中国广播电影电视发展报告（2016）
著(编)者：国家新闻出版广电总局发展研究中心
2016年7月出版 / 估价：98.00元

广告主蓝皮书
中国广告主营销传播趋势报告 NO.9
著(编)者：黄升民 杜国清 邵华冬 等
2016年10月出版 / 估价：148.00元

国际传播蓝皮书
中国国际传播发展报告（2016）
著(编)者：胡正荣 李继东 姬德强
2016年11月出版 / 估价：89.00元

纪录片蓝皮书
中国纪录片发展报告（2016）
著(编)者：何苏六 2016年10月出版 / 估价：79.00元

科学传播蓝皮书
中国科学传播报告（2016）
著(编)者：詹正茂 2016年7月出版 / 估价：69.00元

两岸创意经济蓝皮书
两岸创意经济研究报告（2016）
著(编)者：罗昌智 董泽平 2016年12月出版 / 估价：98.00元

两岸文化蓝皮书
两岸文化产业合作发展报告（2016）
著(编)者：胡惠林 李保宗 2016年7月出版 / 估价：79.00元

媒介与女性蓝皮书
中国媒介与女性发展报告（2015~2016）
著(编)者：刘利群 2016年8月出版 / 估价：118.00元

媒体融合蓝皮书
中国媒体融合发展报告（2016）
著(编)者：梅宁华 宋建武 2016年7月出版 / 估价：79.00元

全球传媒蓝皮书
全球传媒发展报告（2016）
著(编)者：胡正荣 李继东 唐晓芬
2016年12月出版 / 估价：79.00元

少数民族非遗蓝皮书
中国少数民族非物质文化遗产发展报告（2016）
著(编)者：肖远平（彝） 柴立（满）
2016年6月出版 / 估价：128.00元

视听新媒体蓝皮书
中国视听新媒体发展报告（2016）
著(编)者：国家新闻出版广电总局发展研究中心
2016年7月出版 / 估价：98.00元

文化创新蓝皮书
中国文化创新报告（2016）NO.7
著(编)者：于平 傅才武 2016年7月出版 / 估价：98.00元

文化建设蓝皮书
中国文化发展报告（2016）
著(编)者：江畅 孙伟平 戴茂堂
2016年4月出版 / 估价：108.00元

文化科技蓝皮书
文化科技创新发展报告（2016）
著(编)者：于平 李凤亮 2016年10月出版 / 估价：89.00元

文化蓝皮书
中国公共文化服务发展报告（2016）
著(编)者：刘新成 张永新 张旭 2016年10月出版 / 估价：98.00元

文化蓝皮书
中国公共文化投入增长测评报告（2016）
著(编)者：王亚南 2016年4月出版 / 定价：79.00元

文化蓝皮书
中国少数民族文化发展报告（2016）
著(编)者：武翠英 张晓明 任乌晶
2016年9月出版 / 估价：69.00元

文化蓝皮书
中国文化产业发展报告（2015~2016）
著(编)者：张晓明 王家新 章建刚
2016年2月出版 / 定价：79.00元

文化蓝皮书
中国文化产业供需协调检测报告（2016）
著(编)者：王亚南 2016年5月出版 / 估价：79.00元

文化蓝皮书
中国文化消费需求景气评价报告（2016）
著(编)者：王亚南 2016年5月出版 / 估价：79.00元

文化传媒类・地方发展类

文化品牌蓝皮书
中国文化品牌发展报告（2016）
著(编)者：欧阳友权　2016年4月出版／估价：89.00元

文化遗产蓝皮书
中国文化遗产事业发展报告（2016）
著(编)者：刘世锦　2016年5月出版／估价：89.00元

文学蓝皮书
中国文情报告（2015～2016）
著(编)者：白烨　2016年5月出版／估价：69.00元

新媒体蓝皮书
中国新媒体发展报告NO.7（2016）
著(编)者：唐绪军　2016年7月出版／估价：79.00元

新媒体社会责任蓝皮书
中国新媒体社会责任研究报告（2016）
著(编)者：钟瑛　2016年10月出版／估价：79.00元

移动互联网蓝皮书
中国移动互联网发展报告（2016）
著(编)者：官建文　2016年6月出版／估价：79.00元

舆情蓝皮书
中国社会舆情与危机管理报告（2016）
著(编)者：谢耘耕　2016年8月出版／估价：98.00元

地方发展类

安徽经济蓝皮书
芜湖创新型城市发展报告（2016）
著(编)者：张志宏　2016年4月出版／估价：69.00元

安徽蓝皮书
安徽社会发展报告（2016）
著(编)者：程桦　2016年4月出版／估价：89.00元

安徽社会建设蓝皮书
安徽社会建设分析报告（2015～2016）
著(编)者：黄家海　王开玉　蔡宪
2016年4月出版／估价：89.00元

澳门蓝皮书
澳门经济社会发展报告（2015～2016）
著(编)者：吴志良　郝雨凡　2016年5月出版／估价：79.00元

北京蓝皮书
北京公共服务发展报告（2015～2016）
著(编)者：施昌奎　2016年2月出版／定价：79.00元

北京蓝皮书
北京经济发展报告（2015～2016）
著(编)者：杨松　2016年6月出版／估价：79.00元

北京蓝皮书
北京社会发展报告（2015～2016）
著(编)者：李伟东　2016年7月出版／估价：79.00元

北京蓝皮书
北京社会治理发展报告（2015～2016）
著(编)者：殷星辰　2016年6月出版／估价：79.00元

北京蓝皮书
北京文化发展报告（2015～2016）
著(编)者：李建盛　2016年4月出版／定价：79.00元

北京旅游绿皮书
北京旅游发展报告（2016）
著(编)者：北京旅游学会　2016年7月出版／估价：88.00元

北京人才蓝皮书
北京人才发展报告（2016）
著(编)者：于淼　2016年12月出版／估价：128.00元

北京社会心态蓝皮书
北京社会心态分析报告（2015～2016）
著(编)者：北京社会心理研究所
2016年8月出版／估价：79.00元

北京社会组织管理蓝皮书
北京社会组织发展与管理（2015～2016）
著(编)者：黄江松　2016年4月出版／估价：78.00元

北京体育蓝皮书
北京体育产业发展报告（2016）
著(编)者：钟秉枢　陈杰　杨铁黎
2016年10月出版／估价：79.00元

北京养老产业蓝皮书
北京养老产业发展报告（2016）
著(编)者：周明明　冯喜良　2016年4月出版／估价：69.00元

滨海金融蓝皮书
滨海新区金融发展报告（2016）
著(编)者：王爱俭　张锐钢　2016年9月出版／估价：79.00元

城乡一体化蓝皮书
中国城乡一体化发展报告・北京卷（2015～2016）
著(编)者：张宝秀　黄序　2016年5月出版／估价：79.00元

创意城市蓝皮书
北京文化创意产业发展报告（2016）
著(编)者：张京成　王国华　2016年12月出版／估价：69.00元

创意城市蓝皮书
青岛文化创意产业发展报告（2016）
著(编)者：马达　张丹妮　2016年6月出版／估价：79.00元

创意城市蓝皮书
青岛文化创意产业发展报告（2016）
著(编)者：马达　张丹妮　2016年6月出版／估价：79.00元

皮书系列 2016全品种　地方发展类

创意城市蓝皮书
台北文化创意产业发展报告（2016）
著(编)者：陈耀竹　邱琪瑄　　2016年11月出版 / 估价：89.00元

创意城市蓝皮书
无锡文化创意产业发展报告（2016）
著(编)者：谭军　张鸣年　　2016年10月出版 / 估价：79.00元

创意城市蓝皮书
武汉文化创意产业发展报告（2016）
著(编)者：黄永林　陈汉桥　　2016年12月出版 / 估价：89.00元

创意城市蓝皮书
重庆创意产业发展报告（2016）
著(编)者：程宇宁　　2016年4月出版 / 估价：89.00元

地方法治蓝皮书
南宁法治发展报告（2016）
著(编)者：杨维超　　2016年12月出版 / 估价：69.00元

福建妇女发展蓝皮书
福建省妇女发展报告（2016）
著(编)者：刘群英　　2016年11月出版 / 估价：88.00元

福建自由贸易区蓝皮书
中国（福建）自由贸易区实验区发展报告（2015~2016）
著(编)者：黄茂兴　　2016年4月出版 / 定价：108.00元

甘肃蓝皮书
甘肃经济发展分析与预测（2016）
著(编)者：朱智文　罗哲　　2016年1月出版 / 定价：79.00元

甘肃蓝皮书
甘肃社会发展分析与预测（2016）
著(编)者：安文华　包晓霞　谢增虎　　2016年1月出版 / 定价：79.00元

甘肃蓝皮书
甘肃文化发展分析与预测（2016）
著(编)者：安文华　周小华　　2016年1月出版 / 定价：79.00元

甘肃蓝皮书
甘肃县域和农村发展报告（2016）
著(编)者：刘进军　柳民　王建兵
2016年1月出版 / 定价：79.00元

甘肃蓝皮书
甘肃舆情分析与预测（2016）
著(编)者：陈双梅　张谦元　　2016年1月出版 / 定价：79.00元

甘肃蓝皮书
甘肃商贸流通发展报告（2016）
著(编)者：杨志武　王福生　王晓芳
2016年1月出版 / 定价：79.00元

广东蓝皮书
广东全面深化改革发展报告（2016）
著(编)者：周林生　涂成林　　2016年11月出版 / 估价：69.00元

广东蓝皮书
广东社会工作发展报告（2016）
著(编)者：罗观翠　　2016年6月出版 / 估价：89.00元

广东蓝皮书
广东省电子商务发展报告（2016）
著(编)者：程晓　邓顺国　　2016年7月出版 / 估价：79.00元

广东社会建设蓝皮书
广东省社会建设发展报告（2016）
著(编)者：广东省社会工作委员会
2016年12月出版 / 估价：99.00元

广东外经贸蓝皮书
广东对外经济贸易发展研究报告（2015~2016）
著(编)者：陈万灵　　2016年5月出版 / 估价：89.00元

广西北部湾经济区蓝皮书
广西北部湾经济区开放开发报告（2016）
著(编)者：广西北部湾经济区规划建设管理委员会办公室
　　　　　广西社会科学院广西北部湾发展研究院
2016年10月出版 / 估价：79.00元

巩义蓝皮书
巩义经济社会发展报告（2016）
著(编)者：丁同民　　2016年4月出版 / 定价：58.00元

广州蓝皮书
2016年中国广州经济形势分析与预测
著(编)者：庾建设　沈奎　谢博能　　2016年6月出版 / 估价：79.00元

广州蓝皮书
2016年中国广州社会形势分析与预测
著(编)者：张强　陈怡霓　杨秦　　2016年6月出版 / 估价：79.00元

广州蓝皮书
广州城市国际化发展报告（2016）
著(编)者：朱名宏　　2016年11月出版 / 估价：69.00元

广州蓝皮书
广州创新型城市发展报告（2016）
著(编)者：尹涛　　2016年10月出版 / 估价：69.00元

广州蓝皮书
广州经济发展报告（2016）
著(编)者：朱名宏　　2016年7月出版 / 估价：69.00元

广州蓝皮书
广州农村发展报告（2016）
著(编)者：朱名宏　　2016年8月出版 / 估价：69.00元

广州蓝皮书
广州汽车产业发展报告（2016）
著(编)者：杨再高　冯兴亚　　2016年9月出版 / 估价：69.00元

广州蓝皮书
广州青年发展报告（2015～2016）
著(编)者：魏国华　张强　　2016年7月出版 / 估价：69.00元

广州蓝皮书
广州商贸业发展报告（2016）
著(编)者：李江涛　肖振宇　荀振英
2016年7月出版 / 估价：69.00元

广州蓝皮书
广州社会保障发展报告（2016）
著(编)者：蔡国萱　　2016年10月出版 / 估价：65.00元

皮书系列 2016全品种

地方发展类

广州蓝皮书
广州文化创意产业发展报告（2016）
著(编)者：甘新　2016年8月出版 / 估价：79.00元

广州蓝皮书
中国广州城市建设与管理发展报告（2016）
著(编)者：董皞　陈小钢　李江涛　2016年7月出版 / 估价：69.00元

广州蓝皮书
中国广州科技和信息化发展报告（2016）
著(编)者：邹采荣　马正勇　冯元　2016年8月出版 / 估价：79.00元

广州蓝皮书
中国广州文化发展报告（2016）
著(编)者：徐俊忠　陆志强　顾涧清　2016年7月出版 / 估价：69.00元

贵阳蓝皮书
贵阳城市创新发展报告·白云篇（2016）
著(编)者：连玉明　2016年10月出版 / 估价：89.00元

贵阳蓝皮书
贵阳城市创新发展报告·观山湖篇（2016）
著(编)者：连玉明　2016年10月出版 / 估价：89.00元

贵阳蓝皮书
贵阳城市创新发展报告·花溪篇（2016）
著(编)者：连玉明　2016年10月出版 / 估价：89.00元

贵阳蓝皮书
贵阳城市创新发展报告·开阳篇（2016）
著(编)者：连玉明　2016年10月出版 / 估价：89.00元

贵阳蓝皮书
贵阳城市创新发展报告·南明篇（2016）
著(编)者：连玉明　2016年10月出版 / 估价：89.00元

贵阳蓝皮书
贵阳城市创新发展报告·清镇篇（2016）
著(编)者：连玉明　2016年10月出版 / 估价：89.00元

贵阳蓝皮书
贵阳城市创新发展报告·乌当篇（2016）
著(编)者：连玉明　2016年10月出版 / 估价：89.00元

贵阳蓝皮书
贵阳城市创新发展报告·息烽篇（2016）
著(编)者：连玉明　2016年10月出版 / 估价：89.00元

贵阳蓝皮书
贵阳城市创新发展报告·修文篇（2016）
著(编)者：连玉明　2016年10月出版 / 估价：89.00元

贵阳蓝皮书
贵阳城市创新发展报告·云岩篇（2016）
著(编)者：连玉明　2016年10月出版 / 估价：89.00元

贵州房地产蓝皮书
贵州房地产发展报告NO.3（2016）
著(编)者：武廷方　2016年6月出版 / 估价：89.00元

贵州蓝皮书
贵州册亨经济社会发展报告(2016)
著(编)者：黄德林　2016年3月出版 / 定价：79.00元

贵州蓝皮书
贵安新区发展报告（2016）
著(编)者：马长青　吴大华　2016年4月出版 / 估价：69.00元

贵州蓝皮书
贵州法治发展报告（2016）
著(编)者：吴大华　2016年5月出版 / 估价：79.00元

贵州蓝皮书
贵州民航业发展报告（2016）
著(编)者：申振东　吴大华　2016年10月出版 / 估价：69.00元

贵州蓝皮书
贵州民营经济发展报告（2016）
著(编)者：杨静　吴大华　2016年3月出版 / 定价：79.00元

贵州蓝皮书
贵州人才发展报告（2016）
著(编)者：于杰　吴大华　2016年9月出版 / 估价：69.00元

贵州蓝皮书
贵州社会发展报告（2016）
著(编)者：王兴骥　2016年5月出版 / 估价：79.00元

海淀蓝皮书
海淀区文化和科技融合发展报告（2016）
著(编)者：陈名杰　孟景伟　2016年5月出版 / 估价：75.00元

海峡西岸蓝皮书
海峡西岸经济区发展报告（2016）
著(编)者：福建省人民政府发展研究中心
　　　　　福建省人民政府发展研究中心咨询服务中心
2016年9月出版 / 估价：65.00元

杭州都市圈蓝皮书
杭州都市圈发展报告（2016）
著(编)者：董祖德　沈翔　2016年5月出版 / 估价：89.00元

杭州蓝皮书
杭州妇女发展报告（2016）
著(编)者：魏颖　2016年4月出版 / 估价：79.00元

河北经济蓝皮书
河北省经济发展报告（2016）
著(编)者：马树强　金浩　刘兵　张贵
2016年5月出版 / 估价：89.00元

河北蓝皮书
河北经济社会发展报告（2016）
著(编)者：郭金平　2016年1月出版 / 定价：79.00元

河北食品药品安全蓝皮书
河北食品药品安全研究报告（2016）
著(编)者：丁锦霞　2016年6月出版 / 估价：79.00元

河南经济蓝皮书
2016年河南经济形势分析与预测
著(编)者：胡五岳　2016年2月出版 / 定价：79.00元

河南蓝皮书
2016年河南社会形势分析与预测
著(编)者：刘道兴　牛苏林　2016年4月出版 / 定价：79.00元

皮书系列 2016全品种
地方发展类

河南蓝皮书
河南城市发展报告（2016）
著(编)者：谷建全　王建国　2016年5月出版　估价：79.00元

河南蓝皮书
河南法治发展报告（2016）
著(编)者：丁同民　闫德民　2016年6月出版　估价：79.00元

河南蓝皮书
河南工业发展报告（2016）
著(编)者：龚绍东　赵西三　2016年5月出版　估价：79.00元

河南蓝皮书
河南金融发展报告（2016）
著(编)者：河南省社会科学院　2016年6月出版　估价：69.00元

河南蓝皮书
河南经济发展报告（2016）
著(编)者：张占仓　2016年3月出版　定价：79.00元

河南蓝皮书
河南农业农村发展报告（2016）
著(编)者：吴海峰　2016年4月出版　估价：69.00元

河南蓝皮书
河南文化发展报告（2016）
著(编)者：卫绍生　2016年3月出版　定价：78.00元

河南商务蓝皮书
河南商务发展报告（2016）
著(编)者：焦锦淼　穆荣国　2016年4月出版　估价：88.00元

黑龙江产业蓝皮书
黑龙江产业发展报告（2016）
著(编)者：于渤　2016年10月出版　估价：79.00元

黑龙江蓝皮书
黑龙江经济发展报告（2016）
著(编)者：朱宇　2016年1月出版　定价：79.00元

黑龙江蓝皮书
黑龙江社会发展报告（2016）
著(编)者：谢宝禄　2016年1月出版　定价：79.00元

湖南城市蓝皮书
区域城市群整合（主题待定）
著(编)者：童中贤　韩未名　2016年12月出版　估价：79.00元

湖南蓝皮书
2016年湖南产业发展报告
著(编)者：梁志峰　2016年5月出版　估价：98.00元

湖南蓝皮书
2016年湖南电子政务发展报告
著(编)者：梁志峰　2016年5月出版　估价：98.00元

湖南蓝皮书
2016年湖南经济展望
著(编)者：梁志峰　2016年5月出版　估价：128.00元

湖南蓝皮书
2016年湖南两型社会与生态文明发展报告
著(编)者：梁志峰　2016年5月出版　估价：98.00元

湖南蓝皮书
2016年湖南社会发展报告
著(编)者：梁志峰　2016年5月出版　估价：88.00元

湖南蓝皮书
2016年湖南县域经济社会发展报告
著(编)者：梁志峰　2016年5月出版　估价：98.00元

湖南蓝皮书
湖南城乡一体化发展报告（2016）
著(编)者：陈文胜　刘祚祥　邝奕轩　等
2016年7月出版　估价：89.00元

湖南县域绿皮书
湖南县域发展报告 NO.3
著(编)者：袁准　周小毛　2016年9月出版　估价：69.00元

沪港蓝皮书
沪港发展报告（2015～2016）
著(编)者：尤安山　2016年4月出版　估价：89.00元

京津冀金融蓝皮书
京津冀金融发展报告（2015）
著(编)者：王爱俭　李向前　2016年3月出版　定价：89.00元

吉林蓝皮书
2016年吉林经济社会形势分析与预测
著(编)者：马克　2015年12月出版　定价：79.00元

吉林省城市竞争力蓝皮书
吉林省城市竞争力报告（2015）
著(编)者：崔岳春　张磊　2016年3月出版　定价：69.00元

济源蓝皮书
济源经济社会发展报告（2016）
著(编)者：喻新安　2016年4月出版　估价：69.00元

健康城市蓝皮书
北京健康城市建设研究报告（2016）
著(编)者：王鸿春　2016年4月出版　估价：79.00元

江苏法治蓝皮书
江苏法治发展报告 NO.5（2016）
著(编)者：李力　龚廷泰　2016年9月出版　估价：98.00元

江西蓝皮书
江西经济社会发展报告（2016）
著(编)者：张勇　姜玮　梁勇　2016年10月出版　估价：79.00元

江西文化产业蓝皮书
江西文化产业发展报告（2016）
著(编)者：张圣才　汪春翔　2016年10月出版　估价：128.00元

经济特区蓝皮书
中国经济特区发展报告（2016）
著(编)者：陶一桃　2016年12月出版　估价：89.00元

地方发展类

皮书系列 2016全品种

辽宁蓝皮书
2016年辽宁经济社会形势分析与预测
著(编)者:曹晓峰　梁启东
2016年1月出版 / 定价:79.00元

拉萨蓝皮书
拉萨法治发展报告(2016)
著(编)者:车明怀　2016年7月出版 / 估价:79.00元

洛阳蓝皮书
洛阳文化发展报告(2016)
著(编)者:刘福兴　陈启明　2016年7月出版 / 估价:79.00元

南京蓝皮书
南京文化发展报告(2016)
著(编)者:徐宁　2016年12月出版 / 估价:79.00元

内蒙古蓝皮书
内蒙古反腐倡廉建设报告 NO.2
著(编)者:张志华　无极　2016年12月出版 / 估价:69.00元

浦东新区蓝皮书
上海浦东经济发展报告(2016)
著(编)者:沈开艳　周奇　2016年1月出版 / 定价:69.00元

青海蓝皮书
2016年青海经济社会形势分析与预测
著(编)者:陈玮　2015年12月出版 / 定价:79.00元

人口与健康蓝皮书
深圳人口与健康发展报告(2016)
著(编)者:陆杰华　罗乐宣　苏杨
2016年11月出版 / 估价:89.00元

山东蓝皮书
山东经济形势分析与预测(2016)
著(编)者:李广杰　2016年11月出版 / 估价:89.00元

山东蓝皮书
山东社会形势分析与预测(2016)
著(编)者:涂可国　2016年6月出版 / 估价:89.00元

山东蓝皮书
山东文化发展报告(2016)
著(编)者:张华　唐洲雁　2016年6月出版 / 估价:98.00元

山西蓝皮书
山西资源型经济转型发展报告(2016)
著(编)者:李志强　2016年5月出版 / 估价:89.00元

陕西蓝皮书
陕西经济发展报告(2016)
著(编)者:任宗哲　白宽犁　裴成荣
2015年12月出版 / 定价:69.00元

陕西蓝皮书
陕西社会发展报告(2016)
著(编)者:任宗哲　白宽犁　牛昉
2015年12月出版 / 定价:69.00元

陕西蓝皮书
陕西文化发展报告(2016)
著(编)者:任宗哲　白宽犁　王长寿
2015年12月出版 / 定价:69.00元

陕西蓝皮书
丝绸之路经济带发展报告(2015~2016)
著(编)者:任宗哲　白宽犁　谷孟宾
2015年12月出版 / 定价:75.00元

上海蓝皮书
上海传媒发展报告(2016)
著(编)者:强荧　焦雨虹　2016年1月出版 / 定价:79.00元

上海蓝皮书
上海法治发展报告(2016)
著(编)者:叶青　2016年5月出版 / 估价:69.00元

上海蓝皮书
上海经济发展报告(2016)
著(编)者:沈开艳　2016年1月出版 / 定价:79.00元

上海蓝皮书
上海社会发展报告(2016)
著(编)者:杨雄　周海旺　2016年1月出版 / 定价:79.00元

上海蓝皮书
上海文化发展报告(2016)
著(编)者:荣跃明　2016年1月出版 / 定价:79.00元

上海蓝皮书
上海文学发展报告(2016)
著(编)者:陈圣来　2016年5月出版 / 估价:69.00元

上海蓝皮书
上海资源环境发展报告(2016)
著(编)者:周冯琦　汤庆合　任文伟
2016年1月出版 / 定价:79.00元

上饶蓝皮书
上饶发展报告(2015~2016)
著(编)者:朱寅健　2016年5月出版 / 估价:128.00元

社会建设蓝皮书
2016年北京社会建设分析报告
著(编)者:宋贵伦　冯虹　2016年7月出版 / 估价:79.00元

深圳蓝皮书
深圳法治发展报告(2016)
著(编)者:张骁儒　2016年5月出版 / 估价:69.00元

深圳蓝皮书
深圳经济发展报告(2016)
著(编)者:张骁儒　2016年6月出版 / 估价:89.00元

深圳蓝皮书
深圳劳动关系发展报告(2016)
著(编)者:汤庭芬　2016年6月出版 / 估价:79.00元

深圳蓝皮书
深圳社会建设与发展报告(2016)
著(编)者:张骁儒　陈东平　2016年6月出版 / 估价:79.00元

皮书系列 2016全品种　地方发展类·国家国别类

深圳蓝皮书
深圳文化发展报告(2016)
著(编)者:张晓儒　2016年5月出版　估价:69.00元

四川法治蓝皮书
四川依法治省年度报告 NO.2（2016）
著(编)者:李林　杨天宗　田禾
2016年3月出版　定价:108.00元

四川蓝皮书
2016年四川经济形势分析与预测
著(编)者:杨钢　2016年1月出版　定价:98.00元

四川蓝皮书
四川城镇化发展报告（2016）
著(编)者:侯水平　陈炜　2016年4月出版　定价:75.00元

四川蓝皮书
四川法治发展报告（2016）
著(编)者:郑泰安　2016年5月出版　估价:69.00元

四川蓝皮书
四川企业社会责任研究报告（2015～2016）
著(编)者:侯水平　盛毅　2016年4月出版　估价:79.00元

四川蓝皮书
四川社会发展报告（2016）
著(编)者:郭晓鸣　2016年4月出版　估价:79.00元

四川蓝皮书
四川生态建设报告（2016）
著(编)者:李晟之　2016年4月出版　估价:79.00元

四川蓝皮书
四川文化产业发展报告（2016）
著(编)者:向宝云　张立伟　2016年4月出版　定价:79.00元

体育蓝皮书
上海体育产业发展报告（2015～2016）
著(编)者:张林　黄海燕　2016年10月出版　估价:79.00元

体育蓝皮书
长三角地区体育产业发展报告（2015～2016）
著(编)者:张林　2016年4月出版　估价:79.00元

天津金融蓝皮书
天津金融发展报告（2016）
著(编)者:王爱俭　孔德昌　2016年9月出版　估价:89.00元

图们江区域合作蓝皮书
图们江区域合作发展报告（2016）
著(编)者:李铁　2016年4月出版　估价:98.00元

温州蓝皮书
2016年温州经济社会形势分析与预测
著(编)者:潘忠强　王春光　金浩　2016年4月出版　估价:69.00元

扬州蓝皮书
扬州经济社会发展报告（2016）
著(编)者:丁纯　2016年12月出版　估价:89.00元

长株潭城市群蓝皮书
长株潭城市群发展报告（2016）
著(编)者:张萍　2016年10月出版　估价:69.00元

郑州蓝皮书
2016年郑州文化发展报告
著(编)者:王哲　2016年9月出版　估价:65.00元

中医文化蓝皮书
北京中医药文化传播发展报告（2016）
著(编)者:毛嘉陵　2016年5月出版　估价:79.00元

珠三角流通蓝皮书
珠三角商圈发展研究报告（2016）
著(编)者:王先庆　林至颖　2016年7月出版　估价:98.00元

遵义蓝皮书
遵义发展报告（2016）
著(编)者:曾征　龚永育　2016年12月出版　估价:69.00元

国别与地区类

阿拉伯黄皮书
阿拉伯发展报告（2015～2016）
著(编)者:罗林　2016年11月出版　估价:79.00元

北部湾蓝皮书
泛北部湾合作发展报告（2016）
著(编)者:吕余生　2016年10月出版　估价:69.00元

大湄公河次区域蓝皮书
大湄公河次区域合作发展报告（2016）
著(编)者:刘稚　2016年9月出版　估价:79.00元

大洋洲蓝皮书
大洋洲发展报告（2015～2016）
著(编)者:喻常森　2016年10月出版　估价:89.00元

德国蓝皮书
德国发展报告（2016）
著(编)者:郑春荣　伍慧萍
2016年5月出版　估价:69.00元

东北亚黄皮书
东北亚地区政治与安全（2016）
著(编)者:黄凤志　刘清才　张慧智　等
2016年5月出版　估价:69.00元

东盟黄皮书
东盟发展报告（2016）
著(编)者:杨晓强　庄国土　2016年3月出版　定价:89.00元

国家国别类 — 皮书系列 重点推荐

东南亚蓝皮书
东南亚地区发展报告（2015~2016）
著（编）者：厦门大学东南亚研究中心　王勤
2016年4月出版／估价：79.00元

俄罗斯黄皮书
俄罗斯发展报告（2016）
著（编）者：李永全　2016年7月出版／估价：79.00元

非洲黄皮书
非洲发展报告 NO.18（2015~2016）
著（编）者：张宏明　2016年9月出版／估价：79.00元

国际形势黄皮书
全球政治与安全报告（2016）
著（编）者：李慎明　张宇燕
2015年12月出版／定价：69.00元

韩国蓝皮书
韩国发展报告（2016）
著（编）者：牛林杰　刘宝全
2016年12月出版／估价：89.00元

加拿大蓝皮书
加拿大发展报告（2016）
著（编）者：仲伟合　2016年4月出版／估价：89.00元

拉美黄皮书
拉丁美洲和加勒比发展报告（2015~2016）
著（编）者：吴白乙　2016年5月出版／估价：89.00元

美国蓝皮书
美国研究报告（2016）
著（编）者：郑秉文　黄平
2016年6月出版／估价：89.00元

缅甸蓝皮书
缅甸国情报告（2016）
著（编）者：李晨阳　2016年8月出版／估价：79.00元

欧洲蓝皮书
欧洲发展报告（2015~2016）
著（编）者：周弘　黄平　江时学
2016年7月出版／估价：89.00元

日本经济蓝皮书
日本经济与中日经贸关系研究报告（2016）
著（编）者：王洛林　张季风
2016年5月出版／估价：79.00元

日本蓝皮书
日本研究报告（2016）
著（编）者：李薇　2016年5月出版／估价：69.00元

上海合作组织黄皮书
上海合作组织发展报告（2016）
著（编）者：李进峰　吴宏伟　李伟
2016年7月出版／估价：98.00元

世界创新竞争力黄皮书
世界创新竞争力发展报告（2016）
著（编）者：李闽榕　李建平　赵新力
2016年5月出版／估价：148.00元

土耳其蓝皮书
土耳其发展报告（2016）
著（编）者：郭长刚　刘义　2016年7月出版／估价：69.00元

亚太蓝皮书
亚太地区发展报告（2016）
著（编）者：李向阳　2016年5月出版／估价：69.00元

印度蓝皮书
印度国情报告（2016）
著（编）者：吕昭义　2016年5月出版／估价：89.00元

印度洋地区蓝皮书
印度洋地区发展报告（2016）
著（编）者：汪戎　2016年5月出版／估价：89.00元

英国蓝皮书
英国发展报告（2015~2016）
著（编）者：王展鹏　2016年10月出版／估价：89.00元

越南蓝皮书
越南国情报告（2016）
著（编）者：广西社会科学院　罗梅　李碧华
2016年8月出版／估价：69.00元

越南蓝皮书
越南经济发展报告（2016）
著（编）者：黄志勇　2016年10月出版／估价：69.00元

以色列蓝皮书
以色列发展报告（2016）
著（编）者：张倩红　2016年9月出版／估价：89.00元

中东黄皮书
中东发展报告 NO.18（2015~2016）
著（编）者：杨光　2016年10月出版／估价：89.00元

中亚黄皮书
中亚国家发展报告（2016）
著（编）者：孙力　吴宏伟　2016年8月出版／估价：89.00元

社会科学文献出版社　　　　　　　　　　　　　　　皮书系列

❖ 皮书起源 ❖

"皮书"起源于十七、十八世纪的英国,主要指官方或社会组织正式发表的重要文件或报告,多以"白皮书"命名。在中国,"皮书"这一概念被社会广泛接受,并被成功运作、发展成为一种全新的出版形态,则源于中国社会科学院社会科学文献出版社。

❖ 皮书定义 ❖

皮书是对中国与世界发展状况和热点问题进行年度监测,以专业的角度、专家的视野和实证研究方法,针对某一领域或区域现状与发展态势展开分析和预测,具备原创性、实证性、专业性、连续性、前沿性、时效性等特点的公开出版物,由一系列权威研究报告组成。

❖ 皮书作者 ❖

皮书系列的作者以中国社会科学院、著名高校、地方社会科学院的研究人员为主,多为国内一流研究机构的权威专家学者,他们的看法和观点代表了学界对中国与世界的现实和未来最高水平的解读与分析。

❖ 皮书荣誉 ❖

皮书系列已成为社会科学文献出版社的著名图书品牌和中国社会科学院的知名学术品牌。2011年,皮书系列正式列入"十二五"国家重点出版规划项目;2012~2015年,重点皮书列入中国社会科学院承担的国家哲学社会科学创新工程项目;2016年,46种院外皮书使用"中国社会科学院创新工程学术出版项目"标识。

中国皮书网

www.pishu.cn

发布皮书研创资讯，传播皮书精彩内容
引领皮书出版潮流，打造皮书服务平台

栏目设置：

- ☐ 资讯：皮书动态、皮书观点、皮书数据、皮书报道、皮书发布、电子期刊
- ☐ 标准：皮书评价、皮书研究、皮书规范
- ☐ 服务：最新皮书、皮书书目、重点推荐、在线购书
- ☐ 链接：皮书数据库、皮书博客、皮书微博、在线书城
- ☐ 搜索：资讯、图书、研究动态、皮书专家、研创团队

中国皮书网依托皮书系列"权威、前沿、原创"的优质内容资源，通过文字、图片、音频、视频等多种元素，在皮书研创者、使用者之间搭建了一个成果展示、资源共享的互动平台。

自2005年12月正式上线以来，中国皮书网的IP访问量、PV浏览量与日俱增，受到海内外研究者、公务人员、商务人士以及专业读者的广泛关注。

2008年、2011年，中国皮书网均在全国新闻出版业网站荣誉评选中获得"最具商业价值网站"称号；2012年，获得"出版业网站百强"称号。

2014年，中国皮书网与皮书数据库实现资源共享，端口合一，将提供更丰富的内容，更全面的服务。

权威报告　热点资讯　海量资源

当代中国与世界发展的高端智库平台

皮书数据库 www.pishu.com.cn

　　皮书数据库是专业的人文社会科学综合学术资源总库,以大型连续性图书——皮书系列为基础,整合国内外相关资讯构建而成。包含六大子库,涵盖两百多个主题,囊括了近十几年间中国与世界经济社会发展报告,覆盖经济、社会、政治、文化、教育、国际问题等多个领域。

　　皮书数据库以篇章为基本单位,方便用户对皮书内容的阅读需求。用户可进行全文检索,也可对文献题目、内容提要、作者名称、作者单位、关键字等基本信息进行检索,还可对检索到的篇章再做二次筛选,进行在线阅读或下载阅读。智能多维度导航,可使用户根据自己熟知的分类标准进行分类导航筛选,使查找和检索更高效、便捷。

　　权威的研究报告,独特的调研数据,前沿的热点资讯,皮书数据库已发展成为国内最具影响力的关于中国与世界现实问题研究的成果库和资讯库。

皮书俱乐部会员服务指南

1. 谁能成为皮书俱乐部成员?
   ● 皮书作者自动成为俱乐部会员
   ● 购买了皮书产品(纸质书/电子书)的个人用户

2. 会员可以享受的增值服务
   ● 免费获赠皮书数据库100元充值卡
   ● 加入皮书俱乐部,免费获赠该纸质图书的电子书
   ● 免费定期获赠皮书电子期刊
   ● 优先参与各类皮书学术活动
   ● 优先享受皮书产品的最新优惠

3. 如何享受增值服务?
   (1) 免费获赠100元皮书数据库体验卡
   第1步　刮开皮书附赠充值的涂层(右下);
   第2步　登录皮书数据库网站(www.pishu.com.cn),注册账号;
   第3步　登录并进入"会员中心"—"在线充值"—"充值卡充值",充值成功后即可使用。

   (2) 加入皮书俱乐部,凭数据库体验卡获赠该书的电子书
   第1步　登录社会科学文献出版社官网(www.ssap.com.cn),注册账号;
   第2步　登录并进入"会员中心"—"皮书俱乐部",提交加入皮书俱乐部申请;
   第3步　审核通过后,再次进入皮书俱乐部,填写页面所需图书、体验卡信息即可自动兑换相应电子书。

4. 声明
   解释权归社会科学文献出版社所有

皮书俱乐部会员可享受社会科学文献出版社其他相关免费增值服务,有任何疑问,均可与我们联系。
图书销售热线: 010-59367070/7028　图书服务QQ: 800045692　图书服务邮箱: duzhe@ssap.cn
数据库服务热线: 400-008-6695　数据库服务QQ: 2475522410　数据库服务邮箱: database@ssap.cn
欢迎登录社会科学文献出版社官网(www.ssap.com.cn)和中国皮书网(www.pishu.cn)了解更多信息